Global Human Resource Management
Furusawa Masayuki

グローバル人的資源管理論
「規範的統合」と「制度的統合」による人材マネジメント

古沢昌之 [著]

東京 白桃書房 神田

はしがき

　本書は，筆者が20年近くにわたり取り組んできた「日本企業の国際人的資源管理に関する研究」の成果である。松下電器産業やキヤノンといった日本を代表する多国籍企業では，既に従業員の過半数を非日本人が占めるようになっており，従来型の「日本人中心経営」が物理的限界を迎えている。こうした中，多様な人材の「国境を越えた協働」に向けた「国際人的資源管理」のあり方を理論的・実証的に追究することが本書の基本的命題である。

　日本企業の国際人的資源管理の課題については，これまで「現地化の遅れ」を中心に論じられることが多かった。これに対し，本書では今日の多国籍企業に求められる組織能力の視点から，「現地化」論を越えた国際人的資源管理の枠組みの提示を試みている。具体的には，「グローバル・イノベーション」に結実する国際人的資源管理を「グローバル人的資源管理」として概念化し，その構成要素である「規範的統合」と「制度的統合」の重要性を詳述している。

　本書の研究手法に関しては，多角的なアプローチを心がけた。すなわち，広範な「文献研究」から理論モデル・仮説を構築し，アンケート調査による「実証分析」でその検証を行うとともに，ヒアリング調査を実施して「事例研究」に取り組んだ。また，研究全体を通して，日本企業と欧米企業の「比較研究」という視点を織り込むよう努めた。

　本書を上梓するまでには，本当に多くの方々のご支援とご協力を得ている。筆者の大学院時代（博士前期課程・後期課程）の指導教授であったマーティン・コリック先生（関西学院大学）は，常に優しい笑顔で筆者の研究を温かく見守り，研究者の道へと導いてくださった。また，安室憲一先生（兵庫県立大学）には，筆者が20代の前半であった頃からご指導を賜っている。安室先生と

は，㈶関西生産性本部で1989年にスタートした「海外経営戦略研究会」（のちに「グローバル経営研究会」に改称）において，世界の優良多国籍企業へのヒアリングを重ねるとともに，北米・東南アジア・中国・インドなど10数回におよぶ海外調査にご一緒させていただいた。安室先生と国内外において調査した企業の数は200社以上にのぼるだろう。安室先生とのお付き合いを通して，筆者は国際経営の理論と実際の両側面を学ぶことができたと言える。また，こうしたご縁もあり，出口竜也先生（和歌山大学），森樹男先生（弘前大学），山口隆英先生（兵庫県立大学），津田康英先生（奈良県立大学），有村貞則先生（山口大学），四宮由紀子先生（近畿大学）をはじめとする安室ゼミ出身の方々からは，いわば同門として，研究・教育上の様々なアドバイスをもらっている。

　筆者が所属している国際ビジネス研究学会，多国籍企業学会においては，何度となく学会発表の機会を与えていただくと同時に，筆者の研究に対して貴重なコメントを賜った。特に，吉原英樹先生（南山大学），田端昌平先生（近畿大学），藤沢武史先生（関西学院大学），梅野巨利先生（兵庫県立大学），伊田昌弘先生（阪南大学）は，機会あるごとに筆者を激励してくださり，感謝にたえない。

　一方，国際人的資源管理の実践的知識に関しては，実務界から様々なご教授を頂戴している。㈶関西生産性本部の辻本健二専務理事は，かつての上司であり，ビジネス社会の厳しさと面白さを教えていただいた。そして，筆者が大学に移った後も多方面でご支援を賜っている。筆者の恩師の一人である。また，同本部のプロジェクトを通して，日本を代表する企業の労使トップの方々と間近で接する機会を数多く得たことは筆者の一生の財産であると考えている。とりわけ，㈶関西生産性本部の井植基温特別参与（元三洋電機代表取締役），㈱バリデックスの増田英樹社長（元オムロン副社長，現大阪商業大学特別教授），および㈳国際経済労働研究所の前川朋久理事長（元連合大阪会長，元松下電器産業労働組合委員長）からは，国際経営や人事労務管理・労使関係のあり方について直接薫陶を受けるとともに，今でも㈶関西生産性本部や㈳国際経済労働研究所のプロジェクトでご指導を賜っている。

加えて，(財)関西生産性本部主催の「グローバル・マインド養成講座」「中国ビジネス懇話会」や大阪府・大阪市主催の「大阪労働大学講座」など筆者が講師を務めた会合では，企業経営の実務を担う中堅幹部の方々との議論・意見交換により，大変有益な知見を得た。さらに，(財)海外技術者研修協会においては，中国や東南アジア・インド・東欧・アフリカなどの経営幹部・管理者を対象とした「経営管理研修」の指導を通して，日本に居ながらにして「アウトサイド・イン」の視点で日本企業の経営を見つめなおすことができた。

　そして，日本CHO協会の須東朋広事務局長には，本書第6章で報告しているアンケート調査をアレンジいただいた。このアンケート調査がなければ，本研究のスケールは小さなものに留まっていただろう。また，第7章で取り上げたトヨタ自動車，松下電器産業，東レ，ソニー，キヤノン，コマツ，GE，IBM，Hewlett-Packard，3M，Johnson & Johnsonの各社には，ヒアリング調査とその後の電話やe-メールによるフォローアップ調査に応じるだけでなく，本書への事例掲載についてもお許しを賜った。世界のエクセレント・カンパニーの事例を紹介することで，「グローバル人的資源管理」の最前線を広く社会に発信することができたと確信している。

　そして，筆者の勤務先である大阪商業大学の谷岡一郎学長，片山隆男副学長をはじめとする諸先生方に感謝申し上げたい。本書は「平成20年度大阪商業大学出版助成費」を受けて刊行されたものである。また，「平成18年度・19年度研究奨励助成費」の支給など様々な支援策を講じていただいた。

　最後に，本書の出版に際しては，白桃書房の大矢栄一郎社長と編集部の平千枝子氏，河井宏幸氏に大変お世話になった。さらに，定年退職されたが，同社の常務取締役であった照井規夫氏にも御礼申し上げたい。照井氏に本書の意義をお認めいただいたことで，この出版プロジェクトが始まったのである。

　このほかにも，多くの方々に支えられて本書は誕生した。全ての方のお名前を紹介できないのは心苦しい限りであるが，ご恩に報いるためにも，本書が国際人的資源管理の研究に少しでも貢献できることを願っている。また，実務の世界においても，本書が今後の国際人的資源管理の指針として活用されること

があれば,この上ない幸せである。

　2008年初夏

古沢昌之

目　次

はしがき ……………………………………………………………………………… i

序　章　本書の目的・研究方法・構成

1．本書の目的と分析視角 …………………………………………………………… 1
2．研究方法 …………………………………………………………………………… 2
3．本書の構成 ………………………………………………………………………… 4

第1章　国際経営における「現地適応」と「グローバル統合」

1．はじめに …………………………………………………………………………… 9
2．「現地適応」と「グローバル統合」に関する代表的研究のレビュー ……… 10
　(1)　「トレードオフ」の視点—Fayerweatherの「分散化と統一化の衝突」— … 10
　(2)　組織の「マクロ構造」からのアプローチ
　　　　—Stopford & Wellsによる「国際経営組織」の発展モデル— …………… 11
　(3)　「バランスされるべき相対立する諸力」としての「現地適応—グローバル
　　　　統合」 ……………………………………………………………………………… 13
　　　①Porterの「コンプレックス・グローバル戦略」 …………………………… 14
　　　②Prahalad & Dozの「マルチフォーカル戦略」と「マルチフォーカル組織」 … 15
　　　③Hedlundの「ヘテラルキー」モデル ………………………………………… 17
　　　④White & Poynterの「水平的組織」 ………………………………………… 20
3．Bartlett & Ghoshalの「トランスナショナル企業」モデル ………………… 21
　(1)　国際経営戦略の3類型 ……………………………………………………… 22
　　　①マルチナショナル型 …………………………………………………………… 22
　　　②グローバル型 …………………………………………………………………… 22
　　　③インターナショナル型 ………………………………………………………… 23
　(2)　「トランスナショナル企業」の組織能力 …………………………………… 23
4．Doz, Santos & Williamsonの「メタナショナル企業」モデル ……………… 24
　(1)　多国籍企業に求められる戦略転換 ………………………………………… 25

(2)「メタナショナル企業」の特質 …………………………………… 26
　(3)「メタナショナル企業」における3つの能力 ……………………… 27
　　①「感知」(sensing) 能力 ……………………………………………… 27
　　②「流動化」(mobilizing) 能力 ………………………………………… 27
　　③「活用」(operationalizing) 能力 …………………………………… 28
5．これからの多国籍企業に求められる組織能力 …………………………… 28
　(1) 従来型イノベーションの類型 ………………………………………… 29
　(2)「グローバル・イノベーション」のプロセス ……………………… 30
　(3)「グローバル・イノベーション」の特質 …………………………… 31
　　①発生源の「多極化」 …………………………………………………… 31
　　②発生プロセスの「多元化」 …………………………………………… 32
　　③国境を越えた「移転・活用」 ………………………………………… 33
6．むすび …………………………………………………………………………… 33

第2章　多国籍企業における「調整メカニズム」

1．はじめに ………………………………………………………………………… 37
2．調整メカニズムのタイポロジー ……………………………………………… 38
　(1) Edström & Galbraith の「集権化」「官僚化」「社会化」…………… 39
　(2) Ouchi の「行動コントロール」「アウトプットコントロール」「儀式や
　　　セレモニーによるコントロール」 …………………………………… 39
　(3) Baliga & Jaeger の「官僚的コントロール」と「文化的コントロール」 ……… 41
　(4) Martinez & Jarillo の「構造的・公式的メカニズム」と「インフォーマル
　　　でサトルなメカニズム」 ……………………………………………… 42
　(5) Harzing の「人的・集権的コントロール」「官僚的・公式的コントロール」
　　　「アウトプットコントロール」「社会化とネットワークによるコントロール」… 43
　(6) 小括 ……………………………………………………………………… 45
3．組織伝統と調整メカニズム …………………………………………………… 46
　(1) 日本企業の組織伝統と「集権化」の調整メカニズム ……………… 47
　(2) 米国企業の組織伝統と「公式化」の調整メカニズム ……………… 48
　(3) 欧州企業の組織伝統と「社会化」の調整メカニズム ……………… 49
4．今日の多国籍企業に求められる調整メカニズム …………………………… 50
　(1) 海外子会社の「役割類型」と「調整メカニズム」に関する代表的研究 ……… 51

①Ghoshal & Nohria の「子会社コンテクスト」と「調整メカニズム」に関する
　　　研究 ·· 51
　　②Martinez & Jarillo の「子会社の戦略タイプ」と「調整メカニズム」に関する
　　　研究 ·· 53
　　③Gupta & Govindarajan の「子会社の戦略的役割」と「調整メカニズム」に
　　　関する研究 ·· 54
　（2）インプリケーション ·· 56
5．むすび ·· 57

第3章　「現地化問題」の再検討

1．はじめに ·· 61
2．「現地化」のメリット ·· 62
3．海外子会社トップの国籍政策を規定する諸要因 ·· 65
　（1）「本国および本社」の特性 ·· 65
　（2）「業界」の特性 ·· 66
　（3）「ホスト国」の特性 ·· 67
　（4）「子会社」の特性 ·· 67
4．「現地化」のプロセス ·· 67
　（1）「計画」（planning）段階 ·· 68
　（2）「現地化」（localizing）段階 ·· 70
　（3）「統合」（consolidating）段階 ·· 71
5．日本企業の「現地化」に関する状況 ·· 72
　（1）日本企業における海外子会社トップの「国籍」を巡る状況 ···················· 72
　　①日本企業のみを対象とした研究 ·· 72
　　②欧米企業との比較研究 ·· 74
　（2）「現地化の遅れ」の背景 ·· 77
　　①「異文化コミュニケーション」の視点 ·· 77
　　②「職務・組織構造」の視点 ·· 79
　　③「内なる国際化」の視点 ·· 81
　　④「社会構造」の視点 ·· 82
　（3）「現地化の遅れ」による影響 ·· 83
6．日本企業に求められる変革
　　——「現地化」を越えた国際人的資源管理の必要性—— ·································· 84

(1)　「ローカルのインサイダー」としての海外子会社トップ ………………… 85
　(2)　「グローバル・ネットワークへの貢献者」としての海外子会社トップ ……… 86
　(3)　「現地化」を越えた国際人的資源管理の必要性 ………………………… 86
7．むすび ………………………………………………………………………………… 88

第4章　「規範的統合」と企業文化のマネジメント

1．はじめに ……………………………………………………………………………… 93
2．社会化の「統合」機能 ……………………………………………………………… 94
3．「社会化」論の批判的検討 ………………………………………………………… 96
　(1)　文化の概念定義 ……………………………………………………………… 96
　(2)　「企業文化」と「国民文化」の相克 ……………………………………… 97
　(3)　「コア文化」と「ペリフェラル文化」の並存を目指した「重合アプローチ」… 99
4．多国籍企業における「企業文化のマネジメント」 ……………………………… 100
　(1)　「コア文化」の構築 ………………………………………………………… 100
　(2)　「グローバルな経営理念」の共有化手段 ………………………………… 102
　　①「採用活動」との連動 ………………………………………………………… 103
　　②「教育・啓蒙」による浸透 …………………………………………………… 104
　　③「評価制度」との連動 ………………………………………………………… 104
　　④「国際人事異動」の促進 ……………………………………………………… 105
　　⑤国境を越えた「プロジェクトやタスクフォース」の活用 ………………… 105
　　⑥「イベント・シンボル」の活用 ……………………………………………… 106
　　⑦「意思決定」との連動 ………………………………………………………… 106
　　⑧「モラールサーベイ・風土調査」の実施 …………………………………… 107
　(3)　「ペリフェラル文化」の並存による「異文化シナジー」 ……………… 107
　(4)　「強すぎる文化」と「弱すぎる文化」 …………………………………… 108
　(5)　「グローバル・マインドセット」の涵養 ………………………………… 110
5．日本企業の課題 ……………………………………………………………………… 113
　(1)　経営理念の弱い浸透度と企業文化の分裂 ………………………………… 114
　(2)　背景として考えられる諸要因 ……………………………………………… 115
　(3)　求められる変革 ……………………………………………………………… 117
6．むすび ………………………………………………………………………………… 119

第5章　国際人的資源管理における「制度的統合」

1．はじめに ……………………………………………………………………… 123
2．国際人的資源管理に関する理論モデル …………………………………… 123
  (1) Perlmutterの「EPGモデル」……………………………………………… 124
    ①「本国志向」(Ethnocentric orientation)……………………………… 125
    ②「現地志向」(Polycentric orientation)……………………………… 125
    ③「世界志向」(Geocentric orientation)……………………………… 125
  (2) Frankoの幹部人材の「国籍政策」に関する研究 ……………………… 126
    ①輸出段階 ………………………………………………………………… 126
    ②現地生産の開始 ………………………………………………………… 126
    ③海外生産の拡大期 ……………………………………………………… 127
    ④地域本社の段階 ………………………………………………………… 127
    ⑤世界志向の人員配置 …………………………………………………… 127
  (3) 花田の国際人的資源管理の「発展段階モデル」……………………… 128
    ①輸出中心段階 …………………………………………………………… 128
    ②現地化段階 ……………………………………………………………… 128
    ③国際化段階 ……………………………………………………………… 128
    ④多国籍化段階 …………………………………………………………… 129
    ⑤グローバル化段階 ……………………………………………………… 129
  (4) 根本・諸上の国際人的資源管理の「進化モデル」…………………… 130
    ①ドメスティック段階 …………………………………………………… 130
    ②インターナショナル段階 ……………………………………………… 131
    ③グローバル段階 ………………………………………………………… 132
  (5) Adler & Ghadarの「異文化マネジメント」の視点による研究 ……… 133
    ①「本国志向」(Ethnocentric)…………………………………………… 133
    ②「現地志向または地域志向」(Polycentric or Regiocentric)………… 133
    ③「多国籍志向」(Multinational)………………………………………… 133
    ④「グローバル・多中心志向」(Global-multicentric)………………… 134
  (6) Taylor, Beechler & Napierによる「戦略的国際人的資源管理」(SIHRM)
     の志向性 …………………………………………………………………… 134
    ①適応型 (Adaptive) SIHRM ……………………………………………… 135
    ②輸出型 (Exportive) SIHRM ……………………………………………… 135
    ③統合型 (Integrative) SIHRM …………………………………………… 135
3．国際人的資源管理における「制度的統合」のフレームワーク ………… 136

(1) 全世界統一の「グレード制度」 136
　　(2) 全世界統一の「評価制度」および「報酬制度」 138
　　(3) 「有能人材」をグローバルに「発掘・登録」する仕組み 138
　　(4) 「育成」施策の展開 139
　　(5) 「情報共有化」のためのインフラ 141
 4. 日本企業の「制度的統合」に関する先行研究 142
　　(1) Kopp の日・欧・米多国籍企業の比較研究 142
　　(2) 産労総合研究所の調査 143
　　(3) 根本の日本企業と在日外資系企業の比較研究 143
　　(4) Keeley の日本企業に対する実態調査 144
　　(5) 労働政策研究・研修機構の調査 144
 5. 日本企業における「第2のグラス・シーリング」 145
　　(1) 「第2のグラス・シーリング」の弊害 146
　　　①有能人材の「採用・定着」問題 146
　　　②「グローバル・マインドセット」を有した人材ストックの不足 147
　　　③イノベーションを誘発する「多様な学習機会」の喪失 148
　　(2) 日本企業に求められる変革 149
 6. むすび 150

第6章 「グローバル人的資源管理」の実証分析

 1. はじめに 155
 2. 調査の概要 155
 3. 分析のフレームワークと仮説の提示 156
　　(1) 分析のフレームワーク 156
　　(2) 仮説の提示 158
　　　①「規範的統合に向けた施策」と「HR 成果」 158
　　　②「制度的統合に向けた施策」と「HR 成果」 159
　　　③「グローバルな企業文化・信頼関係の構築」と「国境を越えた人材の活用・登用」 159
　　　④「HR 成果」と「グローバル・イノベーション成果」 159
　　　⑤「規範的統合・制度的統合に向けた施策」と「グローバル・イノベーション成果」 160

⑥「海外子会社トップに関する基本政策」と「グローバル・イノベーション成果」 …………………………………………………………………………… 160
4．日本企業と欧米企業の比較研究 …………………………………………… 161
  (1) 海外子会社のトップを巡る状況 ………………………………………… 161
    ①「海外子会社トップ」に関する基本政策 ……………………………… 161
    ②「海外子会社トップ」に「本国人」「現地人」を起用する理由 ……… 162
  (2)「本社―海外子会社」間の調整メカニズム …………………………… 164
  (3)「経営理念のグローバルな統一性」と「文化的多様性の尊重」 …… 167
    ①「経営理念」のグローバルな統一性 …………………………………… 167
    ②「文化的多様性」の尊重 ………………………………………………… 167
  (4)「規範的統合」に向けた施策 …………………………………………… 168
  (5)「制度的統合」に向けた施策 …………………………………………… 170
  (6)「HR 成果」に関する状況 ……………………………………………… 172
    ①「グローバルな企業文化・信頼関係の構築」の側面 ………………… 172
    ②「国境を越えた人材の活用・登用」の側面 …………………………… 173
  (7)「グローバル・イノベーション成果」に関する状況 ………………… 174
  (8) 小括 ………………………………………………………………………… 175
5．「グローバル人的資源管理モデル」の検証 ……………………………… 177
  (1)「規範的統合」「制度的統合」に向けた施策の因子分析 …………… 177
    ①「規範的統合に向けた施策」の因子分析 ……………………………… 177
    ②「制度的統合に向けた施策」の因子分析 ……………………………… 177
  (2)「規範的統合」「制度的統合」と「HR 成果」 ………………………… 180
    ①「規範的統合に向けた施策」と「HR 成果」の相関関係 …………… 180
    ②「制度的統合に向けた施策」と「HR 成果」の相関関係 …………… 181
    ③「HR 成果」における「グローバルな企業文化・信頼関係の構築」と「国境を越えた人材の活用・登用」の相関関係 ……………………………… 183
  (3)「グローバル・イノベーション成果」に関する考察 ………………… 184
    ①「HR 成果」との相関関係 ……………………………………………… 184
    ②「規範的統合」「制度的統合」との相関関係 ………………………… 186
    ③「海外子会社トップに関する基本政策」と「グローバル・イノベーション成果」 …………………………………………………………………… 188
  (4) 小括 ………………………………………………………………………… 189
6．日本企業における「グローバル人的資源管理モデル」の検証 ………… 190
  (1)「規範的統合」「制度的統合」に向けた施策の因子分析 …………… 191

①「規範的統合に向けた施策」の因子分析 ……………………………………… 191
　　　②「制度的統合に向けた施策」の因子分析 ……………………………………… 193
　　(2)「規範的統合」「制度的統合」と「HR 成果」 ……………………………… 194
　　　①「規範的統合に向けた施策」と「HR 成果」の相関関係 ……………… 194
　　　②「制度的統合に向けた施策」と「HR 成果」の相関関係 ……………… 196
　　　③「HR 成果」における「グローバルな企業文化・信頼関係の構築」と「国境を
　　　　越えた人材の活用・登用」の相関関係 …………………………………… 196
　　(3)「グローバル・イノベーション成果」に関する考察 ……………………… 197
　　　①「HR 成果」との相関関係 ………………………………………………………… 198
　　　②「規範的統合」「制度的統合」との相関関係 ……………………………… 199
　　　③「海外子会社トップに関する基本政策」と「グローバル・イノベーション
　　　　成果」 ………………………………………………………………………………… 200
　　(4)　小括 …………………………………………………………………………………… 202
 7．むすび ………………………………………………………………………………………… 202

第 7 章　「グローバル人的資源管理」の事例研究

 1．はじめに ……………………………………………………………………………………… 205
 2．トヨタ自動車 ………………………………………………………………………………… 205
　　(1)　加速度的に進行するグローバル化 ……………………………………………… 205
　　(2)「トヨタウェイ2001」の策定 ……………………………………………………… 206
　　(3)「グローバル・ポスト」の設置 …………………………………………………… 207
　　(4)「トヨタインスティテュート」でのグローバル人材の育成 ……………… 209
 3．松下電器産業（現パナソニック） …………………………………………………… 209
　　(1)「グローバル連結経営」の要請 …………………………………………………… 209
　　(2)「PGE（Panasonic Global Executive）システム」の導入 ……………… 210
　　(3)「現地適応」と「グローバル統合」の両立 …………………………………… 211
 4．東レ …………………………………………………………………………………………… 213
　　(1)「NCS（National Core Staff）システム」の導入 ………………………… 213
　　(2)「グローバル・ジョブバンド・プロジェクト」（"G-Band Project"）の
　　　推進 ……………………………………………………………………………………… 214
　　(3)「東レ・グローバルコンピテンシーモデル」の策定 ………………………… 215
　　(4)　コア人材の育成方策 ……………………………………………………………… 216
 5．ソニー ………………………………………………………………………………………… 217

(1)「ソニー・グローバルリーダーシップ・コンピテンシー」の提示 217
　(2)「グローバル・キーポスト」と「サクセション・プラン」の連動 219
　(3)　人的資源管理部門のグローバル化 221
6．キヤノン 221
　(1)「現地化」の推進 221
　(2)「グローバル出向制度」（"C-GAP"）の導入 223
　(3)「グローバル人材育成システム」の構築 224
7．コマツ 225
　(1)「コマツウェイ」の策定 225
　(2)「グローバル・マネジメントセミナー」（"GMS"）の開催 226
　(3)「グローバル建機専科」（"GTI"）の開設 228
8．GE 230
　(1)　"GE Values" によるグローバル統合 230
　(2)　全世界共通の「職務等級制度」.. 231
　(3)　グローバル統一の「評価制度」.. 231
　(4)「セッションC」による「ハイポテンシャル」の発掘と育成 233
　(5)「グローバル経営幹部育成プログラム」.. 233
9．IBM 234
　(1)　"Multinational Company" から "Globally Integrated Enterprise" へ 234
　(2)　世界共通の人事制度 235
　(3)　グローバルベースでのリーダーの育成 236
　(4)　組織風土の改善 238
10．Hewlett-Packard 239
　(1)　国際人的資源管理の基本方針 239
　(2)「パフォーマンス・マネジメント」と「タレント・マネジメントシステム」.. 239
　(3)　グローバル統一の「職務等級制度」と「賃金制度」............................ 241
　(4)「キャリア自律」と「グローバル社内公募制度」.................................. 241
　(5)　グローバルな従業員満足度調査 "Voice of the Workforce" 242
11．3M 243
　(1)　人的資源管理のグローバル化 243
　(2)「タレント・マネジメント」の推進 244
　　①「ハイポテンシャル」の発掘 244
　　②「Dポテンシャル」と「Pポテンシャル」.. 245

(3)　人的資源管理部門の「グローバル・ネットワーク」と「グローバル・オピニオンサーベイ」……………………………………………………………… 246
12. Johnson & Johnson ……………………………………………………………… 247
　(1)　「我が信条」による統合 ………………………………………………………… 247
　(2)　「我が信条」を浸透させる仕組み ……………………………………………… 247
　　①　「グローバル・クレドー・サーベイ」と「クレドー・チャレンジミーティング」……………………………………………………………………… 249
　　②　"Policy on Business Conduct"の制定 …………………………………… 250
　(3)　"Global Leadership Profile"と「タレント・マネジメント」…………… 250
13. むすび ……………………………………………………………………………… 251

第8章　「グローバル人的資源管理」に向けて

1. はじめに …………………………………………………………………………… 253
2. 「現地適応―グローバル統合」から見た日本企業の「国際経営戦略」………… 253
3. 「現地適応―グローバル統合」から見た日本企業の「国際人的資源管理」…… 254
4. 日本企業への提言 ………………………………………………………………… 256
　(1)　職務を基軸にした「現地適応―グローバル統合」の両立 ………………… 256
　(2)　「規範的統合」と「制度的統合」の連動 …………………………………… 257
　(3)　「身分的人事制度」からの脱却 ……………………………………………… 257
5. 総括と残された研究課題―むすびにかえて― ………………………………… 258

参考文献一覧 …………………………………………………………………………… 261
索　　引 ………………………………………………………………………………… 279

序　章
本書の目的・研究方法・構成

1. 本書の目的と分析視角

　多国籍企業の経営は「現地適応」(local responsiveness) と「グローバル統合」(global integration) という「二元的圧力」(dualistic pressures) にさらされている。かつて，「現地適応―グローバル統合」の問題は，「二律背反的命題」と考えられることが多かった。しかし，海外事業の拡大・複雑化に伴い，1980年代以降は「トレードオフ」の関係でなく，その両立を主張する学説が登場するようになってくる。例えば，Hedlund (1986, 1993) は多国籍企業におけるセンター機能の「多中心性」とそのネットワーク化による「ヘテラルキー」(heterarchy) モデルを提唱し，Prahalad & Doz (1987) は「現地適応―グローバル統合」に対する「複数の視点」を持つことで両者の同時達成を図る「マルチフォーカル」(multifocal) な戦略と組織の重要性を主張した。そして，これら所説に「イノベーション」[1]と「組織学習」[2]の視点を加味して発展させたのがBartlett & Ghoshal (1989, 1995a) の「トランスナショナル企業」(transnational company) モデルやDoz, Santos & Williamson (2001) による「メタナショナル企業」(metanational company) モデルである。「トランスナショナル企業」「メタナショナル企業」の経営においては，多様な環境が発す

るニーズや機会を敏感に感知すべく「現地適応」が求められると同時に，ニーズの充足やイノベーションの共有化に向けた「グローバル統合」が企図されなければならない。すなわち，世界中の知識[3]を活かしたイノベーションの「創造」やイノベーションの国境を越えた「移転」および「活用」という「グローバル・イノベーション」のプロセスに資する「世界的学習能力」(worldwide learning capabilities)こそが，これからの多国籍企業の競争優位を構築すると考えられるのである。

こうした中，本書の目的は，「現地適応―グローバル統合」論を鍵概念として，今日の多国籍企業に求められる国際人的資源管理について理論的・実証的に研究することにある。国際人的資源管理の枠組みは，従業員の採用・配置・評価・育成といった人的資源管理の諸機能に関して，多国籍企業が活動する「国」(ホスト国 = host country, 本国 = parent country, 第三国 = third country)と「従業員のタイプ」(現地人 = Host Country Nationals : HCNs, 本国人 = Parent Country Nationals : PCNs, 第三国籍人 = Third Country Nationals : TCNs)という2つの次元を組み込んだものとして表される(Morgan, 1986)[4]。一国の枠組みを越えた環境下で活動する多国籍企業において，多様な人々の「国境を越えた協働」を促進するための国際人的資源管理のあり方を解明することが本研究の命題である。

2．研究方法

従来の国際人的資源管理の研究は，本国からの「派遣人材」(駐在員)の管理や海外子会社の幹部人材の「現地化」に焦点を当てたものが多かった。これに対し，本書では「グローバル・イノベーション」に結実する国際人的資源管理を「グローバル人的資源管理」として概念化し，その構成要素を国際人的資源管理における「規範的統合」と「制度的統合」に求めている。

こうした作業仮説の提示と検証を行うに際して，本書では以下のような研究方法をとっている。第1は，「文献研究」である。具体的には，人的資源管理

論,組織論,戦略論,異文化コミュニケーション論,企業文化論,イノベーション論,ネットワーク論など国際経営に関連する広範な分野の文献サーベイを通して,今日の多国籍企業に求められる組織能力[5]を明らかにするとともに,国際人的資源管理の「規範的統合」および「制度的統合」に関する理論的枠組みを構築した。第2は,アンケート調査による「実証分析」である。ここでは,日・米・欧多国籍企業への調査を通して,国際人的資源管理の実態を明らかにすることに加え,文献研究から導出した「グローバル人的資源管理モデル」について統計的な検証を行っている。そして,第3は,ヒアリング調査による「事例研究」である。アンケート調査には「日本企業」と「欧米企業」を各々1つの「集合体」と捉えることから,個別企業の動向を看過してしまう危険性がある。そこで,日本および米国に本拠を置く多国籍企業11社に対するヒアリング調査を実施し,「グローバル人的資源管理」に関する企業の具体的取り組みについて研究した。

　加えて,本書では上で述べた3つの研究手法のいずれにおいても,日本企業と欧米企業の「比較研究」の視点を織り込んでいる。日本企業の国際人的資源管理については,吉原(1988, 1989, 2001)が「工場は『明』,オフィスは『暗』」と描写した「対象による二面性」(普遍性と特殊性)があると考えられる。まず,ブルーカラー人材に対する人的資源管理に関しては,多くの研究において高い海外通用性が指摘されている。例えば,White & Trevor(1986)は在英国日系製造企業の事例をもとに,製造現場における人的資源管理の受容性が高いことを主張している[6]。そして,これら日本企業の人的資源管理の普遍性に関連し,Dore(1973)は組織の複雑化や社会的平等の要請といった社会構造の変化に対応した「組織志向型労使関係」,小池・猪木(1987)は変化への対応と異常への対応を労働者が行うことを可能にする「知的熟練」,島田(1988)は柔軟な職務構造とチームワークなど生産システムにおけるヒトと機械との関わり方を規定する「ヒューマンウェア」,さらに安室・関西生産性本部(1997)は知の階級性の止揚により暗黙知と形式知が工場現場で融合する「現場イズム」といった観点からその国際的優位性を論じている。他方,ホワ

イトカラー人材については逆の見解が示されることが多い。例えば，White & Trevor（1986）や藤野（1995）は職務構造や意思決定システムの特殊性を低い受容性の要因として取り上げている。彼らの研究によると，日本企業では職務記述書や職務分掌に捉われない業務遂行がなされており，それが「部下に仕事を押しつける無責任な日本人」「言われたことしかしない現地人」といった日本人・現地人双方の期待と行動のギャップを生み出す。また，Bartlett & Yoshihara（1988）は日本企業の「現地化」の遅れが現地の有能なホワイトカラーを遠ざけ，それが日本人駐在員による経営支配を正当化する「悪循環」が形成されるに至っていると述べている[7]。こうした状況下，本書では国際経営戦略の立案・遂行の主体となる「ホワイトカラー人材」を議論の対象とし，その国際人的資源管理に関する日本企業と欧米企業の差異について研究するとともに，日本企業に対する示唆を抽出するよう努めている。

3．本書の構成

本書の構成は次のとおりである。

第1章では，多国籍企業における「現地適応―グローバル統合」を論じた代表的研究を時系列的にレビューする。具体的には，「現地適応―グローバル統合」を「トレードオフ」の関係で捉えることから出発した議論が，組織の「マクロ構造」によるアプローチへと引き継がれ，多国籍企業の海外事業が拡大・複雑化した1980年代以降は多元的視点から「現地適応」と「グローバル統合」の両立を論じる研究が登場してきたことを述べる。そして，これら所説を「イノベーション」や「組織学習」の視点から発展させた理論モデルとして「トランスナショナル企業」モデルと「メタナショナル企業」モデルを提示し，その特質を明らかにするとともに，今日の多国籍企業の競争優位の源泉が「世界的学習能力」の強化による「グローバル・イノベーション」の創造・移転・活用にあることを論じる。

第2章は，「本社―海外子会社」間および各国子会社間の関係性を調整する

メカニズムについて考察している。具体的には，まず先行研究で示された調整メカニズムに関する様々なタイポロジーの共通点を整理し，「集権化」「公式化」「社会化」への統合を行うとともに，各々の特徴を明らかにしている。次に，各調整メカニズムを日・米・欧多国籍企業の「組織伝統」と関連づけて論じる。そして，海外子会社の「役割類型」と「調整メカニズム」の関係を議論した代表的研究の成果をもとに，「現地適応」と「グローバル統合」の両立が求められる今日の多国籍企業においては，「社会化」による調整が重要視されるべきことを述べる。

　第3章のタイトルは，「現地化問題の再検討」である。まず先行研究の議論をベースに，「現地化のメリット」や「海外子会社トップの国籍政策を規定する諸要因」，さらには「現地化のプロセス」に関して整理する。次に，日本企業における「現地化の遅れ」を調査した諸研究をレビューし，日本企業における「現地化問題」が「時間的要因」（発展段階論的視点）や「地理的要因」（進出先の特性）などを越えた「構造的視点」から考察されるべき事象であることを指摘するとともに，その「背景」や「影響」について理論的・実証的に検討する。そして，「トランスナショナル企業」「メタナショナル企業」が要請する組織能力に鑑み，これからの国際人的資源管理においては「現地化」を最終到達点とするのでなく，現地人の「規範的・制度的統合」が同時に必要であることを訴える。

　第4章では，国際人的資源管理における「規範的統合」（国境を越えた社会化）と文化問題について議論する。まず，社会化の「統合」機能について考察した後，「企業文化」と「国民文化」の相克の視点から，統合の象徴となる「コア文化」と，各国民文化を反映した「ペリフェラル文化」の並存が重要であることを述べる。そして，グローバルな経営理念の共有化手段として，採用・教育・評価・国際人事異動など人的資源管理施策との連動の必要性を主張するとともに，「トランスナショナル企業」「メタナショナル企業」が求める「国境を越えた協働」を促進するには，社会化のプロセスにおいて「求心力」と「遠心力」のバランス軸となる「グローバル・マインドセット」の涵養が求

められる旨を論じる。また，先行研究の成果を踏まえ，日本企業における「国境を越えた社会化」の状況を考察し，その問題点と求められる変革について検討を加える。

　第5章は，今日の多国籍企業に求められる「国境を越えた協働」について，国際人的資源管理の「制度的統合」の側面からアプローチする。具体的には，先行研究をベースに国際人的資源管理の理論モデルを整理するとともに，「グローバル最適」の人材活用に向けた人事制度（国際人的資源管理における「制度的統合」）のフレームワークを提示する。次に，日本企業における「グローバルに統合された人事制度」の導入状況を検討する。先行研究によると，グローバルなグレード制度や評価制度，さらにはグローバル人事情報を有する日本企業は欧米企業に比べると少数で，人事制度は「本社―海外子会社」間だけでなく，各国子会社間でも統一性を欠いたものになっている。こうした中，本章では日本企業の国際人的資源管理の中に，現地人のキャリア機会が当該現地法人内に限定される「第2のグラス・シーリング」の存在を指摘し，その弊害を論じる。

　第6章では，筆者が日本CHO協会で実施したアンケート調査の分析結果を報告する。ここでは，まず「海外子会社のトップ」を巡る状況や，国際人的資源管理における「規範的統合」「制度的統合」を推進するための諸施策とその成果，さらには「グローバル・イノベーション」に関して日本企業と欧米企業の比較研究を行う。また，前章までの議論を受け，「グローバル・イノベーション成果」を最終ゴールとする国際人的資源管理を「グローバル人的資源管理モデル」として提示する。そして，「グローバル人的資源管理モデル」のフレームワークに従い，いくつかの仮説を構築するとともに，統計分析を通してモデルの有効性を検証する。

　第7章は，日本および米国に本社を置く多国籍企業11社の事例研究である。ここでは，筆者が実施したヒアリング調査をもとに，国際人的資源管理の「規範的統合」および「制度的統合」に関する取り組みについて考察する。事例の抽出に際しては，日本・米国を各々代表する多国籍企業であることを基準とし，

最終的に，トヨタ自動車，松下電器産業，東レ，ソニー，キヤノン，コマツ，GE, IBM, Hewlett-Packard, 3 M, Johnson & Johnson を取り上げることになった。本章では，優良企業における事例を収録することで，「グローバル人的資源管理」の最前線へのアプローチを試みている。

そして，最後の第8章では，日本企業に求められる変革を論じるとともに，本書で展開された議論の総括と残された研究課題の提示を行う。

1 　一橋大学イノベーション研究センター（2001）によると，イノベーションとは「広く革新を意味しており，狭義の技術革新にとどまらず，新しい製品やサービスの創出，既存の製品やサービスを生産するための新しい生産技術や，それらをユーザーに届け，保守や修理，サポートを提供する新しい技術や仕組み，さらにはそれらを実現するための組織・企業間システム，ビジネスのシステム，制度の革新などを含むもの」（p.3）である。本書では，上記定義を援用し，イノベーションを製品・サービスとして具現化される「プロダクト・イノベーション」と，製品・サービスを創出する仕組みや制度といった「プロセス・イノベーション」の双方を包含した概念として捉えることとする。

2 　Stata（1989）によると，「組織学習」は共有化された洞察や知識，メンタルモデルを通して発生し，過去の知識や経験の上に築かれる。

3 　われわれは，「知識」（knowledge）には「暗黙知」と「形式知」の2つのタイプのあると考えている。前者は言葉や文書で表すことが困難でコンテクスト依存度の高い知識で，後者は言葉や数字で表現でき，IT により時空間を越えて組み換えや蓄積が可能な知識である（Nonaka & Takeuchi, 1995；國領・野中・片岡，2003）。

4 　「人的資源管理」の概念的枠組みについては，岩出（2002），松山（2005）などを参照されたい。

5 　藤本（2003）によると，「組織能力」とは「ある経済主体が持つ経営資源・知識・組織ルーチンなどの体系」（p.28）である。また，山口（2006）は，「多国籍企業の組織能力」を「多国籍企業の本社および海外子会社において創造された学習結果としてのスタティックな組織ルーチンを全社的に活用できるように，複製・移転・改良するダイナミックな組織ルーチンである」（p.65）と定義している。

6 　こうした状況は，英国で「日本化」（Japanization）と呼ばれる流行語を生む一因にもなった。

7 　同様の指摘は，古沢（2001）の在中国日系企業の実態調査でもなされている。古沢は，中国のホワイトカラー人材の間で日系企業の人気度が低い原因として「現地化の遅れ」や「年功的な人事体系」「欧米系企業に比べ低い賃金水準」を挙げ，日本企業の人的資源管理の「受容性」の低さを問題視している。

第1章
国際経営における「現地適応」と「グローバル統合」

1. はじめに

　多国籍企業の経営は「現地適応」(local responsiveness) と「グローバル統合」(global integration) という「二元的圧力」(dualistic pressures) にさらされている。一国の枠組みを越え政治的・経済的・文化的に多様な環境下で活動する多国籍企業は，各国の市場ニーズや流通システム，政策などに敏感に反応することが求められる一方，効率性やシナジーの発揮に向け，地理的に分散した諸活動のグローバルな統合を迫られている。

　Prahalad & Doz (1987) によると，「現地適応」を迫る圧力としては「顧客ニーズ」や「市場構造」「流通チャネル」の差異，さらには「ホスト国政府」の要請などがあり，「グローバル統合」にはグローバルに活動する「競合企業」や「顧客」の存在，「普遍的なニーズ」「コスト削減の圧力」といった諸力が影響する[1]。

　こうした中，本章では主として戦略論・組織論[2]の立場から「現地適応―グローバル統合」を論じた代表的研究のレビューを通して「適応―統合」論の変遷について考察するとともに，今日の多国籍企業に求められる組織能力を提示する[3]。

2．「現地適応」と「グローバル統合」に関する代表的研究のレビュー

(1) 「トレードオフ」の視点—Fayerweather の「分散化と統一化の衝突」—

　Fayerweather（1969）によると，多国籍企業はホスト国で支配的な経営システムに「順応」（conformity）すべきか，それらにある程度の「革新」（innovation）を強制すべきか，という二者択一の意思決定を迫られている。それは，多国籍企業が環境の多様性に「順応」しようとすれば経営の「分散化」（fragmentation）を招来する一方，受入国社会の「革新」を企図する際には「統一化」（unification）に向けた圧力が高揚する「分散化と統一化の衝突」を論じたものである。

　Fayerweather は，「分散化」と「統一化」のメリット・デメリットを二項対立的に考察する中，多国籍企業の「世界的性格」（global character）を論拠に，経営の力点が「統一化」に置かれるべきことを主張する。そして，多国籍企業の特別の強みは，本国親会社の技術的優位性を活かしてホスト国に寄与する「革新」にあり，それが世界の社会的便益にも適うものであると訴える。すなわち，社会経済的制度としての多国籍企業の役割は「技術資源移動の主要機関」（primary agent for transmission of skill resources）や「文化交流（本国文化の他国への移動）による変革の媒体」（cross-cultural change agent）であり，こうした特徴が十分に効果を発揮しうるか否かは，「統一化」の能力の活用如何にかかっている。つまり，「革新」に向けた「統一化」こそが，多国籍企業の基本的存在理由およびその競争優位の相当部分を構成するのである。

　一方，「順応」については，「ローマ人でない者が，ローマ人よりもよいローマ人になることが望めるのか」との疑問を呈し，多国籍企業が強固な地位を獲得するためには「現地の基準から離れることが必要」と述べる。「順応」のための「分散化」はホスト国のナショナルインタレストを満足させ，ナショナリズムによる影響を最小化する効果を有するものの，それは本質的には防御的な

もので，積極的・建設的でない。従って，「順応」による「分散化」は，「革新」が当該社会で機能し得ない場合にのみ採用すべき「控えの戦略」と位置づけられるのである。

　以上のように，Fayerweatherの学説の特徴は，①「現地適応」と「グローバル統合」をトレードオフの視点で捉えていること，②多国籍企業における経営の力点が「グローバル統合」に置かれるべき点を主張していること，さらには③多国籍企業における技術的優位性の源泉を本国に限定している点にあると言えよう。

(2) 組織の「マクロ構造」からのアプローチ― Stopford & Wells による「国際経営組織」の発展モデル―

　Stopford & Wells (1972) は，戦略と組織の「適合」を重視するコンティンジェンシー理論に従い，組織のマクロ構造から「適応―統合」問題に接近した。具体的には，米国多国籍企業に対する実証研究をベースに，国際経営戦略の発展段階と組織構造の関係について「海外売上高比率」と「海外事業の製品多角化度」という2つの変数を用いて検討を加えている（図1-1）。

　まず，海外売上高そのものが小さい第1段階では，親会社の戦略や業績に対する海外事業の影響が軽微なため，海外子会社にある程度の「自律性」が与えられる。やがて，海外事業が拡大し「海外売上高比率」が上昇するに伴い，海外子会社に対する種々の調整の必要性が生じる。そこで，第2段階として海外事業を統括し海外子会社を管理する「国際事業部」（海外事業部）が設置されるようになる。国際事業部は，国内事業を導く戦略計画には従わない「独立的組織」として位置づけられるのが通常である。その意味で，国際事業部と本社の関係は，第1段階における海外子会社と本社の関係に類似している。Stopford & Wells によると，調査した170社のうち60%の企業では海外子会社数が5社になるまでに国際事業部を設立している。その後，海外事業がさらに拡大し，国内外の事業を統一的に捉えるステージを迎えると，国際事業部の独立性にメスが入れられ，組織は第3段階の「グローバル構造」へと変化する。

図1-1 「国際経営組織」の発展モデル

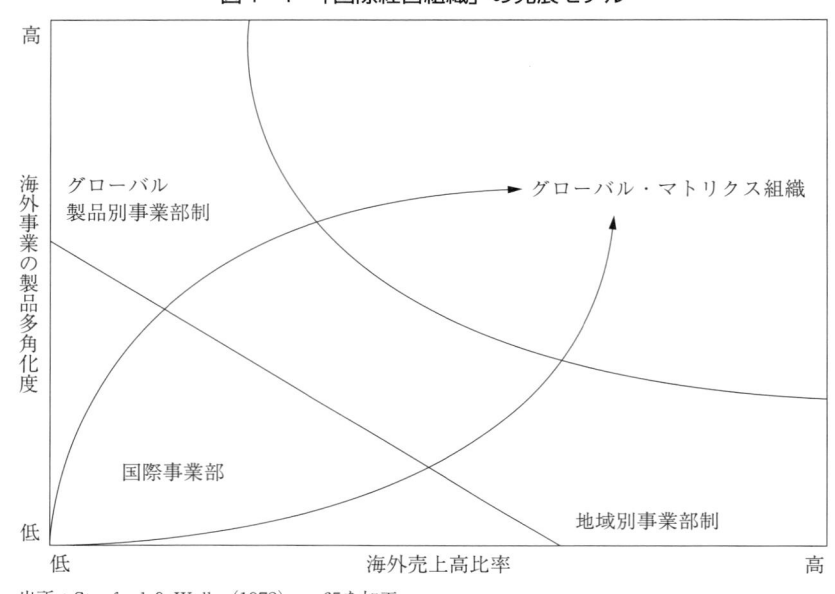

出所：Stopford & Wells（1972），p.65を加工。

　つまり，国際事業部の規模が大きくなると，それを作り出した力そのものが，その解体を促進するのである。グローバル構造には，①従来の国内製品事業部に世界的責任を持たせた「グローバル製品別事業部制」，②地域ごとに責任を分割した「地域別事業部制」，③製品別と地域別の事業部を並置した「混合型」の3タイプがある。グローバル製品別事業部制は多角化度の高い企業が「グローバル統合」を志向して選択するものであり，地域別事業部制は多角化度の低い企業が「現地適応」力の強化を企図して採用する組織構造である。

　さらに，多国籍的組織展開の最終段階においては，グローバル製品別事業部制を採用する企業でも「現地適応」が求められるようになり，地域別事業部制にも「グローバル統合」の圧力が押し寄せることになる。こうした中，Stopford & Wellsは，「現地適応」と「グローバル統合」の両立を図る第4段階の組織として「グリッド構造」（グローバル・マトリクス組織）の台頭を予

言している。グリッド構造は,「製品別事業部」と「地域別事業部」が海外子会社に対する統括権を分割した,別言すれば複数の「命令―報告」関係を持った組織形態である。Stopford & Wells の調査段階では,グリッド構造を採用している企業は3社のみであったが,その後欧米の多国籍企業の間では「現地適応―グローバル統合」に同時に対応可能な組織としてグローバル・マトリクスへの移行が相次いだ。しかし,グローバル・マトリクスの「二重の報告関係」は混乱と対立を招き,急増した公式的チャネルにより情報の行き詰まりが生じ,重複権限が縄張り争いと責任逃れを引き起こすおよび,そのほとんどが失敗に終わったと言われる (Bartlett & Ghoshal, 1989)[4]。

(3)「バランスされるべき相対立する諸力」としての「現地適応―グローバル統合」

「マトリクス組織の失敗」という現実は,多国籍企業が直面する「現地適応―グローバル統合」の問題が組織のマクロ構造からのアプローチでは解決し得ないことを示唆するものであった (Doz & Prahalad, 1984)。こうした中,海外事業が拡大・複雑化した1980年代に入ると,「現地適応」と「グローバル統合」を「バランスされるべき相対立する諸力」(Evans & Doz, 1992, p.85) として捉え,より多元的な視点で接近しようとする学説が登場するようになってきた。

① Porter の「コンプレックス・グローバル戦略」

Porter (1986) によると,多国籍企業が活動する業界は「マルチドメスティック業界」と「グローバル業界」に大別される。マルチドメスティック業界では,各国における競争は,それ以外の国での競争とは無関係に行われる。それは,製品に対する要求が国ごとに大きく異なるため,各国子会社が諸活動をほとんどコントロールし,高い自律性を得ることで「現地適応」を図ることが求められる業界である。とりわけ,価値連鎖の下流活動,すなわち買い手に近い活動が競争優位に大きな影響をおよぼす業界は,競争のパターンがマルチ

図1-2 「国際競争戦略」のタイプ

	分散 ← 活動の配置 → 集中
高 ↑ 活動の調整 ↓ **低**	各国子会社間の広範な調整を伴う高度な海外投資（コンプレックス・グローバル戦略） / シンプル・グローバル戦略 国を中心とした戦略（マルチドメスティック戦略） / マーケティングを分権化した輸出中心戦略

出所：Porter（1986），p.28を加工。

ドメスティックになる傾向がある。他方，グローバル業界は，ある国での競争上の地位が，他国の競争環境によって大きく左右される業界である。この業界では製品の標準化が進み，規模の経済性が競争優位をもたらすため，世界的に企業活動を統合し，各国間の連結を確保しなければならない。

こうした業界特性を踏まえ，Porterは，価値連鎖の諸活動の「配置」（集中／分散）と「調整」（強／弱）を鍵概念に，国際競争戦略を4つにパターン分けした（図1-2）。第1は，輸出中心の「シンプル・グローバル戦略」（simple global strategy）である。この戦略は，1970〜80年代の日本企業に典型で，可能な限り諸活動を一国に集中し，それらを標準化という手段で強く調整する。第2は，「マーケティングを分権化した輸出中心戦略」（export-based strategy with decentralized marketing）である。このタイプは価値連鎖の配置を集中させた輸出中心の戦略であるが，現地のマーケティング機能については分権化し調整はあまり行わない。第3は，「国を中心とした戦略」（country-centered strategy）である。この戦略では，活動の配置を分散するが，その調整はほと

んど行われない。従って，国別の「マルチドメスティック戦略」(multidomestic strategy) と形容されることもある。そして，第4は，「各国子会社間の広範な調整を伴う高度な海外投資」(high foreign investment with extensive coordination among subsidiaries) である。すなわち，価値連鎖の諸活動を世界中に分散すると同時に，その調整も強力に行う。これは「分化」と「統合」の高度な両立を目指すという意味で「コンプレックス・グローバル戦略」(complex global strategy) と呼ばれる。

Porterは，近年の傾向として製品ニーズのグローバルな同質化や情報通信技術の進展により規模の経済性が向上したため，本来マルチドメスティックであった業界もグローバル業界へと変化しつつある点を指摘している。他方，活動の集中的な「配置」については，保護主義の台頭や非関税障壁の増加など各国政府からの圧力によって困難になりつつある。また，「調整」に関しては，情報通信技術の進歩で容易になる一方，活動の分散化に応じてその必要性が大きくなると述べている。こうした環境変化は，これまで「マルチドメスティック戦略」を強みとしてきた企業も，「シンプル・グローバル戦略」に依存してきた企業も，ともに「コンプレックス・グローバル戦略」へと移行せざるを得ないことを示唆するものである。活動の「配置」と「調整」の両側面が複雑化する中，「各国ごとの視点」と「グローバルに統一化された視点」を如何にしてバランスさせるかが多国籍企業の重要課題になってきたと言えよう。

② Prahalad & Doz の「マルチフォーカル戦略」と「マルチフォーカル組織」

Prahalad & Doz (1987) は，「現地適応」と「グローバル統合」を「本社―海外子会社」間および各国子会社間の関係に関わる問題として認識するとともに，その関係性は各事業の経済的・技術的・競争的特性に依存すると述べている。そして，「現地適応」と「グローバル統合」という二律背反的圧力の相対的重要性を評価するツールとして"Integration-Responsiveness Grid"(「Ⅰ-Rグリッド」) を提示している (図1-3)。

彼らが分析したコーニング社のケースを用いると，電子部品事業や医薬品事

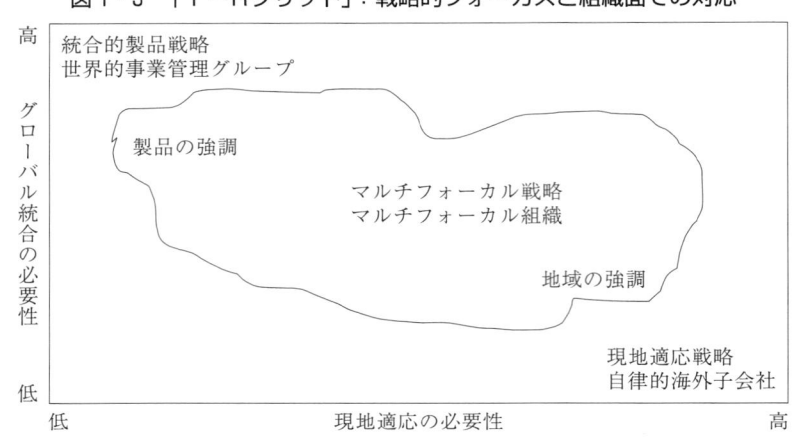

図1-3 「I－Rグリッド」：戦略的フォーカスと組織面での対応

出所：Prahalad & Doz（1987），p.25.

業では投資や製品政策・価格設定などの戦略的調整を通して競争優位が生じることから「グローバル統合」が重視される。Prahalad & Doz は，これを「統合的製品戦略」(integrated product strategy) と名づけている。こうした事業では，経営者は「現地適応」に関する問題よりも「規模の経済性」や「グローバルな顧客・競争相手の動向」などに注意を払わねばならない。そのため，「世界的事業管理グループ」が戦略的経営の中心となり，構造的には「事業（製品）別組織」の採用が示唆される。一方，コーニングウェアのような事業においては「分権的」な価格設定や販売促進・製品政策が優位性をもたらすため，「現地適応」の必要性が高まる。これは「現地適応戦略」(locally responsive strategy) と呼ばれるものである。従って，戦略策定は地域または各国レベルの「自律的海外子会社」によってなされ，「地域別」の組織構造が選好されることになる。

　Prahalad & Doz によると，上で示したような「I-Rグリッド」の両極に位置する事業では，戦略上の優先順位が明確で，組織構造もシンプルな形態なもので事足りる。しかし，コーニング社のテレビ事業のように「現地適応」と「グローバル統合」の双方に対する感度が同時に求められるケースも厳然とし

て存在する。彼らは，その事業特性を「マルチフォーカル」(multifocal) と命名し，マルチフォーカルな事業への対応こそが，経営者にとって真の挑戦課題になると述べている。そこでは「現地適応」と「グローバル統合」に対して二者択一の意思決定をすることは困難で，「現地適応」を求める側面と「グローバル統合」を必要とする側面に同時に注意を向けねばならない。こうした経営に対する複数の焦点は，「現地適応」と「グローバル統合」の両立を企図した「マルチフォーカル戦略」(miltifocal strategy) の必要性を反映したものである。従って，マルチフォーカルな事業では戦略上の優先課題が単純明快でないため，構造的には複雑な「マルチフォーカル組織」(multifocal organization) が導かれることになる[5]。

③ Hedlund の「ヘテラルキー」モデル

　Hedlund（1986, 1993）によると，今日の多国籍企業は従来型の「階層」(hierarchy：ヒエラルキー) が依拠する「基本的仮定」の崩壊に直面している。例えば，多国籍企業論が主張してきた独占的・企業特殊的優位性の内部化に代わり，企業自身の国際的伸張と自己開発能力が競争力の源泉となるとともに，その経営においては公式の組織構造以外のコントロールシステム，ユニット間の水平的コミュニケーション，さらには柔軟な資源移動などの重要性が高まっている。また，イノベーションは，中央で計画され緊密に調整された戦略からではなく，現地化され各国に分散しているが，グローバルな動機に基づく活動から生じる傾向をますます強めてきている。

　こうした中，Hedlund は，スウェーデン多国籍企業の研究から，「階層」に代替する組織モデルとして「ヘテラルキー」(heterarchy) を提示した。ヘテラルキカルな多国籍企業（heterarchical MNC：ヘテラルキカル MNC）の主な特性は，以下の諸点である（Hedlund, 1986, 1993；Hedlund & Rolander, 1990）。

③-1.多中心性

　従来型の「階層」では，多国籍企業内の関係は1つの「センター」と「ペリフェラル」（周辺的）な諸ユニットとの関係に限定されるため，ペリフェラルなユニット間の関係性が活用されず，親会社の過剰負担と子会社のモチベーションの欠如という問題を引き起こす。これに対し，ヘテラルキカル MNC においては，例えばオランダにグローバルな R&D センターがあり，ドイツに製品本部を置き，アジアのマーケティングセンターはシンガポールが担うといったように組織化原理は「多元性」（multidimensionality）を帯び，競争優位の基盤が多数の国々に分散している。そして，新たなアイデアや製品が様々な国で生み出され，やがてグローバルベースで活用されるようになる。

③-2.海外子会社の戦略的役割

　ヘテラルキカル MNC では，子会社の経営者にも戦略的役割が付与されている。それは，当該子会社に関連する役割だけではなく，多国籍企業全体に対する役割である。「本社」「センター」「本国」「全社レベル」といった言葉が持つ「階層的」意味合いは消滅するとともに，それらはもはや同一概念ではなくなる。ヘテラルキカル MNC においては，全社レベルの戦略は，地理的に分散したネットワークの中で策定され，実行に移されることになる。

③-3.広範なガバナンスモード

　ヘテラルキカル MNC は，ある分野で合弁を立ち上げ，別の局面では取引の外部化やアームズレングスによる内部取引を行い，さらに第3のコンテクストにおいては経営上の命令によるガバナンスを行使することもある。すなわち，純粋な「市場」から「階層」の間で，特定の目的に照らして最良のガバナンスモードを柔軟に創造・選択することがヘテラルキーの特徴である。

③-4.規範的統合

　ヘテラルキカル MNC が直面する多様かつ広範で，流動的な環境や活動において，「調整」を確かなものとする唯一の方法が「規範的統合」（normative integration）である。従来型の「官僚的コントロール」や「計数的コントロール」は，モチベーションおよび相互信頼の問題から補完的役割に留まる。すな

わち，ヘテラルキーでは「企業文化」や「経営倫理」を通じた統合の重要性が増し，それにより組織が「無秩序状態」に陥ることが回避されるのである。

③-5．他者との連携

　他者との連携は，グローバルな環境が内包する潜在的シナジーを求めて実施される手段である。ヘテラルキカルMNCは，見ず知らずの他国の行為者であっても，能力の共有化や蓄積を通して，「グローバル性」(globality)から最大限の利益を得ようとする。その方策としては，他社や政府との合弁・提携など多様な形態が挙げられる。

③-6．ラディカルな問題志向

　ヘテラルキカルMNCは，今日最も困難とされるグローバルな問題解決に適した組織である。すなわち，既存の物的・人的資源や狭い事業領域での競争上のポジションから出発するのでなく，「グローバル性」そのものを競争優位の主要な源泉と捉えるなど，ラディカルな問題志向を戦略策定の指導原理としている。

③-7．ホログラフィックな組織

　ヘテラルキカルMNCでは，全体に関する情報が各部分に蓄積されている。具体的には，企業の基本戦略や行動原理，詳細な情報が組織内で広範に共有され，主要目標やユニット間の相互依存関係に対する意識の高揚につながっている。そして，情報通信技術が組織をヘテラルキーに導く重要な力となる。

③-8．頭脳としての企業モデル

　従来型の組織では，戦略策定者である「センター」が「頭脳」で，「周辺」の実行者が「肉体」であるとの企業観が支配的であった（「企業の頭脳」モデル）。これに対し，ヘテラルキカルMNCでは，思考は「センター」に限定されるのでなく，「周辺」も含めた企業全体で進行し，その思考に基づいた行動がなされる。すなわち，思考が行動を形成する一方，各部分の行動は思考を形成する「実験」と認識されるのである（「頭脳としての企業」モデル）。

③-9．新たな企業特殊的優位性を追求・創造するための行動プログラム

　これまでの多国籍企業論では，本国に基盤を置く所与の優位性の活用が強調

されてきたが，こうした偏見は多国籍企業の行動を危険にさらす可能性がある。そこで，「グローバル性」を媒介とした新たな企業特殊的優位性を追求・創造するには，市場創造のための行動プログラム，国や地域の比較優位の活用と活動の調整のための行動プログラム，さらにはグローバルな取引に関する行動プログラムなどが求められることになる。

④ White & Poynterの「水平的組織」

White & Poynter（1990）は，国際環境が複雑化しダイナミックになる中，「分化―コスト」「ローカル―グローバル」といった単純な二分法は，企業の長期的な生き残りや成功には不適切で，両者のバランスが必要であると訴える。そして，ローカルベースの優位性の機会とグローバルベースの優位性の機会を同時に追求する「水平的組織」（horizontal organization）の必要性を説いている。

水平的組織の第1の特性は，「ラテラルな意思決定プロセス」（lateral decision processes）にある。水平的組織における管理者は，「階層」に依拠して上司の裁断を仰ぐのでなく，潜在的に利害関係を有する他部門の同僚との接触や協働を通して，自分たちのレベルで問題解決に取り組む。また，従来型組織は情報を厳しくガードしていたが，効果的な水平的組織では情報に関する境界線は存在しない。なぜならば，ローカルの機会をグローバルな視野と結合させるには，情報や知識の共有化が重要となるからである。

第2の特性は，「水平的ネットワーク」（horizontal network）である。水平的組織では，垂直的な報告関係の重要性を意図的に減じる中，地理的に分散した各ユニットが「水平的ネットワーク」として結びついている。ネットワーク内の相互作用は柔軟で，状況に応じ形成・改革がなされる。その意味で，水平的組織は事前に定義された関係性の構造を有するのでなく，いかなる部門でも他の部門と結合する潜在的可能性を持つ柔軟なネットワークとして捉えることが妥当である。そして，こうしたネットワークとしての「内的柔軟性」が高度な「外的多様性」に対する適応力を高めることにつながるのである。

第3の特性は,「共有化された意思決定前提」(shared decision premises)に見出すことができる。意思決定前提が共有化されることで,多様な背景を有する人々の協働と調和の取れた行動が可能になり,無秩序状態が回避される。これは,企業としてのアイデンティティの重要性を論じたもので,具体的手段としては経営理念の教育など社会化のプロセスに依存することになる。

　White & Poynterによると,水平的組織における本社の上級幹部の任務は,グローバルベースでの優位性の達成に向け,ラテラルな意思決定を促進する組織的コンテクストを創造・維持・保護することにある。彼(彼女)らは組織メンバーに企業の価値を説き,適切な水平的関係を奨励し,ラテラルなプロセスを促進することを通して,より間接的な方法で意思決定や行動に影響を与えなければならない。他方,海外子会社には,多国籍企業全体の目的と戦略の枠組みの中で柔軟性を行使することが許容されるが,その一方で他国のトップとの情報交換に努め,そうした情報を活用してグローバルな強みや協動の機会を導くローカルとしてのイニシアチブを発揮することが求められている。海外子会社トップの役割もまたラテラルなプロセスを促進することなのである。

3. Bartlett & Ghoshalの「トランスナショナル企業」モデル

　前節では,多国籍企業における「現地適応」と「グローバル統合」に関する代表的研究を時系列的にレビューした。具体的には,「現地適応―グローバル統合」を「トレードオフ」の関係で捉えることから出発した議論(Fayerweather, 1969)が,組織の「マクロ構造」によるアプローチ(Stopford & Wells, 1972)へと引き継がれ,多国籍企業の海外事業が拡大・複雑化した1980年代以降はPorter (1986),Prahalad & Doz (1987),Hedlund (1986, 1993),White & Poynter (1990)など多元的視点から「現地適応」と「グローバル統合」の両立を論じる研究が登場してきたことを述べた。

　そして,これら所説を「イノベーション」や「組織学習」の視点から発展さ

せたのが Bartlett & Ghoshal（1989, 1995a）による「トランスナショナル企業」（transnational company）モデルである。Bartlett & Ghoshal は，欧米および日本の多国籍企業に対する詳細な比較研究から国際経営に関する新たな理論モデルを提示している。ここでは，彼らの所説に従い，「トランスナショナル企業」の特質を明らかにしていく。

(1) 国際経営戦略の3類型

Bartlett & Ghoshal（1989, 1995a）によると，従来の多国籍企業の戦略は「マルチナショナル型」「グローバル型」「インターナショナル型」の3タイプに分類できる。各戦略タイプの特質は下記のとおりである。

①マルチナショナル型

マルチナショナル型は，伝統的に欧州企業に見られる戦略タイプである。このタイプの企業では，海外子会社は各国市場の差異と変化に敏感に対応すべく「国連モデル」と形容される独立的な運営がなされる。それは情報・資源・権限が各国子会社に分散される「権力分散型連合体」（decentralized federation）である。そして，子会社管理に関しては価値観の共有化と人的ネットワークを基盤とした「社会化」（socialization）による調整が重視される。マルチナショナル型は現地ニーズへの対応力に優れるが，活動が分散しているためグローバルな効率性の面で問題を抱える。また，各国子会社の縄張り意識が強く，知識を統制する仕組みが不十分で，イノベーションの相互学習が困難であるとともに，その重複による非効率が見られる。

②グローバル型

グローバル型は，日本企業に典型的な戦略タイプと言える。このタイプの企業は世界を統合された1つの市場と捉え，規模の経済性によるコスト優位を追求する。子会社管理は情報・資源・権限の「集権化」（centralization）を基本とし，本社による厳しい統制がなされる。海外子会社の役割は本社が策定した

方針・計画の実行者で，そこに製品や戦略を生み出す自由は少ない。「集権化されたハブ」(centralized hub)と描写されるグローバル型の戦略は，Levitt (1983)が唱える各国市場の同質化現象（市場のグローバル化）が進展した時代や産業に適合するものであった。しかし，残存する市場構造の差異やニーズの多様化，グローバル化に抗する各国市場の動きに対しては有効な調整方法を見出せないでいる。

③インターナショナル型

　インターナショナル型は，多くの米国企業に見られる戦略である。インターナショナル型の企業は，Vernon (1966, 1971)の「プロダクト・サイクル理論」に従い，本社の知識と能力を海外市場に移転・適応させる。子会社管理については「公式化」(formalization)によってマルチナショナル型より強いが，グローバル型に比べ弱い中央統制力を保つ「調整型連合体」(coordinated federation)と言える。海外子会社は現地のニーズに合わせて製品を改良する自由を有するが，イノベーションの供給源は本社に依存している。そのため，インターナショナル型は効率性でグローバル型に劣り，柔軟性でマルチナショナル型におよばないという側面を有している。

(2)　「トランスナショナル企業」の組織能力

　Bartlett & Ghoshalの結論は，市場のグローバルな統合と地域的分化，製品・技術のライフサイクルの短縮化が同時進行する中，これからの多国籍企業はマルチナショナル型の柔軟性，グローバル型にみる効率性，インターナショナル型が得意とするイノベーションの海外移転能力を併せ持たねばならないということである。そして，これら多次元の課題を克服し，知識を世界規模で活用する能力を習得した企業を「トランスナショナル企業」と名づけている[6]。理念型としての「トランスナショナル企業」の特徴は，従来の「現地適応―グローバル統合」の議論を「イノベーション」や「組織学習」の視点から発展させたことにある。しかも，知識の所在やイノベーションの発生源を本社に限定

表1-1　従来型の多国籍企業とトランスナショナル企業の比較

組織の特徴	マルチナショナル型	グローバル型	インターナショナル型	トランスナショナル企業
資源と能力の配置	分散型で国ごとに自立	中央集中型でグローバル規模	コア能力の源泉は中央に集中させ他は分散	分散・相互依存・専門化
海外事業の役割	現地の機会を感知し利用	親会社の戦略を実行	親会社の能力を適応させ活用	統合された世界的事業展開に向けた各国ユニットによる分化した貢献
知識の開発と普及	各ユニット内で知識を開発して保有	中央で知識を開発して保有	中央で知識を開発し海外のユニットに移転	共同で知識を開発し世界中で共有

出所：Bartlett & Ghoshal (1989), p.65.

せず，子会社にも資源と能力が配分され，イノベーションが「統合ネットワーク」(integrated network)[7]を通して世界中で共有されるという点においてインターナショナル型より進化した特質を有する。つまり，「トランスナショナル企業」の競争優位の源泉は，イノベーションをグローバルに創造・移転・活用する「世界的学習能力」(worldwide learning capabilities) にある。そして，Bartlett & Ghoshal (1995a) は「トランスナショナル企業の経営プロセスは各国の能力を活用し，世界的に結合させるプロセスである」(p.577) と述べ，「世界的学習能力」の開発に向け，「現地適応」と「グローバル統合」の双方の組織能力を身につけることの重要性を論じている（表1-1)[8]。

4. Doz, Santos & Williamson の「メタナショナル企業」モデル

上で論じた「トランスナショナル企業」を「知識経済化」の進展という文脈において進化させたのが，Doz, Santos & Williamson (2001) の「メタナショ

ナル企業」(metanational company) モデルである。Doz, Santos & Williamson によると，知識経済化の進展により技術や市場に関する知識がグローバルに分散する中，最近では新技術やリードマーケットのロケーションが多様化し，知識・能力の所在が時間とともにシフトする傾向が観察される。こうした事実は，既存の立地優位性に安住することに警鐘をならす一方，自国の外部環境劣位がある程度克服可能であることを指し示している（浅川，2002，2006）。

　ここでは，Doz, Santos & Williamson の議論に基づき，今日の多国籍企業に求められる戦略転換と「メタナショナル企業」の特質，さらには「メタナショナル企業」に求められる能力について考察する。

(1) 多国籍企業に求められる戦略転換

　Doz, Santos & Williamson は，従来の国際経営戦略を「マルチドメスティック戦略」(multidomestic strategy) と「グローバル・プロジェクション戦略」(global projection strategy) に大別している。前者は，各国市場の差異に敏感に反応すべく，資源・権限を各国子会社に分散させる「高・現地適応」の特質を有している。一方，後者は，本国で開発された優位性の海外移転を強みとした「高・グローバル統合」の戦略タイプであると言える。先に示した Bartlett & Ghoshal の戦略類型に従えば，マルチドメスティック戦略は「マルチナショナル型」，グローバル・プロジェクション戦略は「グローバル型」に相当すると言えよう。

　マルチドメスティック戦略は，ローカルの環境とのタイトな結びつきから，各国子会社内に大きな知識のストックを有している。しかし，このタイプの企業は「ローカルの知識は現地適応のために存在する」との前提に依拠しているため，「ローカルの知識をグローバルに共有化し役立てる」という経験に乏しく，それに必要なスキルも不十分である。

　一方，グローバル・プロジェクション戦略は，知識の国境を越えた移動を可能にするグローバル・ネットワークを有し，自らの成功をグローバル最適化の視角で捉える点に長所を見出せる。しかし，本社と海外子会社が「支配―依

存」関係にあるため，知識の流れは「本社→海外子会社」という単一方向的である。また，標準化された競争優位性を最少の適応で移転させることに力点を置くため，本国の環境への類似性に魅力を感じる傾向にある。従って，ローカルの特殊な環境に埋め込まれた知識（embedded knowledge）にアクセスする意欲と構造を欠いている。

　グローバルな知識の分散化が進展する今日，マルチドメスティック戦略のような国ごとの個別最適経営の追求は，グローバルベースでの競争優位構築の足枷となるであろう。また，グローバル・プロジェクション戦略に見られる本国の優位性のみに依存した経営は，世界中に分散する多様な知識の学習・活用に関する「機会損失」を被ることになると考えられる。

　こうした中，マルチドメスティック戦略に依存してきた企業は，海外子会社をグローバルな目標や価値観にコミットさせ，「本社―海外子会社」間や各国子会社間の協力精神を醸成しなければならない。一方，グローバル・プロジェクション戦略には，本国外の知識を学習するメンタリティを涵養し，知識の流れを逆転させる術を習得することが必要であると言えよう。

(2)　「メタナショナル企業」の特質

　上で述べたように，伝統的な多国籍企業は「現地発イノベーションの現地活用」または「本国発イノベーションの海外移転」のいずれか一方に立脚した経営を行ってきた。しかし，知識が世界中に分散する中，ローカルの知識によるローカル市場のための製品設計や，一国の技術源泉に依存したイノベーションの創造だけではグローバルな持続的競争優位を構築しえないことが明らかになってきた。そこで，Doz, Santos & Williamson は，今日の多国籍企業の挑戦課題が「世界からの学習を通じたイノベーション」（to innovate learning from the world, p.1）にあることを論じ，世界中に分散している技術や市場に関する知識の融合を通じて価値創造を図り，新たな競争優位を構築する企業を「メタナショナル企業」として位置づけたのである。

　別言すれば，本国との地理的・文化的差異をイノベーションの「原材料」

(raw material) として重視する中，ローカルの特殊性をグローバル・ネットワークに役立てる "Think local, Act global" (p.202) の経営こそが，「メタナショナル企業」モデルが提起する最重要メッセージであると言えよう。

(3)「メタナショナル企業」における３つの能力

Doz, Santos & Wiilamson は，「メタナショナル企業」への戦略転換を図るには，「本国至上主義」から脱却し，ペリフェラルな海外子会社にも関心と注意を払うとともに，「現地のためだけの現地適応」といった従来型のメンタリティと決別することの重要性を強調する。また，「類似性よりも差異」「個別最適でなくグローバルな成果への貢献」「他者（世界）から学習しようとする意思」「柔軟性とイノベーションを受け入れる意思」を重視する企業文化の必要性を説いている。

そして，「メタナショナル企業」としての優位性を発揮するには次の３つの能力が求められるとしている。

①「感知」(sensing) 能力

第１は，「感知」能力である。今日の知識経済においては，リードマーケットが多様化し，イノベーションが辺境から生じる可能性が増している[9]。そこで，これからの多国籍企業には，新たな知識の源泉をグローバルに感知する能力が求められる。それは，創造されるべき機会や解決されるべき問題など目的を明確にした上で，グローバルに知識を「探索」し，それに「アクセス」する能力を意味する。

②「流動化」(mobilizing) 能力

第２は，「流動化」能力である。知識をイノベーションに転換するには，分散した知識を引きつけ，共通の方向に向け，新製品を生み出す圧力を行使するメカニズムが必要である。すなわち，「流動化」能力とは，リード顧客やグローバルなプロジェクトを「磁石」(magnet) として活用する中で，知識を

「移転」「融合」し,イノベーティブな製品・サービスとして具現化する能力のことである。

③「活用」(operationalizing) 能力

第3は,「活用」能力である。これは,生み出されたイノベーションとそれが有する潜在的効用を,自社の既存のオペレーション・ネットワークに従事する人々に理解してもらうことで,イノベーションを日常のサプライチェーンに「リレー」「普及」させ,売上・利益の拡大を導く能力である。

5. これからの多国籍企業に求められる組織能力

ここでは,本章での議論の締めくくりとして「トランスナショナル企業」および「メタナショナル企業」に関する議論をベースに,これからの多国籍企業に求められる組織能力について論じる。

「トランスナショナル企業」と「メタナショナル企業」の共通点は,「現地適応─グローバル統合」の議論を「イノベーション」や「組織学習」の視点から補強し,多国籍企業の競争優位の源泉を「イノベーション」のグローバルな創造・移転・活用に見出していることにある。その背景には,主要多国籍企業間で「企業規模」および「海外拠点の配置」に関する格差が縮小する状況下,競争優位の源泉が「規模の経済性」から「範囲の経済性」,さらには「ネットワークの経済性」へと移行しつつあるという環境認識が存在する (Hamel & Prahalad, 1988;宮沢, 1988;江夏, 1992;辻・西脇, 1996;藤沢, 2000;茂垣, 2001)[10]。こうした中,「トランスナショナル企業」「メタナショナル企業」では,世界各地の市場や技術のトレンドを敏感にキャッチし,世界的なチャンスと不安材料に独創的に反応してイノベーションを「創造」するとともに,それをグローバルに「移転」「活用」することの重要性が強調されている。本節では,こうしたイノベーションを「グローバル・イノベーション」として捉え,従来型イノベーションとの比較を交えながら,そのプロセスと特質について考

察する。

(1) 従来型イノベーションの類型

　国際経営の視点からイノベーションについて検討する場合，伝統的には「集中型イノベーション」（central innovation）と「分散型イノベーション」（local innovation）という2つの典型的なプロセスを見出すことができる（Bartlett & Ghoshal, 1989, 1995a）。

　集中型イノベーションのプロセスは，本国サイドで新しいチャンスを察知し，親会社に集中している資源を使って新製品や新プロセスを開発し，それを世界的に適用するというものである。先のDoz, Santos & Williamson（2001）の所説に従えば，「本国発イノベーションの海外移転」に相当する。このタイプのイノベーションは「グローバル型」において優勢で，そこでは多様な国際環境が発する様々な要求を煩わしいものと捉え，各国ニーズへの対応を最小限で済ませようとするメンタリティが支配的となっている。グローバル型の企業は，特定のニーズに合わせて製品・サービスを修正することに意欲的でない。従って，集中型イノベーションのプロセスは，世界本社と海外子会社が「支配—依存」の関係にあり，中央でコントロールされた諸活動が，各国市場の発するニーズに敏感に反応できないという弱点を抱えている。

　これに対し，分散型イノベーションにおいては，各国子会社がそれぞれの資源と能力を使って，現地ニーズに合致した新製品・サービスの開発に注力する。Doz, Santos & Williamson（2001）では「現地発イノベーションの現地活用」と形容されたものである。これは「マルチナショナル型」の企業に多く見られるイノベーション・プロセスで，現地ニーズへの対応を市場への「入場料」と見なすメンタリティに支えられている（Levitt, 1983）。しかし，分散型イノベーションには「必要以上の差別化」という危険性がつきまとう[11]。とりわけ，独自の知識や資源を有する子会社ほど「起業家主義の罠」（Kanter, 1983）に嵌りやすい。また，各国子会社が世界共通の問題に対して独自の解決を図ろうとする傾向が強いことから「努力の重複」が観察されることもある。

(2)「グローバル・イノベーション」のプロセス

　Bartlett & Ghoshal（1989，1995a）は，彼らが調査した多国籍企業9社の中には「集中型イノベーション」と「分散型イノベーション」のいずれか一方に偏向した経営姿勢を改め，グローバルベースで学習を促進する新たなイノベーション・プロセスが開発されつつあることを指摘している。また，Doz, Santos & Williamson（2001）も，世界中に分散する知識を「感知」「流動化」してイノベーションを創造し，それを世界中で「活用」するメタナショナルなイノベーション・プロセスの重要性について，具体例を示しつつ論じている[12]。

　Bartlett & Ghoshal（1989）が「トランスナショナル・イノベーション」と命名した「グローバル・イノベーション」のプロセスは，「現地活用型イノベーション」（locally leveraged innovation）と「世界結合型イノベーション」（globally linked innovation）に大別される。まず，「現地活用型イノベーション」は，各国子会社の資源と起業家精神を梃子にイノベーションを創造し，それを世界規模で活用するイノベーション戦略である。企業はある地域で発生した市場ニーズへの対応を通して，別の地域で同種のニーズを誘導することが可能になる。「現地活用型イノベーション」の具体例として，資生堂のフランス子会社の事例（香水事業）を挙げることができる。資生堂は，パリに設立した100％出資子会社のトップに現地人を登用し，フランスの特殊な環境に埋め込まれた香水に関する知識にアクセスしてヒット商品を開発するとともに，それを他のヨーロッパ諸国や北米・アジアへ伝播していった（Doz, Santos & Williamson, 2001）。また，ユニリーバでは，ドイツや北欧，南アフリカの子会社で開発された柔軟剤やシャンプー，ボディ・スプレーなどをグローバル・ブランド化することに成功した（Bartlett & Ghoshal, 1995a）。さらに，3Mの日本子会社である住友3Mが日本市場向けに開発した自動車用樹脂面ファスナーがその後世界中の自動車メーカーに採用されたケースも「現地活用型イノベーション」に当たるだろう（日本に根付くグローバル企業研究会, 2005）。一方，「世界結合型イノベーション」のプロセスでは，ある地域で感知したニーズを別の地域で開発されたイノベーションで解決したり，複数のユニット

が各々独自の知識を提供し，協力してイノベーションが創造される。すなわち，国境を越えたユニット間の柔軟な連結関係による知識の移転・融合が「世界結合型イノベーション」の特徴である[13]。例えば，P&Gでは，米国・欧州・日本のローカルニーズに対応するために開発された「酵素技術」「無リン技術」「界面活性剤技術」を結合させ，グローバル市場向けの液体洗剤を誕生させた（角田，1991；Bartlett & Ghoshal, 1990b, 1995a）。また，ノキアはフィンランド本国で培われた企業文化や能力と，英国の研究所での成果，米国の先端技術とマーケティング・ノウハウ，日本の小型化技術や顧客志向，東南アジアが得意とするローコスト生産のスキルなどを組み合わせて携帯電話事業におけるグローバルな優位性を確立した（Doz, Santos & Williamson, 2001）[14]。

(3)「グローバル・イノベーション」の特質

上で述べた議論を整理すると，「グローバル・イノベーション」は次の3つの特質を有していると考えられる。

①発生源の「多極化」

第1の特質は，発生源の「多極化」である。Fayerweather (1969) に代表されるように，国際経営に関する古典的理論においては，イノベーションの発生源は本社・本国に限定され，海外子会社はその「適用の場」にすぎないという暗黙の前提があった。近年の議論でも，日本企業が典型とされる「グローバル型」（Bartlett & Ghoshal, 1989, 1995a）や「グローバル・プロジェクション戦略」（Doz, Santos & Williamson, 2001）は，こうしたメンタリティを継承し，いわゆる本社中心の「ワンウェイ・モデル」（吉原，1988, 1989）の経営がなされ，多様性を「標準からの逸脱」と見なして排除する傾向が強かった。これに対し，「トランスナショナル企業」「メタナショナル企業」が目指す「グローバル・イノベーション」のプロセスは，「環境の多様性」をハンディキャップでなく，グローバルな競争優位の源泉として認識する価値前提を存立基盤の1つとしている[15]。こうした中，海外子会社には「イノベーション・セ

ンター」(吉原,2001)としての役割が期待されている。とりわけ,「メタナショナル企業」では,イノベーションの源泉としての知識の所在を「ペリフェラル」な子会社にも求めている点で,「トランスナショナル企業」よりも一歩先に進んだ海外子会社観を示している。すなわち,「トランスナショナル企業」が分化した役割を持つ子会社の「統合ネットワーク」として多国籍企業を捉えているのに対し,「メタナショナル企業」モデルは「戦略リーダー」(Bartlett & Ghoshal, 1989)[16]や「センター・オブ・エクセレンス」(Moore & Birkinshaw, 1998;Frost, Birkinshow & Ensign, 2002)など海外子会社に対する静的・固定的視点を超克し,よりダイナミックな視点から各国子会社が有する多様な知識の潜在能力に着目しているのである[17]。

②発生プロセスの「多元化」

「グローバル・イノベーション」の第2の特質は,発生プロセスの「多元化」である。これまでは「マルチナショナル型」や「マルチドメスティック戦略」が「現地のための現地適応」を図る一方,「グローバル型」や「グローバル・プロジェクション戦略」は「規模の経済性に向けたグローバル統合」を追求してきた。そのため従来型のイノベーション・プロセスは,一国の知識源泉に依存したものに留まっていた。これに対し,「トランスナショナル企業」「メタナショナル企業」は,上で述べた旧来の「現地適応―グローバル統合」観から脱却し,「ローカルの知識をグローバルに役立てる」メンタリティに支えられている[18]。従って,ある地域のニーズを別の国で開発された知識で充足させたり,「現地適応」度の高い経営を通してアクセスしたローカルの知識を他のユニットが有する知識と結合させてイノベーションを創造するなど,多元的な発生プロセスが想定されている。つまり,各ユニットが直面する環境の差異をグローバルな利益に役立て,「知識の異種交配」を通して「ネットワークの経済性」を発揮することが「グローバル・イノベーション」の戦略的命題であると言える。

③国境を越えた「移転・活用」

　第3の特質は，イノベーションの国境を越えた「移転・活用」である。これまで，多国籍企業におけるイノベーションの海外移転に際しては，他国で開発されたイノベーションに対する拒否反応の問題が指摘されてきた。これに対して，「トランスナショナル企業」「メタナショナル企業」では，「NIH (Not Invented Here) 症候群」(Allen, 1977 ; Katz & Allen, 1982) や「ローカル帝国」(local empire)，「起業家主義の罠」といった偏狭なメンタリティを克服し，世界各地で発生したイノベーションを世界本社へ逆移転したり，他の子会社へ水平移転するなど，世界中でイノベーションが活用されることが期待されている。

6. むすび

　本章では，多国籍企業における「現地適応—グローバル統合」に関する代表的研究をレビューし，Bartlett & Ghoshal (1989, 1995a) の「トランスナショナル企業」モデルと，Doz, Santos & Williamson (2001) による「メタナショナル企業」モデルで展開された議論をベースに今日の多国籍企業に求められる組織能力について考察した。そして，「グローバル・イノベーション」の創造・移転・活用による競争優位の構築を論じるとともに，その特質として発生源の「多極化」，発生プロセスの「多元化」，さらにはイノベーションの国境を越えた「移転・活用」の3点を指摘した。

　しかし，多国籍企業が「グローバル・イノベーション」のプロセスから果実を得るには，「支配—依存」という従来型の「本社—海外子会社」関係や，「独立—依存」といった二分法的な子会社観を超克して，各ユニットの「国境を越えた協働」を促進する「世界的学習能力」の強化が必要不可欠である。そこで，次の第2章では，分化した経営により多様性・複雑性・流動性が増すと予想される「本社—海外子会社」間および各国子会社間の関係性を調整するメカニズムについて考察してみたい。

1 多国籍企業が直面する「二元性」(duality) については，Evans & Lorange (1989)，Evans & Doz (1992) などの研究も参照されたい。
2 「現地適応—グローバル統合」の問題は，組織論では「分化」(differentiation) と「統合」(integration) として論じられてきた。例えば，Lawrence & Lorsch (1967) では，組織は外部環境の特定の一部に対処すべく複数の部分に分化されると同時に，組織の全体目的の達成のため部分を統合する必要があることが述べられている。
3 「現地適応—グローバル統合」の分析単位は「企業レベル」と「個別事業レベル」に大別されるが，本書では「現地適応—グローバル統合」を多国籍企業全体としての組織能力の視点で論じるべく，「企業レベル」を分析単位としている。
4 この点に関連して，Galbraith & Kazanjian (1986) は，マクロ構造としての「マトリクス」ではなく，対立解消システムの機能を有した「マトリクス文化」の必要性を述べている。また，Davis & Lawrence (1977) も，マトリクスを成功に導く要因は，組織構造でなく，組織内の行動様式やシステム，風土などにあることを論じている。
5 Doz (1980) は，「現地適応」と「グローバル統合」の問題について，多国籍企業に対する「政治的要請」(political imperatives) と「経済的要請」(economic imperatives) の視点から論じ，両者間のバランスを志向する戦略を「管理的調整戦略」(administrative coordination strategy) と名づけている。本文での「マルチフォーカル戦略」に相当する概念と言える。
6 Bartlett & Ghoshal は，「トランスナショナル企業」を「理念型」として提示しており，具体的データを用いてその優位性を論じているわけではない。しかし，彼らは日・米・欧多国籍企業9社に対する詳細な事例研究を通して，これら企業が「柔軟性」「効率性」「イノベーションの海外移転」といった多次元の要求に対処する組織能力の必要性を認識し，「トランスナショナル企業」へ向けて歩み始めている点を指摘するとともに，それら組織能力の開発が国際競争における勝者と敗者を分ける最重要要因になると述べている。なお，根本・諸上 (1994) や茂垣 (2001) では，「トランスナショナル」とほぼ同義の概念として「グローカル」という用語が使われている。
7 Bartlett & Ghoshal (1989) によると，「統合ネットワーク」は経営資源を各ユニット（本社および海外子会社）に分散させ各々の専門化を図る一方，相互依存関係の構築により多次元の戦略課題に対応させる組織の枠組みである。
8 Bartlett & Ghoshal の理論のもう1つの特徴は，Stopford & Wells (1972) が海外売上高比率と製品多角化度から導出した「国際経営組織の発展モデル」のような組織構造重視のアプローチでなく，意思決定プロセスに関心を寄せている点である。そして，彼らはグローバル・マトリクスの失敗を取り上げ，タスクフォースなど組織のオフラインメカニズムの重要性を説いている。
9 これらの具体例として，Doz, Santos & Williamson は，フィンランド（携帯電話），イスラエル（バイオテクノロジー），ベルギー（音声認識・自動翻訳），ブラジル（インターネットバンキング）など新興クラスターの誕生を示し，重要な知識が既存のイノベーションクラスター内にのみ存在するのでなく，世界中に分散していることを論じている。
10 この点に関連し，前田 (1999) は，「ボーダレス」「IT革命」「規制緩和」という潮流

が押し寄せる今日，企業経営においては「知識」を有した組織・個人がグローバルベースのネットワークを通して「結合」することによりイノベーションの創造を図る必要性がある旨を述べている。

11　Bartlett & Ghoshal によると，多くの消費財メーカーでは各国子会社が自らのローカルブランドへの投資にこだわり，世界共通ブランドの導入に抵抗したため，差別化に伴うコストを増大させてきたという。

12　Doz, Santos & Williamson は，「メタナショナル企業」の「完全形」は存在しないとしつつも，STMicroelectronics, Polygram, Nokia, Pixtech, 資生堂などの企業名を挙げている。そして，海外の資源を基盤に自国の外部環境劣位を克服して世界的競争優位を構築した STMicroelectronics や資生堂を「間違った場所に生まれてしまった企業」（born-in-the-wrong-place firms）と描写している。

13　岩田（2007）は，「グローバル・イノベーション」を「研究開発活動の国際化によるイノベーション」（p.44）と捉えるとともに，当該海外子会社を対象とした「ローカル・シナジー」と，世界本社や他の海外子会社への広がりを持った「グローバル・シナジー」の視点から，その戦略的プロセスについて論じている。

14　Nohria & Ghoshal（1997）では，従来型と未来型のイノベーションプロセスを "Center for global" "Local for local" "Local for global" "Global for global" の4次元で捉えている。本文で提示した類型に従えば，"Center for global" は「集中型」，"Local for local" は「分散型」，"Local for global" は「現地活用型」，"Global for global" は「世界結合型」に相当すると言えるだろう。

15　この点について，Bartlett & Ghoshal（1995a）は，「環境の多様性によって，多国籍企業は様々な刺激にさらされ，多様な能力を開発することができ，国内企業よりも広範な学習機会を得ることができる」（p.240）と述べている。

16　Bartlett & Ghoshal は，「現地環境の戦略的重要性」と「現地組織の能力レベル」を尺度として，海外子会社を「戦略リーダー」「貢献者」「実行者」「ブラックホール」に類型化し，役割の分化とそれに応じた管理・調整の必要性を論じている。

17　この点について，Hedlund の「ヘテラルキー」モデルでは，ユニット間の資源移動に関わる「相互依存性」をあらかじめ設計しておくことはできないとしている。また，Birkinshaw & Fry（2003）も，「一部の子会社がイニシアチブ・テイカーで，他は消極的実行者であるというアプローチには問題が潜む。仮に，イニシアチブの目的が事業機会の識別と追求であれば，どの市場から新たな事業機会が生じるかを本社はどのようにして事前に察知できるのか。全ての子会社は潜在的な起業家としての役割を担う必要がある」（邦訳 p.201）と述べている。本書でも，これら所説と同様の子会社観のもと，議論を展開している。

18　Das（1993）では，「ローカルに考え，それをグローバルに役立てる」（邦訳 p.113）という表現が用いられている。

第2章
多国籍企業における「調整メカニズム」

1. はじめに

　第1章で見たように，多国籍企業における「現地適応―グローバル統合」の問題は，古典的には組織の「マクロ構造」の視点から主たるアプローチがなされてきた。例えば，Stopford & Wells（1972）は，「海外売上高比率」と「製品多角化度」という2つの変数を用いて多国籍企業の発展プロセスを検討し，「現地適応」と「グローバル統合」の両側面が重視される段階における組織構造として「グリッド構造」（グローバル・マトリクス組織）の出現を示唆した。しかし，グローバル・マトリクスの「二重の報告関係」は混乱と対立を招き，そのほとんどが失敗に終わったと言われる（Bartlett & Ghoshal, 1989）。

　こうした「戦略―構造パラダイム」（Hedlund & Rolander, 1990）に立脚した組織のマクロ構造からのアプローチが限界を露呈する中，「現地適応―グローバル統合」問題への新たな視点として，組織のインフォーマルな側面やミクロ構造に焦点を当てた「本社―海外子会社」間の「調整メカニズム」（coordination mechanisms）に対する関心が高まるようになってきた（茂垣, 1994a, 2001）[1]。例えば，Baliga & Jaeger（1984）は，地理的に分散し複雑で多様な環境下にある多国籍企業にとって，各ユニットを如何にして統合するか

は大変重大な問題であると述べ，「調整メカニズム」の重要性を指摘している。また，価値連鎖内の活動の「配置」と「調整」から多国籍企業の経営について考察した Porter（1986）は，「調整」を「分散した活動の間にノウハウや専門知識を共有・蓄積させること」(p.30) と位置づけ，知識を各国間で蓄積し移動させる能力こそ，グローバル企業の優位性の源泉であると訴えている[2]。そして，Kogut（1990）は，多国籍企業の競争優位の源泉が「多国籍性」(multinationality) そのものにあることを論じ，国際的ネットワークの「調整」を通して生み出される「連続的優位」(sequential advantages) について言及している[3]。さらに，Govindarajan & Gupta（2003）によると，企業の競争優位は，異なる地理的立地を越えて広がる資源と情報を「調整」する能力に依存するものと考えられる。つまり，「現地適応」と「グローバル統合」という二重の圧力が同時に押し寄せる中，「本社―海外子会社」間の「関係性」を如何にして「調整」するかが多国籍企業の戦略的課題となってきたのである(Martinez & Jarillo, 1989)。

　上記のような問題意識のもと，第2章では，多国籍企業における「調整メカニズム」について考察する。具体的には，まず先行研究で示された調整メカニズムのタイポロジーの整理を試みる。次に，各々の調整メカニズムを日・米・欧多国籍企業の「組織伝統」と関連づけて論じる。そして，「現地適応」と「グローバル統合」の両立という組織能力の視点から，今日の多国籍企業に求められる調整メカニズムに関して検討を加える[4]。

2．調整メカニズムのタイポロジー

　本節では「調整メカニズム」について論じた代表的研究をレビューし，様々なタイポロジーを提示する[5]。そして，各メカニズムの共通点を整理して「集権化」「公式化」「社会化」の3類型への統合を行う。

(1) Edström & Galbraith の「集権化」「官僚化」「社会化」

Edström & Galbraith（1977）は，Child（1972, 1973）などの研究をベースに，多国籍企業の調整メカニズムとして「集権化」（centralization）と「官僚化」（bureaucratization）を導出するとともに，欧州企業の事例研究から「第3の様式」として「社会化」（socialization）を取り上げている。

Edström & Galbraith によると，「集権化」とは主要な意思決定権を本社が握り，子会社を監視するコントロール戦略であり，人的で直接的な性質を帯びている。集権化は，企業規模が小さい段階では十分に機能を発揮するが，多国籍企業のような大規模組織になると，そうした意思決定スタイルの維持コストが高騰するため，海外子会社の自由裁量を許容する一方で全体的な調整を図る必要が出てくる。そこで，登場してくるのが「官僚化」と呼ばれる手段で，具体的には「ルール」や「手続き」，あるいは「記録」「報告」といったモニタリングメカニズムを用いて行動をコントロールしようとするものである。官僚化は，非人的で間接的なメカニズムであるため，結果として分権化の程度を高めることになる（Child, 1973）。

さらに，新規案件や重大事項に関する意思決定が海外子会社レベルでも行われるような段階に達すると，価値観の内面化を企図する「社会化」によるコントロールが行使される。社会化は，人的ではあるが，全体的な統合を維持しつつ子会社の自由裁量の一層の拡大を可能にするメカニズムである。そして，Edström & Galbraith は，社会化の手段としての「国際人事異動」の有効性を強調し，「本社─海外子会社」間および各国子会社間の広範な異動による多様なコンタクトの機会がコミュニケーションネットワークとインフォーマル組織の開発に結びつくとしている[6]。

(2) Ouchi の「行動コントロール」「アウトプットコントロール」「儀式やセレモニーによるコントロール」

Ouchi（1977, 1979, 1980）によると，組織の中でモニタリングが可能な現象は「行動」と，その結果生じる「アウトプット」のみである。こうした中，

図2-1　調整メカニズムのタイプと前提条件

変換プロセスに関する知識

	【完全】	【不完全】
アウトプット基準の入手可能性【高】	行動コントロールまたはアウトプットコントロール	アウトプットコントロール
アウトプット基準の入手可能性【低】	行動コントロール	儀式やセレモニーによるコントロール

出所：Ouchi（1977），p.98を加工。

　組織のコントロール様式は，インプット（行動）からアウトプットへの「変換プロセス」に関する知識と，アウトプットの「測定基準」の入手可能性という2つの前提条件により規定される（図2-1）。

　変換プロセスに関する知識が完全で，アウトプット基準の入手可能性も高い場合，組織は「行動コントロール」(behavior control)と「アウトプットコントロール」(output control)のいずれでも選択することができる。「アウトプットコントロール」と「行動コントロール」を比較すると，前者は後者より効率的である反面，柔軟性に欠けるという特徴を指摘しうるが，通常はコントロールの瑕疵によるコストが小さい様式が選好される[7]。次に，変換プロセスは不透明だが，アウトプット基準が明確な時にはアウトプットコントロールが選択肢となる。また，変換プロセスに関する知識はあるが，アウトプット基準が不明確であれば，監視やルール化による行動コントロールに依存せざるをえない。最後に，変換プロセスとアウトプット基準の双方が不透明なケースでは「儀式」(ritual)や「セレモニー」(ceremony)によるコントロールが唯一の調整メカニズムとなる[8]。「儀式」や「セレモニー」は，厳格な選抜プロセスを経て「採用」された人材に対する「教育・訓練」などを通して，組織の価値観の内面化（社会化）を図るべく行使される調整メカニズムである。そして，Ouchiは，行動コントロールやアウトプットコントロールは「市場」

表2-1　「官僚的コントロール」と「文化的コントロール」の比較

コントロールの目的	コントロールのタイプ	
	・純粋な官僚的コントロール	・純粋な文化的コントロール
・アウトプット	公式の業績報告	業績に関して共有化された規範
・行動	企業マニュアル	経営に関して共有化された理念

出所：Baliga & Jaeger（1984），p.28を加工。

(market) や「官僚制」(bureaucracy) を通して実現可能であるが，「儀式やセレモニーによるコントロール」を行使するには，内面化が相対的に緩慢なプロセスであるため，組織メンバーの定着を前提とする「クラン」(clan) と呼ばれる組織的特性が求められることを述べている。

(3)　Baliga & Jaeger の「官僚的コントロール」と「文化的コントロール」

　Baliga & Jaeger（1984）は，調整メカニズムの理念型として「官僚的コントロール」(bureaucratic control) と「文化的コントロール」(cultural control) を提示している（表2-1）。「官僚的コントロール」は，欧米の組織で広範に採用されているもので，文書化されたルールや規定から構成される。官僚的コントロールを重視する組織において機能的なメンバーとなるには，ルールや規定を学習するとともに，それらを遵守しなければならない。また，そのことが「採用」の条件となり，新人に対する「教育・訓練」でもルールや規定が教え込まれる。そして，ルールや規定で明示された基準に従い，個人の行動とアウトプットが「モニタリング」され，「報酬や賞罰」が適用される。

　一方，「文化的コントロール」は「人的コントロール」と「社会化によるコントロール」に代表されるコントロール様式で，前者は本社から派遣された駐在員による海外子会社の監視を指し，後者は日本の大企業や「Ｚタイプ」(Ouchi, 1981) および「エクセレント・カンパニー」(Peters & Waterman, 1983) と呼ばれる米国企業で顕著な調整メカニズムである[9]。文化的コント

ロールは「暗黙的でインフォーマル」な性質を有しており，「長期の雇用保証」「コンセンサスによる意思決定」「専門化されないキャリアパス」といった多数の組織慣行により促進される。文化的コントロールを重視する組織において機能的なメンバーとなるには，企業（組織）文化に統合される必要がある。そのため，「採用」の際も組織の規範や価値観を学習・受容する用意があるか否かが問われる。また，官僚的コントロールに比べると「教育・訓練」および「社会化」に力点が置かれ，「モニタリング」や「フィードバック」が直接的な接触を通して実施されるのも文化的コントロールの特徴である。

(4) Martinez & Jarilloの「構造的・公式的メカニズム」と「インフォーマルでサトルなメカニズム」

Martinez & Jarillo（1989）は，先行研究に対する広範なサーベイをもとに，調整メカニズムを「構造的・公式的メカニズム」（structural and formal mechanisms）と「インフォーマルでサトルなメカニズム」（more informal and subtle mechanisms）に大別している[10]。前者は，①構造（組織の部門化），②意思決定の集権化または分権化，③公式化（計画，アウトプットおよび行動のコントロール）から構成され，後者には，①水平的関係（タスクフォース・チーム，委員会，統合担当者，統合担当部門），②インフォーマルコミュニケーション（インフォーマルネットワーク，人的コンタクト，出張，ミーティング，会議・フォーラム，管理者の人事異動），③社会化と企業文化への適応（中核人材，教育・訓練，キャリアパス，報酬・賞罰，管理者の人事異動）が含まれる。

そして，彼らは調整メカニズムに関する研究の焦点が，「構造的・公式的メカニズム」から「インフォーマルでサトルなメカニズム」へと移行しつつあることを時系列的に3つの潮流を示して論じている。第1の潮流は「グローバル構造」（地域別または世界的製品別組織）の必要性を訴えたClee & di Scipio（1959）およびClee & Sachtjen（1964），「グローバル・マトリクス組織」の出現を示唆したStopford & Wells（1972），欧州企業に多く見られる「マザー―

ドーター構造」について考察した Franko (1976) など組織の「マクロ構造」に焦点を当てた研究である。第2は「本社—海外子会社」間または機能別の「集権化—分権化」問題を扱った Garnier et al. (1979) や Gates & Egelhoff (1986), さらには日・米・欧多国籍企業における「官僚的コントロール」に関する比較研究を行った Negandhi & Welge (1984) などが含まれる。そして, 第3は「インフォーマルでサトルなメカニズム」に関する研究で, 管理者の国際人事異動が「社会化」に資することを示した Edström & Galbraith (1977), 「集権化—分権化」という二分法からの脱却とインフォーマルなメカニズムによる柔軟な組織能力の必要性を指摘した Bartlett & Ghoshal (1989) に代表されるものである。

　Martinez & Jarillo は, こうした潮流変化を単一次元から多元的視点への進化と捉え, その背後には多国籍企業が直面する戦略的課題が複雑化している状況が存在することを仮説的に述べている。すなわち, 戦略的課題がシンプルであれば「構造的・公式的メカニズム」で事足りるが, 今日の多国籍企業が直面する「現地適応」と「グローバル統合」の両立といった多元的な課題に対応するには, 「本社—海外子会社」間および各国子会社間で複雑な調整が必要となり, 「構造的・公式的メカニズム」と「インフォーマルでサトルなメカニズム」の双方が活用されるようになるのである[11]。

(5) Harzing の「人的・集権的コントロール」「官僚的・公式的コントロール」「アウトプットコントロール」「社会化とネットワークによるコントロール」

　Harzing (1999b) は, 先行研究の成果から, 多国籍企業の調整メカニズムを「直接的・明示的—間接的・非明示的」と「人的・文化的—非人的・官僚的・テクノクラート的」という2つの対立軸に基づき, 4種類にタイプ分けしている (表2-2)。

　第1のカテゴリーは「人的・集権的コントロール」(personal centralized control) で, 「階層」に依拠した意思決定とその実行の人的監視によるコント

表2-2　二次元による調整メカニズムの類型化

	人的・文化的	非人的・官僚的・テクノクラート的
直接的・明示的	［カテゴリー1］ 人的・集権的コントロール	［カテゴリー2］ 官僚的・公式的コントロール
間接的・非明示的	［カテゴリー4］ 社会化とネットワークによるコントロール	［カテゴリー3］ アウトプットコントロール

出所：Harzing（1999b），p.21を加工。

ロールである。先行研究では，「集権化」（centralization：Child，1973；Edström & Galbraith，1977）や「直接的監視」（direct supervision：Mintzberg，1979，1983）と呼ばれている様式である。第2は「官僚的・公式的コントロール」（bureaucratic formalized control）である。これは，非人的・間接的な調整メカニズムで，組織メンバーは自らの役割・責任を明示した規定やマニュアルなどに準拠して行動することになる。Thompson（1967）のように「標準化」（standardization）と描写されるケースも多い。第3カテゴリーは「アウトプットコントロール」（output control）である。Harzingによると，アウトプットは「計画」（plan：Thompson，1967）や「目標設定」（goal setting：Galbraith，1973）に基づき生み出されるものであるゆえ，それらと同一のカテゴリーに分類することができる。そして，第4が「社会化とネットワークによるコントロール」（control by socialization and networks）で，「インフォーマルでサトル」な性質を帯びたものである。具体的には「社会化」「インフォーマルで水平的な情報交換」「公式化された水平的または部門間の関係」という3つのサブカテゴリーから構成される。「社会化」は組織メンバーに価値観や目標を共有化させるプロセスであり，「インフォーマルで水平的な情報交換」とは相互調整や管理者間の直接的な接触，インフォーマルなコミュニケーションなどを指す。そして，「公式化された水平的または部門間の関係」は「タスクフォース」や「クロスファンクショナルチーム」，さらには「統合

担当部門」(Lawrence & Lorsch, 1967) に代表されるものである。

(6) 小括

　第2節では，調整メカニズムに関する代表的議論のレビューを通して様々なタイポロジーについて検討してきたが，その類型は2分類から4分類まで多岐にわたっている。そこで，本書では上で示した各メカニズムの共通点を統合して，次のように整理する（表2-3）。

　まず，第1は「集権化」(centralization) で，Edström & Galbraith が示した「意思決定権」の本社集中とその実行に対する「人的監視」によって特徴づけられるメカニズムと規定したい。Harzing の分類では「人的・集権的コントロール」に相当するものである。また，「集権化」には，Baliga & Jaeger が示した「文化的コントロール」の人的コントロールの側面，Ouchi の「行動コントロール」における監視，Martinez & Jarillo による「構造的・公式的なメカニズム」の構造的部分（意思決定の集権化）を含めることができよう。第2のメカニズムは「官僚化」(Edström & Galbraith)，「行動コントロール（ルール）」と「アウトプットコントロール」(Ouchi, Harzing)，「官僚的コントロール」(Baliga & Jaeger)，「官僚的・公式的コントロール」(Harzing) を統合して「公式化」(formalization) と呼ぶことにしたい。これらのメカニズムには，調整の対象が「行動」「アウトプット」のいずれの場合においても，ツールの標準化や文書化を志向するという非人的性質に共通点を見出すことができる。Martinez & Jarillo が示した「構造的・公式的なメカニズム」の公式的部分もわれわれの「公式化」と同一のメカニズムと捉えられる。そして，第3は「社会化」(socialization) である。先行研究の分類には，「儀式・セレモニー」や「人的ネットワーク」など「手段」に着目したものや，「インフォーマルでサトル」といったメカニズムとしての「性質」を論じた名称が見られるが，その目的はいずれも「価値観の共有化」による組織の統合であることから「社会化」として整理することができよう[12]。

表2-3　「調整メカニズム」に関する諸類型の統合

	集権化 (centralization)	公式化 (formalization)	社会化 (socialization)
	<特徴> ・意思決定権の集中とその実行に対する人的監視	<特徴> ・行動およびアウトプットに関する基準の標準化および文書化	<特徴> ・教育・儀式・慣行や人的交流を通した組織の価値観の共有化
Edström & Galbraith (1977)	集権化	官僚化	社会化
Ouchi (1977, 1979, 1980)	行動コントロール（監視）	行動コントロール（ルール） アウトプットコントロール	儀式やセレモニーによるコントロール
Baliga & Jaeger (1984)	文化的コントロール（人的なコントロール）	官僚的コントロール	文化的コントロール（社会化によるコントロール）
Martinez & Jarillo (1989)	構造的・公式的メカニズム		インフォーマルでサトルなメカニズム
	（構造的メカニズム）	（公式的メカニズム）	
Harzing (1999)	人的・集権的コントロール	官僚的・公式的コントロール アウトプットコントロール	社会化とネットワークによるコントロール

3．組織伝統と調整メカニズム

　多国籍企業の調整メカニズムに関する本社所在国（country of origin）別の比較研究は，これまで多くの研究者が取り組んできたテーマである。古くはBrandt & Hulbert (1976) が，日・米・欧企業のブラジル子会社に対するヒアリング調査を実施し，子会社から本社への「業績報告」の提出頻度が米国企業において相対的に高いことを指摘している。また，Egelhoff (1984) は，米国企業では「アウトプットコントロール」への依存度が高いのに対して，欧州企業は「行動コントロール」を多用していることを示している。最近では

Harzing (1999) が, 英・米企業は「官僚的・公式的コントロール」と「アウトプットコントロール」, スイスとスウェーデンの企業は「社会化とネットワークによるコントロール」の活用度が各々高いという特徴を実証的に論じている。

こうした中, 本節では「調整メカニズム」に関する国別差異の背景を探る糸口として, 各国企業の「組織伝統」という概念に注目したい。企業は自社の歴史的背景や価値観・規範, さらには自国の文化に潜在する価値観や慣習から強い影響を受けるが, これら要素の統合により「組織伝統」が形成される。そして, 企業の「組織伝統」が持つ影響力は国際事業の調整にもおよび, 同様の背景を持つ企業は同様の調整メカニズムに依存する傾向があると考えられる (Bartlett & Ghoshal, 1989, 1995a)。以下では, 先に示した3つの「調整メカニズム」を日・米・欧多国籍企業の「組織伝統」と関連づけて考察することとする。

(1) 日本企業の組織伝統と「集権化」の調整メカニズム

伝統的に日本企業の経営方式は, 集団行動を重視し, 個々人の調和に価値を認める文化的規範によって特徴づけられるものである (Bartlett & Ghoshal, 1995a)。それは,「根回し」や「稟議」に代表されるように, 組織メンバー間の濃密なコミュケーションと集団志向を伴うもので, 文化的・言語的背景が異なる外国人が, この複雑な意思決定プロセスに参加することは実質的に不可能と言える (Bartlett & Yoshihara, 1988)。こうした状況下, 日本企業は, 国際経営の局面において本社(日本人)による集中的な意思決定や管理, さらには海外子会社への直接的干渉を前提とする「集権化」の調整メカニズムを開発することで, 集団主義に基づく伝統的経営方式の維持を図ったのである (Bartlett & Ghoshal, 1989)。

具体的には, 日本企業は国際化の初期段階では価値連鎖内の活動の多くを本国に集中させる戦略をとり[13], 貿易摩擦や円高の進行など外部環境の変化により活動の分散を余儀なくされた1980年代以降においては, 本社の分身たる「日

本人駐在員」を海外子会社のトップとして派遣することで人的コントロールを企図してきた[14]。子会社の役割は本社が策定した方針・計画の実行者であり、それは「支配―依存」関係に立脚した経営システムと言うべきものであった。

「集権化」は、「意思決定権の本社集中」という比較的シンプルな調整メカニズムである。そのため、意思決定の迅速化を促進し、「本社―海外子会社」間の対立を最小化する効果が期待できる。しかし、海外事業展開が高度化・複雑化するに従い、本社は情報・指導・支援・意思決定の要求攻めに合う。そして、この状況に適切に対応するには、資源・能力・知識基盤の増強が必要となるため、本社の意思決定部門の肥大化やレッドテープが招来されることになる。別言すれば、「集権化」の調整メカニズムは、情報処理に関する本社の過剰負担と、それに起因する意思決定の質の低下をもたらす危険性を内包しているのである（Bartlett & Ghoshal, 1989）。

(2) 米国企業の組織伝統と「公式化」の調整メカニズム

茂垣（1994b, 2001）によると、米国企業の組織伝統の起源は工業化が始まった19世紀後半に求められる。当時、米国は工場労働者として様々な国からの移民を大量に受け入れたが、その中には母国の農業不況により土地を追われた農民出身者が数多く含まれていた。こうした中、工場労働の経験がなく、文化的・言語的背景が異なる人々の協働が企業経営上の課題となった。そして、その対応策として考案されたのが、作業を細分化・単純化・反復化するとともに、標準化・マニュアル化を推し進めることでアウトプットのばらつきを極力抑えるという経営手法であった。つまり、国内における「異文化マネジメント」の中で、「公式化」が諸活動の調整メカニズムの中心となっていったのである。

一方、Bartlett & Ghoshal（1989）は、1920年代に米国で始まった事業部制を伴う「多角化戦略」の推進を組織伝統に関連づけて論じている。すなわち、多角化戦略においては各事業部への権限委譲が不可欠となるが、それはトップマネジメントがコントロールの手段として情報を把握しない限り成功しない。

そうした事情から，米国企業は計画や管理システムなど「公式化」の能力に磨きをかけることになる。

以上のような「公式化」の組織伝統は，第二次世界大戦後に米国企業が多国籍化した際，その経営に大きな影響を与えた。当時の米国企業の海外進出は，日・欧の復興と旧植民地諸国の独立からもたらされる需要に対して本国の「技術的優位性」を活用するという形で進められることが多かった[15]。海外子会社は本社で開発された「標準化製品」を各国市場に合わせて改良する自由を有していたが，新たな知識については本社への依存度が高く，「本社―海外子会社」の関係は戦略計画やルール・手続き，詳細な業務報告といった「公式化」のメカニズムによって緊密に調整されたのである（Bartlett & Ghoshal, 1989, 1995a；安室, 1992）。

「公式化」によるメリットは，ルールや手続きの明確化と，それに伴う意思決定のルーチン化によってもたらされる経営効率の向上にある。しかし，あらゆる手続きを「標準化」「文書化」して処理しようとする「公式化」の組織慣性は，時としてシステムの管理・運営に多大な時間とコストを強いるため，意思決定の迅速化や柔軟性が求められる局面ではマイナスの影響をもたらす恐れがある。そして，ルールの制定自体が目的化し，組織が官僚化して従業員の創造性やイノベーションに対する意欲を抑圧する可能性を排除できないのである（Bartlett & Ghoshal, 1989）。

(3) 欧州企業の組織伝統と「社会化」の調整メカニズム

欧州では，1920〜30年代にかけて各国の保護主義的政策が高まったことや，当時の製造技術が生産の集中化によるメリットを享受できるレベルに達していなかったという事情もあり，第二次世界大戦前に数多くの多国籍企業が誕生していた（安室, 1992；茂垣, 1994b, 2001）。しかし，輸送やコミュニケーション上の障壁により，海外子会社に対して本社主導型のコントロールを行使することは困難な状況にあった。一方で，欧州では19世紀から同族所有の伝統が長く続いていたため，企業経営は形式的な機構やシステムでなく，個人的人

間関係や私的な付き合いをベースに成立していた（Bartlett & Ghoshal, 1989）。これらの組織伝統が，海外子会社に信頼できる人物を派遣し，自律したオペレーションを許容するという「権力分散型連合体」(Bartlett & Ghoshal, 1989, 1995a) へと昇華するに至る。すなわち，欧州企業における「本社―海外子会社」の関係は，子会社の責任者となるべく人材を慎重に選抜・育成する「社会化」のプロセスに依存したもので，本社は子会社の細かい経営上の問題には介入せず，配当など財務面で緩やかにコントロールする経営方式を構築していったのである（Bartlett & Ghoshal, 1989, 1995a）。

Franko（1974, 1976）によれば，上で述べた人間関係重視の海外子会社管理は，1970年代初頭においても依然支配的で，子会社のトップが本社社長に直接報告する「マザー―ドーター構造」が多くの欧州企業で見られた。「マザー―ドーター構造」を採用する企業では，「標準化」や「文書化」によるコントロールはほとんど用いられず，海外子会社の経営は本社での長期勤務を通して価値観や慣習を内面化した本国人トップの手に委ねられたのである。

「社会化」は，「集権化」による本社の過剰負担の問題と，「公式化」が内包する柔軟性の欠如を克服できる点において魅力的である。しかし，従業員に企業の目標や価値観を共有化させるには厳しい教育・訓練が求められ，多額の投資と時間を要するという弱点を抱えている（Bartlett & Ghoshal, 1989）。

4．今日の多国籍企業に求められる調整メカニズム

Bartlett & Ghoshal（1989）によると，「集権化」「公式化」「社会化」という３つの調整メカニズムは相互排他的なものではないが，その選択に関しては各社（国・地域）の組織伝統により歴然とした差異が見られる。しかし，市場のグローバルな統合と地域的分化，さらには技術革新といった多元的圧力が同時に押し寄せる今日，多国籍企業は組織伝統に依存した「自社流」方式への偏向を回避し，新たな組織能力を開発する必要に迫られている。

こうした議論を踏まえ，本節では今日の多国籍企業に求められる「調整メカ

ニズム」について検討を加える。具体的には，海外子会社の「役割類型」と「調整メカニズム」の関連を論じた代表的研究をレビューするとともに，「トランスナショナル企業」「メタナショナル企業」が要請する組織能力の視点からインプリケーションを提示したいと考える。

(1) 海外子会社の「役割類型」と「調整メカニズム」に関する代表的研究

① Ghoshal & Nohria の「子会社コンテクスト」と「調整メカニズム」に関する研究

　Ghoshal & Nohria (1989) は，欧米企業に対する実証研究をベースに，コンティンジェンシー理論の視点から「子会社コンテクスト」(subsidiary context) と「調整メカニズム」の「適合」(fit) を論じている。まず，彼らは，「子会社コンテクスト」について各海外子会社の「経営資源のレベル」と「環境の複雑性」の二次元からアプローチし，「本社―海外子会社」間の相互依存関係の程度を導出している。また，「調整メカニズム」に関しては，アストン研究の成果（Pugh et al., 1968, 1969）や Edström & Galbraith (1977) などに基づき，①意思決定権を本社が掌握する「集権化」(centralization)，②ルールや手続きに代表される「公式化」(formalization)，③コンセンサスや価値の共有化を意思決定の基盤とする「規範的統合」(normative integration)[16] を分析の対象としている。

　そして，Ghoshal & Nohria は，「子会社コンテクスト」と「調整メカニズム」の「適合」について，（図2-2）のような仮説を提示している。

　タイプ1では子会社が依存的であるため，「集権化」が適合するメカニズムになる。これは「階層的」(hierarchical) なガバナンス形態である。また，タイプ2においては子会社の資源レベルが高いため「集権化」による調整は「本社―海外子会社」間の摩擦を発生させる危険性がある一方，相互依存性の低さから費用対効果の面で「規範的統合」も適さない。そこで，非人的なルールや手続きに依拠した「公式化」が最も相応しいメカニズムとなる。この形態は

図2-2 「子会社コンテクスト」と「調整メカニズム」の「適合」

現地の経営資源のレベル

	【低】	【高】
環境の複雑性 【高】	〔タイプ3〕 (相互依存性:高,子会社が依存的) ・集　権　化:中 ⎫ ・公　式　化:低 ⎬ ＜クラン＞ ・規範的統合:高 ⎭	〔タイプ4〕 (相互依存性:高,本社が依存的) ・集　権　化:低 ⎫ ・公　式　化:中* ⎬ ＜統合的＞ ・規範的統合:高 ⎭
環境の複雑性 【低】	〔タイプ1〕 (相互依存性:低,子会社が依存的) ・集　権　化:高 ⎫ ・公　式　化:低 ⎬ ＜階層的＞ ・規範的統合:低 ⎭	〔タイプ2〕 (相互依存性:低,本社が依存的) ・集　権　化:低 ⎫ ・公　式　化:高 ⎬ ＜連邦的＞ ・規範的統合:低 ⎭

注：＊本文に記載のとおり，Ghoshal & Nohria の実証分析では，タイプ4における「公式化」の活用度は「高」となった。
出所：Ghoshal & Nohria (1989), p.326およびp.328を加工。

「連邦的」(federative) と呼ぶことができる。次に，タイプ3では子会社が本社に経営資源や意思決定を依存しているため「集権化」が必要となるが，複雑な環境下で戦略を円滑に実行するには「規範的統合」がより重要となる。これは Ouchi (1980) が「クラン」(clan) と描写した組織に近い性質を帯びている。最後に，タイプ4では子会社の高い資源レベルから「集権化」は適さず，「公式化」の活用も環境の複雑性ゆえに限定的となる。そこで，「本社―海外子会社」間の相互依存関係の強さから，高コストではあるが「規範的統合」が求められることになる。これは「統合的」(integrative) 組織と言える。

　欧米企業から収集されたデータの多変量解析の結果は，タイプ4の子会社で「公式化」の活用度が高かったことを除き，仮説が支持されたことを示すものであった。また，タイプ3とタイプ4においては「子会社コンテクスト―調整メカニズム」の適合が，業績と相関している点も統計的に明らかにされている。

　Ghoshal & Nohria の研究は多国籍企業を内的に分化した組織と捉え，子会社の戦略タイプに適合した調整メカニズムを追究したところに特徴を見出せる。そして，「本社―海外子会社」間の相互依存関係が高度化するに伴い，「規範的

図2-3 「統合の程度」と「現地化の程度」による「子会社の戦略タイプ」

	現地化の程度	
	【低】	【高】
本社や他の子会社との統合の程度 【高】	受動的子会社	アクティブ子会社
【低】		自律的子会社

出所:Martinez & Jarillo (1991), p.434.

統合」が相対的に重要になることを実証的に論じた点で注目に値すると言えよう。

② Martinez & Jarillo の「子会社の戦略タイプ」と「調整メカニズム」に関する研究

　Martinez & Jarillo (1991) は，日・米・欧多国籍企業の在スペイン子会社に対する調査を実施し，各子会社の「戦略タイプ」と「調整メカニズム」の関連性について検討している。まず，子会社の「戦略タイプ」については，諸活動の「現地化の程度」と「統合の程度」から「低・現地化，高・統合」の「受動的子会社」(receptive subsidiary)，「高・現地化，高・統合」の「アクティブ子会社」(active subsidiary)，「高・現地化，低・統合」の「自律的子会社」(autonomous subsidiary) への類型化を行っている（図2-3）。一方，「調整メカニズム」に関しては，Martinez & Jarillo (1989) を援用し，「公式的」(formal) と「サトル」(subtle) が分析に利用されている。

　調査に際し，Martinez & Jarillo は以下の3つの仮説を提示している。
＜仮説1＞本社や他の子会社との「相互依存関係」が最も強い「アクティブ子会社」が，最も多くの「調整メカニズム」を活用している。
＜仮説2＞他のユニットとの「相互依存関係」が弱い「自律的子会社」に比べ

ると,「受動的子会社」は,より多くの「調整メカニズム」を活用している。

＜仮説3＞「サトルなメカニズム」は「公式的メカニズム」に付加される性質ゆえ,戦略タイプ別の「調整メカニズム」の「活用度」の差異は「サトルなメカニズム」の方が大きくなる。

データ分析では,＜仮説2＞と＜仮説3＞が支持されたが,＜仮説1＞については,統計的有意差は限定的であるものの「受動的子会社」による調整メカニズムの「活用度」が最も高いという結果が示された[17]。こうした仮説との若干の相違にもかかわらず,Martinez & Jarillo の研究は次の点において示唆的であると言える。第1は「統合の程度」が高いほど,「調整メカニズム」の活用度も増すという点である。第2は「調整」の必要性が高くなるに従い,「公式的メカニズム」に付加される「サトルなメカニズム」が重要になってくるということである。加えて,彼らが回答企業における「統合の程度」が全体的に上昇傾向にあることを指摘している点を重ね合わせると[18],今後は多国籍企業の経営における価値連鎖内の諸活動の調整,とりわけ「サトルなメカニズム」による調整の重要性が一層増大するものと考えられる。

③ Gupta & Govindarajan の「子会社の戦略的役割」と「調整メカニズム」に関する研究

Gupta & Govindarajan（1991,1994）は,多国籍企業を様々な国に所在するユニット間における「資本」「製品」「知識」の取引ネットワークと捉えた上で,3つの取引の中で最も重要と考えられる「知識フロー」(knowledge flows) のパターン（当該子会社から他の拠点への「アウトフロー」と他の拠点から当該子会社への「インフロー」）に着目し,知識の「アウトフロー」が高く「インフロー」が低い子会社を「グローバル・イノベーター」(global innovator),「高・アウトフロー,高・インフロー」を「統合プレーヤー」(integrated player),「低・アウトフロー,高・インフロー」を「実行者」(implementor),

「低・アウトフロー，低・インフロー」を「ローカル・イノベーター」(local innovator) として各々類型化している[19]。そして，日・米・欧多国籍企業のデータをもとに，「子会社間の水平的依存関係」と「子会社の自律的イニシアチブ」という2つの視点から，上で述べた海外子会社の「戦略的役割」と「調整メカニズム」の関係について分析を行っている。以下では，本章の問題意識に従い，「水平的相互依存関係」のマネジメントに焦点を絞って議論を展開する。

Gupta & Govindarajan は，「水平的相互依存関係」に関連する調整メカニズムとして「水平的統合」(lateral integration)，「本社―子会社間のコミュニケーション」(corporate-subsidiary communication)，「子会社間のコミュニケーション」(inter-subsidiary communication)，および「子会社トップの本社への社会化」(corporate socialization) の4つを提示している。具体的には，「水平的統合」は「リエゾン担当者」「一時的なタスクフォース」「意思決定や行動を調整する常設チーム」の活用度，「本社―子会社間および子会社間のコミュニケーション」については「フェイス・トゥー・フェイス」「電話」「日常的・定期的な公式の報告」「電子媒体または書面による手紙やメモ」を通したコミュニケーションの頻度，「子会社トップの本社への社会化」は「本社での1年以上の勤務経験」「他の子会社での1年以上の勤務経験」「子会社幹部も対象にした経営者育成プログラムへの参加経験」「本社におけるメンターの存在」の有無に基づき操作化がなされている。ここで注意すべきは，上で提示された様々な手段の中には「公式の報告」など「公式化」の調整メカニズムも含まれるが，全体としては先行研究およびわれわれの類型化において「社会化」の促進手段として認識したものが中心になっているという点である。

分析の結果，各調整メカニズムの活用度について子会社類型別の有意差が検出された（図2-4）。とりわけ，「アウトフロー」と「インフロー」がともに低い「ローカル・イノベーター」では「子会社トップの本社への社会化」を除く全項目でスコアが最低であったのに対し，「高・アウトフロー，高・インフロー」の「統合プレーヤー」においては総じて高い活用度が示されたことが注目される。

図2-4　子会社の「戦略的役割」と「調整メカニズム」

		知識のインフロー	
		【低】	【高】
知識の アウトフロー	【高】	〔グローバル・イノベーター〕 ・水平的統合：中 ・「本社―子会社」間のコミュニケーション：中 ・子会社間のコミュニケーション：中 ・子会社トップの本社への社会化：低	〔統合プレーヤー〕 ・水平的統合：高 ・「本社―子会社」間のコミュニケーション：高 ・子会社間のコミュニケーション：高 ・子会社トップの本社への社会化：中
	【低】	〔ローカル・イノベーター〕 ・水平的統合：低 ・「本社―子会社」間のコミュニケーション：低 ・子会社間のコミュニケーション：低 ・子会社トップの本社への社会化：中	〔実行者〕 ・水平的統合：中 ・「本社―子会社」間のコミュニケーション：中 ・子会社間のコミュニケーション：中 ・子会社トップの本社への社会化：高

出所：Gupta & Govindarajan（1994）をもとに作成。

(2) インプリケーション

　今日の多国籍企業には，「現地適応」度の高い経営を通して海外子会社の自律性・創造性を喚起すると同時に，「本社―海外子会社」間および各国子会社間の「国境を越えた協働」により経営の「グローバル統合」を追求し，「世界的学習能力」の強化を図ることが求められている。それは，「トランスナショナル企業」「メタナショナル企業」が提起したように，「本社―海外子会社」間のダイアディック（dyadic）な関係を超克し，相互依存的なネットワーク型組織の構築により，イノベーションの発生源の「多極化」と発生プロセスの「多元化」，さらにはイノベーションの国境を越えた「移転・活用」を志向する経営システムの確立を意味するものと考えられる。

　以上のような視点に立てば，Ghoshal & Nohria が示した「統合的」組織，Martinez & Jarillo による「アクティブ子会社」，さらには Gupta & Govindarajan の「統合プレーヤー」は，これからの多国籍企業が追求すべき「海外子会社モデル」と捉えることができよう。そこで，われわれは上で取り上げた研究の成果から，次のようなインプリケーションを提示したい。第1は，「本社―海外子会社」間や各国子会社間の相互依存関係が強まるとともに，それらユ

ニット間の「調整」の必要性が増大するということである。「トランスナショナル企業」や「メタナショナル企業」の特性は,「海外子会社の能力を活用し,世界的に結合させるプロセス」(Bartlett & Ghoshal, 1995a) に見出せる。こうした中,これからの多国籍企業の競争優位は,各国子会社の独自の資源・能力を当該市場のニーズへの対応や世界規模の問題解決に活用することに加え,本社および子会社が有する資源・能力を結合させイノベーションや様々な活動を共同で創出するための「調整」能力に大きく依存するものと考えられる (Bartlett & Ghoshal, 1989, 1995a)。第2のインプリケーションは,「トランスナショナル企業」「メタナショナル企業」が想定するネットワーク型の組織における「社会化」による調整の重要性である。つまり,各国子会社のダイナミズムを損なうことなく,経営の「グローバル最適化」に向けたコミットメントを引き出すためには「価値観の共有化」が求められるということである。「社会化」と「集権化」「公式化」の関係を代替的とみるか累積的と捉えるかについては検討を要するが,本節で取り上げた研究成果は「社会化」が「世界的学習能力」の強化に資する可能性を示唆したものと言えよう。

5. むすび

　本章では,多国籍企業の調整メカニズムについて「現地適応―グローバル統合」の視点から検討してきた。われわれはまず先行研究で示された調整メカニズムに関する多様なタイポロジーの共通点を整理し,「集権化」「公式化」「社会化」への統合を行った。また,各国企業の組織伝統が調整メカニズムに与える影響を考察し,日本企業では「集権化」,米国企業は「公式化」,欧州企業は「社会化」が各々支配的であるとの所説を示した。そして,海外子会社の役割類型と調整メカニズムの関連を論じた代表的研究を手がかりに,「現地適応」と「グローバル統合」の両立が求められる今日の多国籍企業においては各ユニット間の調整,とりわけ「社会化」による調整が重要視されるべきことをインプリケーションとして導出した。

しかし，このことが組織伝統との関連で「社会化」に依存してきた欧州企業の相対的優位性を指し示しているとは必ずしも言えない。なぜなら，伝統的な欧州企業における「社会化」は，「マザー―ドーター構造」に代表されるように，「本社―海外子会社」間のダイアディックな関係を前提に分権的経営を推進する手段として行使されてきたメカニズムであると考えられるからである。事実，本社が信頼する人材に海外子会社を託すという「マルチナショナル」（Bartlett & Ghoshal, 1989, 1995a）な経営スタイルは，子会社の現地適応力の強化には貢献したが，一方で「不必要な製品差別化」や「NIH（Not Invented Here）症候群」といった弊害をもたらすものであった（Bartlett & Ghoshal, 1989）。これに対し，「トランスナショナル企業」「メタナショナル企業」が想定するネットワーク型の組織においては，「国境を越えた協働」や「相互学習」が競争優位の鍵となる。今日の多国籍企業に求められる社会化のプロセスは，海外子会社の「個別最適経営」の推進でなく，「世界的学習能力」の強化に資するものでなければならないのである。

---

1 Martinez & Jarillo（1989）によると，「調整」（coordination）とは組織内の様々な部門の「統合」（integration）を図るための管理ツールである。また，Harzing（1999b）は，「コントロール」を「調整」という目的を達成するための手段と捉え，「調整」を通して組織の共通目標が実現されると述べている。しかし，Harzing自身も指摘するように，多くの研究者が「調整」と「コントロール」を互換的概念として認識していることに加え，組織目標の達成に向けて企業内のユニットを統合するという最終到達点は同一であることから，本書においては「調整」と「コントロール」をあえて区別せずに論じることとする。但し，文献を参照する際には各論者の用語で原則記述している。
2 同様に，Kogut & Zander（1993）は，国境を越えて知識を移転する能力を多国籍企業の存在意義と捉えている。なお，第1章で見たように，Porterは，「グローバル」（global）に対峙する概念として，各国に価値連鎖の全活動を配置し国境を越えた「調整」を行わない「マルチドメスティック」（multidomestic）を示している。
3 Kogutは，従来の多国籍企業研究は海外市場への参入に関する分析が中心であったが，今後は国内外の拠点間の「ネットワーク」がもたらす優位性にも目を向けるべきであると論じている。そして，海外展開が深化して累積的経験が蓄積される段階に達すると，当初の参入目的（原材料へのアクセス，安価な労働力の確保など）に関連した恩恵に加え，国際的に分散した資産の「調整」による「連続的優位」がもたらされるとしている。
4 本章は，古沢（2007）を加筆・修正したものである。
5 ここで，所有権（出資比率）と調整メカニズムの関係について触れておく。安室

(1988)によると,多国籍企業の所有政策は,出資比率に応じて組織の内部化の程度が異なってくるため,管理組織形成において大変重要な意味を持つ。しかし,所有権はコントロールの基盤を与えはするが,コントロールの様式(調整メカニズム)それ自体を決定するものではない。

6　Edström & Galbraith は,これら3つの調整メカニズムの関係について「代替的」ではなく「累積的」であると述べている。理論的には,「社会化」により行動規範やルールが組織メンバーに内面化されるため,手続きや「階層的」なコミュニケーション・監視といった手段は不要になるはずである。しかし,彼らの事例研究によると,複雑な環境下でも「集権化」や「官僚化」によるコントロールは存続し,「社会化」がそれらを補完するという状況が観察されるのである。

7　この具体的事例として,Ouchi (1979) は,米国の「アポロ計画」(Apollo moon-shot program)を挙げている。アポロ計画の場合,失敗した場合の損害が甚大であるため,地上管制官を多数配置してプロセスを逐一チェックする「行動コントロール」が選択されることになる。

8　この点に関連し,Ouchi (1977) は,求められる行動やアウトプットが不明確な状況下では,システム的または普遍的な調整メカニズムによる効果は限定的であることに加え,それが探求的・創造的行動を抑制する危険性について言及している。

9　この点については,本書の第4章を参照されたい。

10　Martinez & Jarillo の議論の特徴は,組織の「マクロ構造」を調整メカニズムの1つとして位置づけている点にある。しかし,本書では,「調整メカニズム」と「マクロ構造」を分けて論じる立場をとっている。

11　Martinez & Jarillo は,「インフォーマルでサトルなメカニズム」が時間的・金銭的コストを要するため,企業は通常「構造的・公式的メカニズム」からスタートし,戦略遂行上の必要性がある時に限り,「インフォーマルでサトルなメカニズム」を行使すると述べている。

12　「集権化」「公式化」「社会化」への分類は,Bartlett & Ghoshal (1989, 1995a) などでも見られる。また,諸上・根本 (1997) や茂垣 (2001) は,「公式化」に代えて「プログラム化」という用語を使っている。

13　Bartlett & Yoshihara (1988) や安室 (1992) は,輸出中心戦略の背景を日本の終身雇用慣行(正社員に対する雇用保証)と関連づけて論じている。

14　事実,白木 (2006) の実証研究では,在外日系企業に対して日本人がトップとして派遣されている理由を尋ねたところ,本来業務である「現地法人の経営管理」を除けば,「本社—海外子会社間の調整」「本社の経営理念・経営手法の浸透」に回答が集中したことが述べられている。

15　Vernon (1966, 1971) の「プロダクト・サイクル理論」が登場した背景には,当時の米国企業の技術面での圧倒的な優位性があった。

16　Ghoshal & Nohria は,「規範的統合」を「社会化」と同一の概念として扱っている。

17　この原因について,Martinez & Jarillo は,「アクティブ子会社」として分類した企業群の「統合の程度」が「受動的子会社」よりも低いことから,「純粋なアクティブ子会社」ではなかった点を指摘している。

18　Martinez & Jarillo は,調査時点 (1988年) を基点に5年前の状況と3年後の予測に関

する企業の回答を求め，動態的分析を行っている。
19　Gupta & Govindarajan は，「知識フロー」に着目する理由として，①知識は「外部市場」よりも「組織内部」のメカニズムを通す方が効果的・効率的に移転できること，②多国籍企業の未来型といわれる「トランスナショナル企業」(Bartlett & Ghoshal, 1989) では，「知識フロー」がとりわけ重要であるとされていることなどを挙げている。

第3章
「現地化問題」の再検討

1. はじめに

　今日の多国籍企業に求められる組織能力を発揮するには，多様な環境から発せられる様々なニーズや機会を敏感に感知し，それらに効果的に対応する「現地適応」力を備えることが出発点となろう。

　「現地適応」を国際人的資源管理の視点で捉えると，それは当該国・地域の文化や言語・習慣，政策・市場に精通した有能な現地人ホワイトカラーの登用により強化されると考えられる。特に，暗黙知のような「情報的経営資源」（伊丹，1984）は，現地特有の環境に埋め込まれている場合が多いことから，その入手・活用は「インサイダー」としての現地人の知識や経験に立脚した経営を実現してこそ有効なものとなろう（Evans, Pucik & Barsoux, 2002）。そして，そのためには，「エスノセントリック」（ethnocentric）な人的資源管理を排し，経営幹部人材の「現地化」を推進することを通して「現地適応」の担い手となるホワイトカラー人材の活性化を図ることが肝要であると思われる[1]。

　上記のような問題意識のもと，本章では「トランスナショナル企業」「メタナショナル企業」が要請する組織能力の視点から，多国籍企業における「現地化問題」を再考する。具体的には，まず先行研究の議論をベースに，「現地化

のメリット」や「海外子会社トップの国籍政策を規定する諸要因」，さらには「現地化のプロセス」に関して整理する。次に，「日本企業の現地化」を巡る状況について，その「背景」や「影響」も含めて理論的・実証的に検討する。そして，今日の多国籍企業に求められる組織能力の構築に向け，「現地化」を越えた国際人的資源管理の必要性を論じる。

2．「現地化」のメリット

　一般に，人材の「現地化」とは，海外子会社の職務が「現地人」（Host Country Nationals：HCNs）により遂行されること，または「本国人」（Parent Country Nationals：PCNs）が遂行していた海外子会社の職務が「現地人」によって代替されることを指す（Potter, 1989；Wong & Law, 1999；Selmer, 2004）。こうした中，本書では多国籍企業における「現地適応―グローバル統合」の議論に基づき，人材の「現地化」の最も象徴的事象として海外子会社の「トップマネジメント」の現地化に焦点を当てることとする。

　多国籍企業の海外子会社における「現地化」については，これまで多くの研究者が様々な視角からそのメリットを論じてきた。例えば，石田（1989, 1994）は「現地化のメリット」を「消極的要因」と「積極的要因」に分類し，前者として「現地政府の要請への対応」「現地社会からの批判の回避」「駐在員の人件費圧縮」，後者については「現地の有能人材の採用・定着」「現地情報に明るい現地人材の活用による高い経営成果」などを挙げている。また，Evans, Pucik & Barsoux（2002）は「マルチドメスティック戦略」の長所に関して「現地のニーズなどへの感応性」「現地社会でのインサイダー化」を「外的優位性」，「現地の有能人材の採用・定着」「忠誠心・コミットメントの高揚」を「内的優位性」と捉えるとともに，現地化がもたらす恩恵について「外部のステイクホルダーとの関係」「現地人が有するヒューマンネットワーク」「現地人に対する成長・昇進の機会の付与」「コスト低減」などの面から検討を加えている。さらに，Franko（1973）も「駐在員の派遣および帰任後の再統合にか

表3-1 本国人(PCNs)・現地人(HCNs)・第三国籍人(TCNs)の長所と短所：「本社の視点」

国籍	長所	短所
PCNs	・子会社に対する直接的で人的なコントロール ・設立初期段階における企業文化の移転・形成 ・有能な本社人材に対するキャリア機会の提供	・高コストの可能性 ・駐在員の失敗に関連するリスク ・ホスト国政府との摩擦の可能性 ・不安定な地域や家族帯同者の勤務に関する需要と供給の問題：デュアルキャリアなど ・現地の文化・法制・市場に対する認識不足 ・子会社運営に際して短期的視野に陥る危険性：駐在期間中の出来事にのみ関心 ・特に任期が短い場合，ホスト国の経営チームの継続性が損なわれる可能性 ・労働許可や他の法的規制の可能性
HCNs	・現地の文化・法制・市場に関する知識 ・有能な現地人材に対するキャリアパスの提示 ・概してPCNsよりも安いコスト ・ホスト国の経営チームの継続性の確保（駐在員の場合，頻繁な経営上の変化が生じる可能性） ・現地政府や現地人従業員からの評価の向上 ・任期が長期になるため，子会社運営に際して長期的視野に立つ可能性が高まる	・コントロールの行使が困難：公式の手続きや企業文化への依存 ・PCNsのキャリア機会の減少 ・本社人員との親交やネットワークを欠く可能性：コミュニケーションがより困難になる可能性
TCNs	・PCNsと同様に本社に対する社会化が進んでいる場合でも，現地人にとって脅威にならない可能性：中立的代替案 ・賃金や配置転換コストがPCNsよりも低い ・言語の壁が低くなる可能性：例えば，米国多国籍企業のスペイン人従業員がメキシコ子会社へ異動するケースなど ・企業内における人材補充プールの大幅な拡大 ・出身国における労働市場の機会に限界がある場合，PCNsより海外勤務を進んで引き受ける可能性が大きい	・子会社運営に際して短期的視野に陥る危険性：駐在期間中の出来事にのみ関心 ・労働許可や他の法的規制の可能性 ・国民文化問題の可能性：例えば，ギリシャとトルコの関係など ・過度のTCNsの活用が，海外事業のコントロールの喪失につながる可能性 ・出身国で同様のポジションがないことによる帰任問題 ・技術的・経営的能力でなく，言語能力で選抜される可能性

出所：Scullion & Collings（2006），p.25.

表3-2　本国人(PCNs)・現地人(HCNs)・第三国籍人(TCNs)の長所と短所：「子会社の視点」

	長所	短所
PCNs	・専門知識の強化によるHCNsの学習機会 ・HCNsにとって多国籍企業への移行を容易にする ・運営上発生する諸問題に対する経験豊かな技術的専門知識 ・HCNsが求められるパフォーマンス水準に達するまでのリードタイムの提供 ・本社との直接的・即時的コンタクト	・HCNsのキャリア機会の喪失 ・PNCsとHCNsとの報酬パッケージの差異から生じる敵意
HCNs	・有能人材に対するキャリア機会 ・子会社運営に対する自治権を実感できる	・技術的・経営的能力の不足によるパフォーマンスの低下や子会社の消滅 ・主要ポストの任命に関する子会社内での政治的摩擦の可能性
TCNs	・専門知識の強化によるHCNsの学習機会 ・国際的なキャリア経験により，ホスト国の法的・文化的特殊性を尊重する可能性が高い ・下級レベルのTCNsの場合，通常は短期駐在であるため，HCNsのキャリアパスに対する脅威とは認識されない	・上級レベルのTCNsは，PCNsの代替物と見なされ，HCNsのキャリア機会を阻害すると受けとめられる ・HCNsのキャリア機会の喪失 ・ホスト国とコンフリクトの歴史を有する国出身のTCNsの場合，文化的偏見が生じる可能性：例えば，インドとパキスタンの関係

出所：Scullion & Collings（2006），p.26.

かわるコスト」「現地人のモチベーション」「現地社会・政府との融合」といった観点から海外子会社トップの国籍政策に関わる便益とコストについて考察している。同様に，Keeley（2001）によると，現地化には「現地の言語や文化，ビジネス・政策的環境への精通」「本国人駐在員と比較した場合のコスト面での優位性」「現地のホワイトカラー人材に対するキャリア機会の創出」「マネジメント・ノウハウや経験の移転によるホスト国への恩恵」「良き企業市民としてのイメージアップ」などのメリットが見出せる。

　以上のような先行研究の成果を総括し，Scullion & Collings（2006）は，多国籍企業における人材配置政策について考察し，本国人（PCNs），現地人

(HCNs), および第三国籍人 (TCNs) の各々の長所と短所を「本社の視点」と「子会社の視点」から整理している (表3-1, 3-2)。

3. 海外子会社トップの国籍政策を規定する諸要因

　前節での議論から，現地化の推進は，外部環境面では「本国志向」的な企業イメージの回避につながり，現地政府や地元経済界・地域社会との良好な関係を構築する近道になると言える。また，内部環境的には「グラス・シーリング」(glass ceiling) を打破することで，優秀な人材の採用・定着が容易になるとともに，その忠誠心やコミットメントを引き出すことが可能になると考えられる。さらに，現地化は，本国からの駐在員派遣に伴うコストを削減する効果も有する。その一方，Scullion & Collings (2006) が指摘したように，現地人のトップへの登用については「本社によるコントロール」や「経営者としての能力」「本社幹部との人脈」といった面での懸念材料も存在する。つまり，本国人および現地人の長所と短所は「コインの裏表」の関係にあると言えるだろう。

　では，多国籍企業の海外子会社トップの国籍政策は，如何にして決定されるのか。本節ではHarzing (1999b, 2004) の研究のレビューを通して考察していきたい。Harzingは，海外子会社トップの国籍の差異を規定する要因として，①「本国および本社」の特性，②「ホスト国」の特性，③「業界」の特性，④「子会社」の特性の4項目を提示するとともに，多国籍企業に対する実証研究に基づき，これら諸要因と海外子会社トップの国籍政策（本国人が起用される可能性）との相関関係を示している (図3-1)。

(1) 「本国および本社」の特性

　まず，「不確実性回避」(Hofstede, 1980, 1991) の傾向が強い国民文化の企業では，外国人に対する疑念から本国人がトップに起用される可能性が高い。また，本国とホスト国との「文化的距離」が大きい場合も，コミュニケーショ

図3-1 海外子会社トップの国籍政策を規定する諸要因

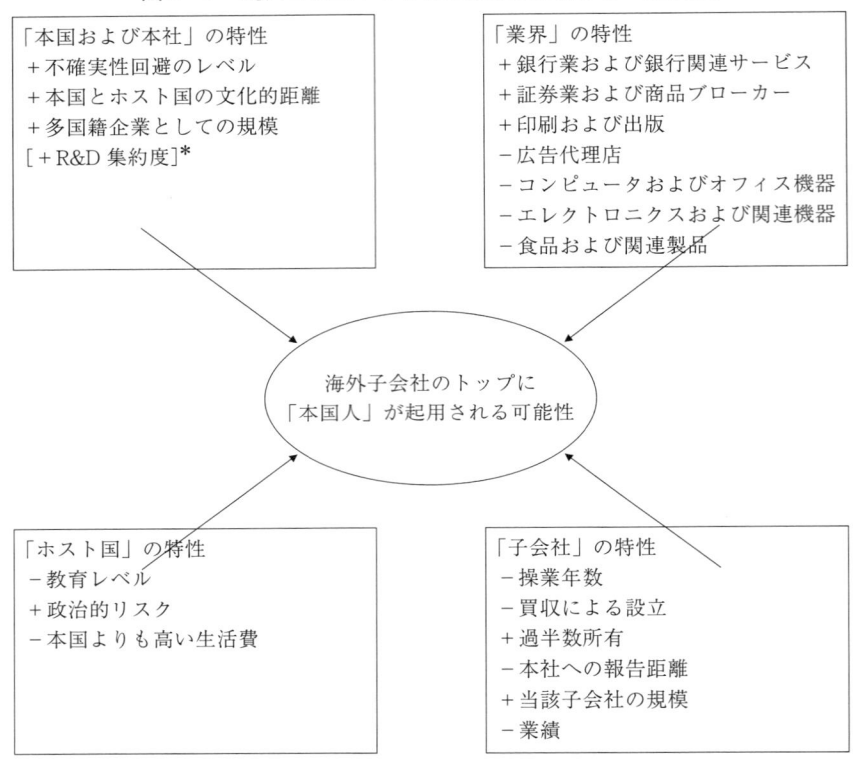

「本国および本社」の特性
＋不確実性回避のレベル
＋本国とホスト国の文化的距離
＋多国籍企業としての規模
[＋R&D集約度]*

「業界」の特性
＋銀行業および銀行関連サービス
＋証券業および商品ブローカー
＋印刷および出版
－広告代理店
－コンピュータおよびオフィス機器
－エレクトロニクスおよび関連機器
－食品および関連製品

海外子会社のトップに「本国人」が起用される可能性

「ホスト国」の特性
－教育レベル
＋政治的リスク
－本国よりも高い生活費

「子会社」の特性
－操業年数
－買収による設立
＋過半数所有
－本社への報告距離
＋当該子会社の規模
－業績

注：＋は，トップに「本国人」が起用される可能性に対して「正」の相関関係，－は「負」の相関関係を有することを示す。＊「R&D集約度」については，Harzingの実証分析において，統計的に有意な相関関係は見出されなかった。
出所：Harzing (2004), p.257.

ンや信頼の面で現地人の登用が敬遠されるであろう。さらに，巨大多国籍企業においては，人材が豊富であることに加え，その多くが公式の経営開発プログラムを有しているので，本国人を派遣する確率が高くなる。

(2) 「業界」の特性

一般に，「現地適応」を重視する「マルチドメスティック業界」(Porter,

1986）では現地人トップが選好され，「グローバル統合」を志向する「グローバル業界」においては本国人トップが派遣される傾向が強い。Harzing の実証研究では，本国人トップの比率は，金融サービスや印刷・出版業で高く，広告，コンピュータおよびオフィス機器，エレクトロニクス関連，さらには食品関連で低いという結果が示されている。

(3)　「ホスト国」の特性

　教育レベルの低い国では，有能な現地人が不足するため，本国人が起用されるケースが多くなる。また，政治的リスクの高い国に所在する子会社に対しては，万一の場合の損失を回避すべく本国人駐在員との緊密なコミュニケーションを通した直接的コントロールが行使される。一方，ホスト国の生活費が本国よりも高い場合は，駐在員に付加的な報酬を支払わねばならないので現地人トップが選好されるであろう。

(4)　「子会社」の特性

　操業年数の経過とともに，現地人の採用が容易になり，知識移転や教育・訓練も進むため，現地人が登用される可能性は高くなる。但し，買収により子会社化したケースでは，現地人による経営チームが既に確立されている場合が多いので，当初から本国人が送り込まれることは少ない。また，本社に直接報告する大規模で過半数所有の子会社については，マージナルな存在の子会社よりも戦略的重要性が高いゆえ，本国人トップの確率が高くなる。同様に，業績が悪い子会社に対しても，本国人による直接介入とコントロールが必要となってくる。

4．「現地化」のプロセス

　海外子会社のトップマネジメントの人材配置に関しては，立ち上げ時は本国または第三国からの派遣人材が初代社長に起用され，2代目以降に「現地人」

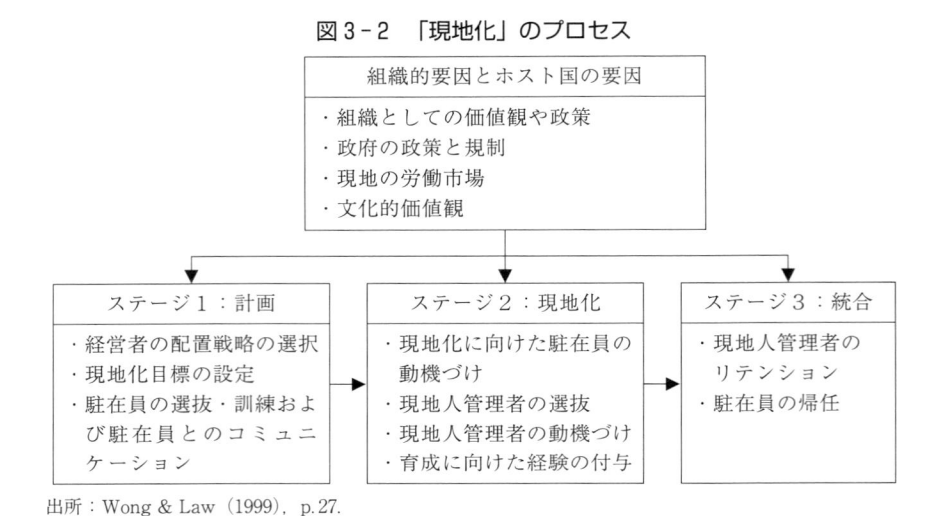

図3-2　「現地化」のプロセス

```
┌─────────────────────────────────┐
│    組織的要因とホスト国の要因    │
│ ・組織としての価値観や政策       │
│ ・政府の政策と規制               │
│ ・現地の労働市場                 │
│ ・文化的価値観                   │
└─────────────────────────────────┘
```

ステージ1：計画	ステージ2：現地化	ステージ3：統合
・経営者の配置戦略の選択 ・現地化目標の設定 ・駐在員の選抜・訓練および駐在員とのコミュニケーション	・現地化に向けた駐在員の動機づけ ・現地人管理者の選抜 ・現地人管理者の動機づけ ・育成に向けた経験の付与	・現地人管理者のリテンション ・駐在員の帰任

出所：Wong & Law（1999），p.27.

による代替の可能性が模索されるのが通常であると考えられる。その意味で，現地化のプロセスは，「派遣人材」（駐在員）の選抜からスタートすると言えよう。

　上記のような問題意識を受け，Wong & Law（1999）およびLaw, Wong & Wang（2004）は，現地化のプロセスに関するモデルを提示し，在中国・外資系企業に対する実態調査をもとに，その有効性を検証している（図3-2）。彼らによると，現地化のプロセスには「計画」（planning），「現地化」（localizing），「統合」（consolidating）という3つの段階がある。ここでは，上記モデルをベースに，関連の諸研究や企業事例も交え「現地化」のプロセスについて検討してみる。

(1)「計画」（planning）段階

　現地化のプロセスの第1段階は「計画」である。Evans, Pucik & Barsoux（2002）は，「現地化」を成功させるには，現地人従業員の採用・育成・定着に対する企業としての長期的コミットメントと体系的な投資が必要で，現地化が

方針として明示されることが出発点であると論じる。例えば，ユニリーバは，1930年代に新興独立国の国民的要望に応える形で，"ization policy" と呼ばれる「現地化政策」を他社に先駆けて打ち出した（Maljers, 1992；中井，2002）。以来，多国籍企業が「現地化」に注力し，強力なローカルの経営チームを打ち立てることは，「賢明なマネジメント」や「良き企業市民」の証しとして捉えられるようになった（Evans, Pucik & Barsoux, 2002）。

　Wong & Law によると，「計画」段階で考慮すべき主たる事項は3つある。1つは経営者の配置に関する戦略の選択で，現地化に向けた方法論を明らかにすることである。その選択肢としては，①本国より派遣された「経営チーム」がローカルの労働市場から従業員を採用し，将来の役割交代に向けて育成する「移植アプローチ」（transplanting approach），②本国から「社長」（および財務責任者）のみを派遣し，ヘッドハンターなどを活用してローカルの経営人材を確保する「現地対応アプローチ」（endemic approach）が挙げられる。

　2つ目の事項は，現地化目標の設定である。現地化目標は，測定・達成可能なもので，上述した経営者の配置に関する戦略と一貫性を有していなければならない。現地化目標は，①時間軸（現地化までの諸段階と期間），②コスト削減効果，③現地人に求められるパフォーマンスレベル，④現地人の定着率（コミットメント），⑤全社的経営チームの一員としての現地人の活用（本社や他の海外子会社などでの登用の可能性）といった次元に沿って決定されることになる。例えば，松下電器産業では，各海外子会社の事業特性・地域特性を踏まえ，「現地化すべきポスト」と「日本人駐在員が務めるべきポスト」を峻別した上で，2000年度に15％であった現地人社長比率を2007年度には25％へとアップさせる「現地化アクションプログラム」を打ち出している[2]。

　3つ目の事項は，駐在員の選抜・訓練および駐在員とのコミュニケーションである。現地化戦略を最終的に実行するのは駐在員であり，駐在員は後継者の育成・メンタリング・コーチングといったプロセスにおいて重要な役割を果たす（Evans, Pucik & Barsoux, 2002；Selmer, 2004）。にもかかわらず，国際経営論の世界では，かねてより「駐在員の失敗」（任期満了前の帰国）が問題

視されてきた。例えば，Mendenhall & Oddou（1985）によると，先行研究から導き出される駐在員の失敗率は25〜40％に達しているという[3]。派遣人材の失敗は，経営および個人のキャリアの双方に大きな損失を与え，現地化のプロセスを阻害する。こうした中，駐在員の選抜・訓練に際しては，技術的スキルに加え，対人関係能力・異文化対応力，トレーナー・メンター・コーチとしての能力を重視するとともに，家族に関する状況も考慮されるべきである（Mendenhall, Dunbar & Oddou, 1987；Solomon, 1994；Black et al., 1999）。そして，現地化の計画や具体的目標が，事前に駐在員に明確にコミュニケートされ，受容されることが不可欠である。

(2) 「現地化」（localizing）段階

第2段階は「現地化」である。現地化段階での留意点としては，次の4点が挙げられる。1つ目は，「駐在員の動機づけ」である。駐在員が帰任や将来のキャリアに不安を感じる状況下では，自身に取って代わる現地人後継者を育成する気持ちは萎えてしまう。Johnston（1991）によると，駐在員の帰任に際する問題には，①ステータスの低下，②オートノミーの低下，②キャリアの方向性の喪失，③海外経験に対する過小評価などがあるという。実際，Selmer（2004）が実施した在中国・欧米系企業に対する調査では，駐在員の現地化に対する「消極性」が現地化の進展と負の相関関係にある点が示されている。こうした状況下，現地化のプロセスを促進するには，①現地化後の（失職に対する）不安が払拭されるような帰任に関するアレンジ，②現地化が成功した場合のボーナス支給，③現地化目標に照らした駐在員の業績評価，といったインセンティブが提示されねばならない。

2つ目は，「現地人管理者の選抜」である。現地化に向けた選抜に際しては，候補者が現時点で保有する技術的能力よりも，「長期的なポテンシャル」や「企業へのコミットメント」を考慮することが重要である。そして，選抜のプロセスの中で，企業は彼（彼女）らに対して「現地化」への想いを明確に伝え，現地化計画と現地人のキャリア計画の関連性を強調すべきである[4]。

3つ目は,「現地人の動議づけ」である。ここでは,金銭的報酬に加え,現地人が新たなスキルを学習するインセンティブとして長期的なキャリア展望を提示することも有効な手段であると考えられる。そして,学習プロセスのレビューが定期的かつ頻繁に行われなければならない。

　4つ目は,「現地人に対する育成機会の付与」である。具体的方策としては,公式の教育・訓練やメンタリング・コーチングに加え,本社および他の子会社への出向,社会化のためのプログラムなどが挙げられる。また,駐在員には,現地人との間に長期的かつ濃密な関係を構築し,キャリア展望の「モデル」になるとともに,現地人の育成ニーズを明らかにし,その進捗状況を評価することが求められる。

(3)　「統合」(consolidating) 段階

　第3段階は「統合」で,ここでは現地人の「リテンション」と駐在員の「帰任」が重要事項となる。

　まず,現地人の「離職」は現地化のプロセスにおいて大きな障害となる。そこで,現地の労働市場において「競争力」を有する魅力的な報酬パッケージの提示が求められる。但し,賃金は報酬パッケージの一部にすぎず,多くの企業では無利子ローンや個人健康保険,住宅取得支援など多彩な施策を組み合わせて対処している。また,教育・訓練や昇進の機会,権限委譲,長期的なキャリア展望,建設的な企業文化やラテラルなコミュニケーションも重要である。とりわけ,キャリアパスの提示は「現地化」に対するコミットメントを示すものとして効果的である (Evans, Pucik & Barsoux, 2002)。

　一方,駐在員の「帰任」については,Black et al. (1999) によると,帰任のプロセスが効果的でなかったために,米国企業では駐在員の約20％が帰任後1年以内に退職しているという[5]。帰任者には,赴任国のエキスパートとして,また現地人トップへのメンターとしての役割を期待できる。そうした貴重な資産を喪失することがないよう「帰任」のプロセスに注力することが肝要である。具体的には,帰任者に対して赴任前と同等かそれ以上の処遇条件を提示するこ

とに加え，海外勤務で得た知識やスキルを活かせる機会を創出するなど，駐在員が将来の役割を明確に認識できるような環境の整備が重要である[6]。

5．日本企業の「現地化」に関する状況

日本企業における「現地化」は「アキレス腱」（Bartlett & Yoshihara, 1988；石田，1989）と描写されるなど，「遅々として進まぬ状況」が今日に至るまで国際人的資源管理上の重要な懸案事項となっている。そこで，本節では，日本企業の「現地化」を巡る代表的研究をレビューし，日本企業の海外子会社トップの国籍政策の特徴を明らかにするとともに，「現地化の遅れ」の背景と影響について理論的・実証的に論じる。

(1) 日本企業における海外子会社トップの「国籍」を巡る状況

日本企業における海外子会社トップの国籍に関する研究は，①日本企業のみを対象に「現地化」について詳細に掘り下げた研究，②「現地化」に関する日本企業と欧米企業の比較研究に大別することができる。

①日本企業のみを対象とした研究

吉原（1996）は，東証1部上場企業とその海外子会社に対するアンケート調査を実施し，日本企業の「現地化」について，業種・設立時期・従業員規模・進出形態・出資比率ごとの状況や，業績との関連などの側面から詳細に分析している。

①-1．海外子会社トップの「国籍」を巡る状況

全回答企業のうち，現地人が社長を務める海外子会社は22％で，回答の5年前の状況（23％）とほとんど同じ比率であった。事実，現地人社長比率を設立時期別に捉えても，1960年代設立の海外子会社が20％，70年代については15％，80年代は22％，90年代は39％となっており，現地化が時間の経過とともに進展するという見解が日本企業には該当しない様子が伺える。また，これを業種別

に見ると，製造業は23％，商業で27％，金融は14％，サービスは15％となっている。一方，従業員規模と現地化の間には正の相関関係が検出され，進出形態別では新設企業で日本人社長が多く，買収により進出したケースについては現地人社長が目立つ。そして，新設企業の場合，出資比率の上昇とともに日本人社長比率が高まる傾向にある。

①−2．「現地化」の計画

海外子会社社長の国籍について「現地人の方がよい」と回答した日本企業（親会社）は11％にすぎず，「社長として適任であるかどうかが重要であり，日本人か現地人かは関係ない」が59％で最も多かった。次に，「近い将来（3年以内に），海外子会社社長に現地人を起用する（増大する）計画があるか」との問いに対しては，「特に考えていない」という回答が56％に達し，「現地人社長を実現（増大）したい」は28％に留まっている。

①−3．「現地人社長」の長所と短所

本項目については，日本の親会社に加え，海外子会社の日本人駐在員および現地人従業員にも回答を求めている。親会社では，現地人社長の「長所」として「現地社会との関係が上手くいく」との回答が84％で最も多く，「従業員のモラール向上」が58％で続いている。海外子会社の日本人駐在員の回答も上位2項目は同じであった。注目すべきは，「親会社―現地人従業員」間で回答の差異が大きいことである。例えば，長所として「業績がよくなる」を挙げた親会社は5％にすぎなかったのに対し，現地人従業員ではそれが64％となっている。また，「モラール向上」を指摘する声も現地人では92％に達している。

次に，現地人社長の「短所」について，親会社では「親会社の方針や戦略に従わないことがある」との回答が最も多く（48％），以下「日本人駐在員との関係に問題が生じる」（35％），「日本の親会社との関係がうまくいかない」（28％）という結果になっている。一方，現地人の回答の上位3項目は「親会社の方針や戦略に従わないことがある」（58％），「日本の親会社との関係がうまくいかない」（42％），「日本人駐在員との関係に問題が生じる」（17％）であった。

①-4.「現地化」と「業績」

　各海外子会社に対し「業績」に関する「自己評価」（成功，どちらともいえない，失敗）を求めたところ，「成功」と回答したのは日本人社長の企業で76％，現地人社長では79％であった。一方，「失敗」の比率は日本人社長の場合は5％，現地人社長では9％となっている。つまり，自己評価では海外子会社トップの国籍による差異は見出せない。次に，「財務データ」（利益率）との関係では，日本人が社長を務める海外子会社のうち「利益率2％以上」の企業は47％であるのに対して，現地人社長ではその比率が58％となるなど，現地化と利益率が正の相関関係にあることが統計的有意差を持って示されている[7]。

②欧米企業との比較研究

　現地化に関する日本企業と欧米企業との比較研究は，②-1．進出国や地域を限定せずに，海外子会社トップの国籍を調査した研究，②-2．環境条件をコントロールすべく，特定の国・地域（さらには業種や出資形態）を対象とした研究，②-3．日本企業の海外子会社と欧米企業の日本子会社の状況を比較した研究にタイプ分けすることができる。

②-1．国や地域を限定していない研究

　このタイプの研究としては，古くは Negandhi（1979，1980）や Tung（1982）などがある。Negandhi によると，米国多国籍企業の海外子会社トップの大多数は現地人で占められ，現地人を全くトップに起用していないケースは，調査44社中1社しかなかったのに対し，日本企業では現地人を一切トップに据えていないという回答が78.9％に達している。Tung の研究でも，a）日本企業では在米国子会社のトップの83％が本国であるのに対し，欧州企業ではそれが29％に留まっている，b）在西欧子会社に関して米国企業ではトップの62％が現地人であるが，日本企業は23％である，ことなどを論拠に日本企業における「現地化」の遅れが示されている。さらに，Kopp（1994）は日・欧・米多国籍企業の比較研究を行い，海外子会社社長に占める本国人の比率は欧州企業・米国企業が各々48％・31％であるのに対し，日本企業では74％に達していること

表3-3　日・欧・米 多国籍企業における海外子会社社長の国籍

	日本企業	欧州企業	米国企業
PCNs (Parent Country Nationals)	74%	48%	31%
HCNs (Host Country Nationals)	26%	44%	49%
TCNs (Third Country Nationals)	0.2%	8%	18%

出所：Kopp (1994), p.586.

表3-4　海外子会社の本国人社長比率

本社所在国	サンプル企業数	本国人社長比率（%）
デンマーク	88	18.2
英国	381	23.1
ノルウェー	49	24.5
スイス	207	25.6
フランス	247	30.0
フィンランド	200	30.0
オランダ	196	32.7
スウェーデン	389	34.2
ドイツ	279	40.9
イタリア	52	48.1
日本	601	76.5
合計	2,689	40.8

出所：Harzing (2004), p.256.

から、日本企業における「低いグラス・シーリング」(low glass ceiling) の存在を指摘している（表3-3）[8]。そして、海外子会社トップの国籍を本社所在国別に比較したHarzing (2001, 2004) の研究においても、在外日系企業601社に占める本国人社長比率は、調査11カ国中最高の76.5%に達しており、やはり「現地化の遅れ」を示す結果となっている（表3-4）[9]。

②-2．特定の国・地域を対象とした研究

特定の国や地域を対象に日系企業と欧米企業の比較を行った研究としては、

表3-5　在中国の日系および米国系企業の総経理の国籍

	日系企業			米国系企業		
	合弁企業	独資企業	全体	合弁企業	独資企業	全体
本国人・華人	0%	2.3%	1.2%	6.2%	14.3%	9.6%
・非華人	82.1%	88.4%	85.4%	4.2%	2.8%	3.6%
現地人	17.9%	2.3%	9.8%	89.6%	74.3%	83.2%
第三国籍人・華人	0%	4.7%	2.4%	0%	5.7%	2.4%
・非華人	0%	2.3%	1.2%	0%	2.9%	1.2%
合計	100.0%	100.0%	100.0%	100.0%	100.0%	100.0%

出所：古沢（2005a），p.15。

Rosenzweig（1994），白木（1995），野村総合研究所（1999），古沢（2005a）などがある。Rosenzweigが実施した在米国外資系企業のトップマネジメントの国籍調査によると，日系企業における現地人（米国人）トップ比率は29％であるのに対し，日系を除く各国企業の平均は68％（最高はフランス系の85％，最低はスイス系で50％）となっている。また，白木のインドネシアにおける調査では，大卒者がトップマネジメントまで昇進している企業は欧米系で52.9％であるのに対し，日系企業では21.7％にすぎない。一方，野村総合研究所が日・米・独多国籍企業のアジア現地法人責任者の出身国を比較したところ，日本企業は「本国人が主であるが，現地人もいる」とする回答が7割強を占めているが，米・独企業ではそれが2割台に留まり，「現地人が主であるが，本国人もいる」とする企業が4～5割台に達している。同様に，古沢による在中国の日系および米国系の製造企業に対する実態調査[10]では，合弁・独資ともに日系企業の総経理は8割以上が本国人であるのに比べ，米国系は現地人の総経理が大半を占めるなど対照的な結果が示されている（表3-5）[11]。

②-3．在外日系企業と在日外資系企業の比較研究

代表的研究としては根本（1988）や吉原（1994a）がある。根本は，在外日

系企業と在日外資系企業に関するデータを比較検討し，前者では常勤役員レベルの外国人（駐在員）比率が43.1％に達しているのに対し，後者ではそれが21.2％に留まることから，「日本企業が現地化を怠っている」という諸外国の非難を裏づける結果が示されたと述べている。また，吉原の研究でも，在外日系企業において日本人が社長を務めている比率は72.8％であるのに比べ，在日外資系企業では現地人（日本人）社長比率が63％に達するなど，現地化の進展度に関する大きな差異が明らかにされている[12]。

(2)「現地化の遅れ」の背景

われわれは第2節において，Harzing（1999, 2004）に基づき「海外子会社トップの国籍政策」に影響を与える諸要因について検討した。しかし，上で述べた諸研究は，調査の時期や対象国（地域）にかかわらず，一貫して日本企業の「現地化の遅れ」を指摘するものであり，日本企業における「現地化問題」が「時間的要因」（発展段階論的視点）や「地理的要因」（進出先の特性）などを越えた「構造的視点」から考察されるべき事象であることを示唆していると言えよう[13]。そこで，ここでは日本企業における「現地化の遅れ」の背景について，以下の4つの代表的視点から考察する。

①「異文化コミュニケーション」の視点

安室（1982）は，Hall（1976）が用いた「コンテクスト」（context）という概念に着目して議論を展開している。「コンテクスト」とは「文脈」や「前後関係」のことで，「コミュニケーションを行う者同士が共有する前提条件」を意味する。Hallは言葉に含まれる情報量から主要国の文化的特性を分析し，日本を「高コンテクスト文化」，米国やドイツを「低コンテクスト文化」の典型として位置づけている。「高コンテクスト文化」では共有する前提条件の完成度が高いため，明示化・コード化された情報は必要最小限で済む。一方，「低コンテクスト文化」におけるコミュニケーションでは明確な言語表現が必要とされる（図3-3）。

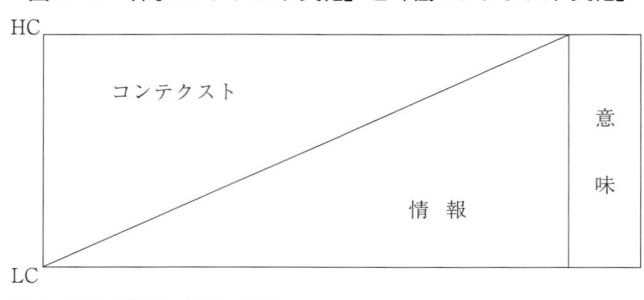

図3-3 「高コンテクスト文化」と「低コンテクスト文化」

```
HC ┌─────────────────────────────────┬───┐
   │ コンテクスト        ╱          │ 意 │
   │              ╱                 │   │
   │        ╱          情  報        │ 味 │
LC └─────────────────────────────────┴───┘
```

出所：Hall（1976），邦訳 p.119。

　このような事情により，「高コンテクスト文化」では組織を構成する個々人の関係において事前の情報の組み込み（プログラミング）が不可欠となり，組織の体系に精通した者だけが構成員の行動を予測することができる。それに対し「低コンテクスト」な組織では，構成員の機能が個別化・分断化・専門化されているため，人々は他の組織から容易に転入でき，すぐに活動を開始できる（機能的参加）。

　構成員の相互依存性が高く部門間の調整が重視される「高コンテクスト文化」のもとで発展してきた日本企業には，明示化・コード化されていない経営のノウハウや仕組み（暗黙知）が多い。そのため，海外での事業展開においては，組織の体系に精通した「ヒト」（日本人駐在員）を媒介としたノウハウ・仕組みの移転や統制（直接的コントロール）が図られる。

　他方，「低コンテクスト」の環境を前提とした欧米企業では，主要な経営ノウハウは職務記述書やマニュアル・伝達の体系，予算制度などの形式で「公式化」（外在化・コード化・形式知化）されている。これらは，その組織が経験してきた種々の知識の集大成であるとともに，統制のメカニズムそのものでもある。従って，本社から派遣される人員の主要任務は統制メカニズムの組み込みであり，一度統制メカニズムが組み込まれると海外子会社の経営は計数的情報や経営成果の測定によって管理できると考える（間接的コントロール）。そして，そこに「現地化」を可能にする余地が生まれると安室は論じている。

図3-4 「J(日本)型・F(外国)型」の職務観と組織編成モデル
　　　　＜J型＞　　　　　　　　　　＜F型＞

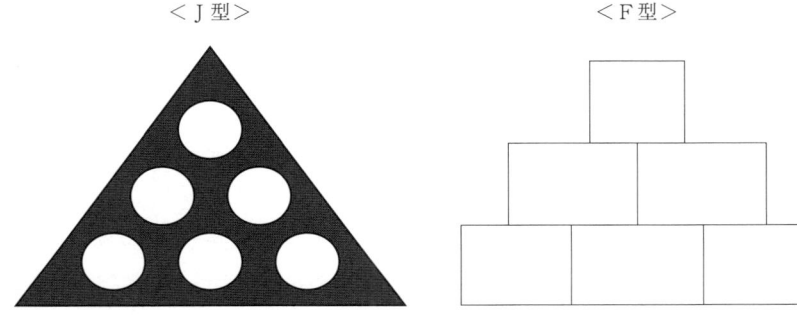

出所：石田 (1999)，p.69。

　また，林 (1988) は，在外日系企業と在日米国系企業の比較を行い，在日米国系企業の日本人管理者が，アメリカ的考え方・やり方の「意味・価値」を理解し，共有しているかは別にして，少なくともアメリカ的やり方の「形」をはっきりと理解しているのに対して，在外日系企業の現地人管理者は日本方式の意味・価値はむろんのこと，「形」も十分に理解していないと述べている。そして，こうした状況の背景として，「説明性向」が低く，コミュニケーションの重点が言語に置かれない日本の文化との関連性を指摘している[14]。これに対して，米国方式は論理を基盤に，異文化間の最大公約数の中で説明可能・説得可能なものとして出てきたものであるだけに，感性として十分には馴染めないまでも理解することはできるという。

② 「職務・組織構造」の視点
　石田 (1994，1999) は職務・組織構造面から問題にアプローチし「J(日本)型・F(外国)型」の職務観と組織編成モデルを提示している（図3-4）。日本人の職務観は柔軟で融通性があるのに対し，外国人は職務を明確で固定的なものと考えている。こうした中，J型の組織メンバーには周囲の状況を見ながら，互いに助け合う境界領域（図3-4の黒い部分）をカバーする「自発性」と「弾力性」が期待されている。この柔軟な職務構造は，環境変化に素早く対応

できるメリットがある反面，自己の職務以外に知識や関心がないと良い成果を生めない仕組みになっている。

　石田によると，こうした日本人独特の職務観が海外現地経営において「この国の人間は気が利かない，言われたことしかやらない，自発性に乏しい」といった現地人従業員に対する不満を表出させる。一方，外国人は「当然行うべきことならば，なぜ本人の職責だとはっきり言ってくれないのか」という疑念を抱く。つまり，両者が当然と考えることにギャップがあり，双方のフラストレーションが発生する。「環境は絶えず変化するから職責は大まかに決めておき，状況に応じ個人の判断に任せた方が現実的・効果的である」という妙味を標榜する組織運営は，入社以来のOJTやローテーションを通じそれを可能にする従業員を育成してきた日本国内では機能させることができる。しかし，海外においては現地人従業員がそのような育成プロセスを経ていないことが「現地化」に向けた障害となるのである。

　また，林（1994）は上記の議論に「アナログ知覚・デジタル知覚」の視点と安室が援用した「コンテクスト」の概念を加え，「O（有機的）型・M（機械論的）型」の組織論を展開している。林によると，「高コンテクスト文化」の知覚特性はアナログ的となり，感性で体験した全体像を連続体のままで理解するのに対し，「低コンテクスト文化」ではデジタル知覚が支配的で，現実世界に境界線を引いて定義と論理で理解する。デジタル知覚に導かれたM型組織では組織が生存するために必要とする仕事が職務・職位に配分されており，職責と権限は職務記述書に明示されている。一方，O型はルーチン化または専門化された仕事以外は戦略的なものも含めて特定の個人には配分されておらず，状況に応じて解決していくアナログ的な組織である。林はO型において特定個人に所属していない職務領域を「グリーンエリア」と呼び，その有無がO型とM型を区別する最大の要因であるとしている。「グリーンエリア」は，ある集団で働く者たちに共通の「記憶の脳」（林・福島，2003）であり，O型の視点では「1つの目的やアイデンティティの下に情報の共有化がなされ，戦略的コンセンサスが形成される場」として積極的ニュアンスで理解されるが，M

型視点では「理解しにくいグレーエリア」となる。

　林の調査によると，アジア・アフリカ諸国では文化の基調は「高コンテクスト」であるが，日本以外の国は自己文化に基づく経営スタイルが開発される前に欧米の強烈な影響にさらされた結果，M型組織が支配的になっており，企業経営でO型組織が支配的な国は日本以外ほとんど皆無であるとの見解が示されている。つまり，アナログ的で「高コンテクスト」な領域である「グリーンエリア」の存在が「現地化」を遅らせる大きな要因となっているのである。

③「内なる国際化」の視点

　吉原（1989, 1996）は，「現地化の遅れ」の1つの要因として「内なる国際化」を取り上げている。「内なる国際化」とは「日本の親会社の国際化」を意味し，「日本親会社の意思決定の過程に外国人が参加していること，あるいは外国人が参加できる状態にあること」である（吉原，1996, p.117）。吉原によると，日本の親会社の社長や役員，部門の責任者の多くは，いわゆる国内畑で，海外経験のある幹部は未だ少数派である。また，重要な経営戦略や計画を実質的に立案する過程は，海外子会社の現地人が参加できるほどにシステマチックやフォーマルになっていない。従って，親会社と海外子会社間の情報のやりとりも日本人同士が日本語で行うことが多い。現地人が英語など外国語でコミュニケーションをしようとしても，親会社側がそれに応じることが困難な場合が少なくないのである。こうした親会社の状況が「現地化」への障害になっていると言えよう。

　吉原（1996）は，「現地化」と「内なる国際化」の関係を検証すべく，日本企業に対するアンケート調査を実施している。具体的には，「内なる国際化」に関わる変数として，「海外経験のある従業員数」「海外経験のある役員数」「逆出向の現地人従業員数」「日本で採用した外国人従業員数」「日本で採用した外国人従業員の有無」「日本親会社の外国人役員の有無」「現地人従業員の日本での研修の有無」「日本親会社の仕事の仕組みを変える必要性の有無」の8項目を提示し，現地人が社長を務める海外子会社数との関係を分析している。

その結果,「海外経験のある従業員数」「海外経験のある役員数」「日本で採用した外国人従業員数」「日本で採用した外国人従業員の有無」については「現地化」との間に正の相関関係が検出されたという。

④「社会構造」の視点

最後に,「現地化の遅れ」の背景について,日本の「社会構造」の特殊性と関連づけて論じた所説として Yoshino（1976）および Fernandez & Barr（1993）を取り上げる。Yoshino によると,日本の社会構造の特徴は「文化的同質性」（cultural homogeneity）と「集団志向」（group orientation）にある。日本人のように,何世紀にもわたり外国との関係を遮断し,同じ言語と文化を維持してきた民族グループは世界でもほとんど例がない。また,日本では,生活のあらゆる側面が,家族・村・国家といった集団と複雑に結びつき,集団の規範や基準が個人の思考と行動を規定してきた[15]。その結果,集団内では相互依存関係が強化され,それが「排他的な社会的連鎖」（exclusive social nexus）を形成することとなる。

こうした社会的特性は,産業社会にも引き継がれてきた。個人と企業の関係は蜘蛛の巣のように緊密かつ永続的なもので,暗黙の終身雇用と引き換えに,企業が従業員に「情緒的コミットメント」（emotional commitment）を求めることで,日本国内での成長・発展を実現してきた。しかし,こうした経営システムは,海外子会社の経営において現地人を効果的に統合することができないという弱点を抱える。それは,集団としての「統一性」の基盤となる「情緒的コミットメント」に関係した「本社との接点」や「共通の経験」を現地人が持ち合わせていないからである。こうした中,現地人はその「血統」ゆえに,経営システム内の「メンバーシップ」を得ることができず,それが日本企業の「現地化」に対する消極的態度となって発露する。そして,Yoshino は,閉鎖的で排他的な日本企業が「異質な要素」（heterogeneous elements）を受容することは困難であると述べ,戦略や組織構造面においては米国型への収斂が観察されるものの,経営システム面での可能性については否定的な見解を示してい

る。

　同様に，Fernandez & Barr も日本の社会構造面から問題にアプローチしている。日本では，1850年代まで続いた孤立的・閉鎖的な状況が，人々の間に「『われわれとあの人たち』というメンタリティ」(us-versus-them mentality) を育むとともに，「民族的優越性と特殊性」に基礎を置く日本独特の文化を芽生えさせることとなった。一方で，「集団志向」の伝統も相俟って，日本人は社会の「同質性」を成功への鍵と考え，同質性に対する如何なる脅威も否定的に捉えるようになる。そして，それが非日本人を排除・差別する「民族主義」的で「本国志向」的な日本企業の経営施策を導いたという。日本企業の海外子会社では，日本人従業員の優越的な態度と外国人に対する不信感により，現地人は文化的に排除されるだけでなく，「昇進機会」が少なく，その能力が十分に活用されることもない。こうした状況下，Fernandez & Barr は，日本企業の国際経営の長期的成功に対して否定的な展望を示し，日本企業が「多様性」を効果的に活かすには，「外国人ぎらい」(xenophobia)，「本国志向」(ethnocentrism)，「民族主義」(racism) といった問題を解決しなければならないことを述べている。

(3)　「現地化の遅れ」による影響

　次に，「現地化の遅れ」が人的資源管理や現地経営に如何なるインパクトをおよぼすかを考察してみよう。例えば，Kopp (1994, 1999) は前述の日・欧・米多国籍企業の比較研究から，「現地の有能人材の採用難」「現地人の高い離職率」「本国人駐在員と現地人スタッフとの摩擦・コミュニケーション問題」「現地人スタッフの昇進に対する不満」などの問題を抱えているのは，日本企業に多いことを明らかにしている（表 3-6）。

　また，既に見たように，吉原 (1996) が実施した在外日系企業に対する定量分析では，日本人社長の子会社より現地人社長の子会社の方が収益性に優れ，「現地化」が海外子会社の業績を説明する要因の1つであることが述べられている。同じく，磯辺・モントゴメリー (1999) は，アジア・欧州・北米の日系

表3-6　日・欧・米 多国籍企業における国際人的資源管理上の諸問題の発生状況

	日本企業	欧州企業	米国企業
現地の有能人材の採用難	44%	26%	21%
現地人の高い離職率	32%	9%	4%
「駐在員-現地人」間の摩擦やコミュニケーション問題	32%	9%	13%
現地人の昇進に対する不満	21%	4%	8%

出所：Kopp (1994), p.590.

企業の経営状況を分析し，日本人が経営トップを務め，多くの日本人駐在員が派遣される状況が海外子会社の業績にマイナスの影響を与えていることを示すとともに，「現地化の遅れ」による現地人の昇進機会の減少やモチベーションの低下，さらには海外子会社の「現地適応」力の劣化に懸念を表明している。さらに，吉原（1994a）の在日外資系企業研究でも，「成功」している企業では，日本人社長が7割近く（69％）を占めているのに対し，失敗企業では外国人社長が多い（56％）ことを示し，外資系企業の成功と社長が日本人であることの間に統計的に有意な関係がある点を指摘している。

　他方，現地政府との関係悪化を指摘する声もある。例えば，1991年に米国議会では，日本の多国籍企業が米国人従業員を差別しているとの訴えに基づき，公聴会を開催したことがある。また，「ルック・イースト政策」を掲げ，積極的な日本企業誘致を図ったマレーシアにおいても，マハティール首相（当時）が日系企業のマレーシア人従業員に十分な昇進機会が与えられていないことに対して，不満の声を漏らしたという（Keeley, 2001）。

6．日本企業に求められる変革
―「現地化」を越えた国際人的資源管理の必要性―

　既述のように，日本企業における「現地化問題」は，発展段階論的視点や地理的要因では説明できない「構造的視点」から考察されるべき事象であり，「現地化の遅れ」が有能人材の「採用・定着」にマイナスの影響を与えるとと

もに，そのことが日本人駐在員による経営支配を正当化するという「悪循環」を招来していると考えられる（Bartlett & Yoshihara, 1988）[16]。こうした状況下，今後日本企業には，自らの文化や社会構造に起因する「特殊性」を意識した上で，職務や責任・権限の明確化を図り，「公式化」の組織能力の強化と「低コンテクスト」なコミュニケーション環境の創造[17]に注力するとともに，「内なる国際化」を推進することが求められると言えよう。しかし，これら構造的問題を克服し，海外子会社のトップを現地人に置き換えさえすれば，果たして日本企業の国際人的資源管理上の課題は全て解決されたことになるのであろうか。以上のような問題意識のもと，本節では「トランスナショナル企業」「メタナショナル企業」が求める組織能力の視点から，海外子会社トップが果たすべき役割を提示するとともに，「現地化」を越えた国際人的資源管理の必要性を訴える（古沢，2006）。

(1) 「ローカルのインサイダー」としての海外子会社トップ

知識の中でも最も価値のあるものは，暗黙的でローカルの特殊な環境に埋め込まれており，「アウトサイダー」にとっては捉らえ所のない性質を有していると言われる（Doz, Santos & Williamson, 2001）[18]。その意味でローカルに所在する複雑な知識を「感知」するための最前線に位置している海外子会社のトップは，ローカルの文化や価値観に精通した「インサイダー」としての「現地人」であることが望まれる。

浅川（2002）によると，海外の知的資源の所在を的確に認知しアクセスするには，現地コミュニティにおける強い「対外的リンケージ」が不可欠である。現地コミュニティのネットワークに構造的に埋め込まれた拠点は，インサイダーとして現地の知識・情報にアクセスしやすいという点で優位性を持つ（McEvily & Zaheer, 1999；浅川，2002，p.52）。特に，現地特有の暗黙知は，人の移動・接触を介して伝播されるため，その傾向が顕著である。すなわち，現地コミュニティにおけるネットワーク・リンケージの密度の高さが，「ソーシャル・キャピタル」（social capital）[19]を創出し，信頼関係をベースに重要な

知的資源へのアクセスの機会を開くことになるのである（浅川, 2002, p.52）。

　こうした中，現地人トップのもと，当該海外子会社が「ローカルのインサイダー」となることができれば，内外のステイクホルダーとの関係において様々な恩恵にあずかれよう。まず，外部のステイクホルダーとの関係については，各国政府や経済界・大学・地域社会からの評価が向上し，それら機関・社会との関係強化を期待することができる。そして，そうした状況が「インサイダー」しかアクセスできない知識を獲得する可能性を高めることになろう。つまり，現地人に率いられた経営チームが，現地に根づいた人脈や経験を活用することで「現地適応」度の高い経営を実現できるとともに，それがローカルの環境に埋め込まれた知識の獲得や子会社発イノベーションへの期待につながるのである。また，内的には「現地人」がトップとなることで，有能人材の「採用・定着」に関する状況が改善され，知識の「感知」能力のブラッシュ・アップが可能になると考えられる。

(2)　「グローバル・ネットワークへの貢献者」としての海外子会社トップ

　しかし，「ローカルの知識をローカルに活用する」だけでは「トランスナショナル企業」「メタナショナル企業」としての優位性を発揮したとは言えない。先に示したように，海外子会社のもう１つの重要な責務は，ローカルで発掘された知識の国際的融合を通してイノベーションを創造したり，イノベーションの国境を越えた移転，さらには他国の知識に立脚したイノベーションの活用を通して自社グループのグローバルな収益性と効率性の向上に寄与することにある。つまり，海外子会社トップには，知識の「流動化」によるイノベーションの創造とその移転・活用を通じて「グローバル・ネットワークへの貢献者」となることが求められているのである[20]。

(3)　「現地化」を越えた国際人的資源管理の必要性

　これまでの議論から，国際人的資源管理における「現地化」は，「トランスナショナル企業」「メタナショナル企業」に向けた必要条件ではあるが，最終

目的地とすべき事柄ではないと言うことができよう。従来型の「支配―依存」関係に立脚した「階層」とは異なり，「トランスナショナル企業」「メタナショナル企業」が想定する相互依存性が高いネットワーク型の組織では，知識の「結合」やイノベーションの「移転」および「活用」の局面において，人々の「国境を越えた協働」が重要な要素となる。そこで，これからの多国籍企業の国際人的資源管理においては，「現地化」を越えた次のような取り組みが求められることになろう。

　まず，各ユニットがルースにカップリングした「ネットワーク」型の組織では，「本社―海外子会社」間および各国子会社間の情報処理に関する要求は複雑で多岐にわたるため，国境を越えた人々の協働を促進するには，相互の信頼関係に立脚したノン・ルーチンで互恵的・水平的な調整メカニズムが不可欠となる（Egelhoff, 1993）。とりわけ，ローカルの環境の中に埋め込まれた複雑な知識は暗黙的に理解されていることが多いので，「階層」や「情報・通信技術」を通して移転・共有化・融合を図ることは非常に困難である（Doz, Santos & Williamson, 2001）[21]。従って，そこには知識の送り手・受け手双方の信頼関係と相互作用が必要となる（Szulanski, 1996）。具体的には，多様な文化的背景を有する人々にも受容されるよう，自社の「経営理念」を見直すとともに，それを海外子会社の現地人幹部に浸透させる「国境を越えた社会化」（規範的統合）のプロセスに注力することが求められよう。つまり，分化した組織において多様なメンバー間の信頼関係を育み，それを自社の「ソーシャル・キャピタル」へと昇華させる仕組みである。

　加えて，「トランスナショナル企業」「メタナショナル企業」が求める組織能力を発揮するには，「人材活用のグローバル最適化」の視点から，世界中に分散する有能人材を統一的に管理し，異動・配置させるための「グローバルに統合された人事制度」が求められる。そして，こうした「制度的統合」を実現するためには，世界本社が従業員を「国籍」や「採用地・勤務地」にかかわらず共通の基準で格付け・評価するとともに，グローバルな人事情報を捕捉する仕組みを持ち合わせていなければならない（Stroh & Caligiuri, 1998）。他方，

現地人を包含した「制度的統合」は，国境を越えた広範なキャリア機会の提示を通して世界中の有能人材に対する「エンプロイメンタビリティ」（employmentability）を向上させることにより，「トランナショナル企業」「メタナショナル企業」が要請する組織能力をさらに強化するものとなろう。

多国籍企業のグローバル・ネットワークの一翼を担う海外子会社のトップは，「ローカルのインサイダー」として，特殊な環境から複雑な知識を抽出するエキスパートであるとともに，「グローバル・ネットワークへの貢献者」でなければならない。人はローカルに生まれるのであって，生まれながらにしてグローバルな人材はいない（Pucik, 1997）。ゆえに，海外子会社の現地人トップがグローバルな貢献者となりうるような行動環境を整備することこそが肝要である。その意味で，「現地化」とは「現地任せ」を意味するものでなく，国際人的資源管理において世界本社によるグローバルな観点からのアプローチがなされねばならないのである。

7．むすび

本章では，海外子会社トップの「現地化」について，その「メリット」や「海外子会社トップの国籍政策を規定する諸要因」を整理した。また，「現地化のプロセス」に関しては，「計画」「現地化」「統合」という3段階を提示し，駐在員・現地人双方に対するインセンティブの必要性を論じた。そして，日本企業の「現地化」を巡る状況を理論・実証両側面から考察するとともに，今日の多国籍企業に要請される組織能力の視点から「現地化問題」の再考を試みた。

「トランスナショナル企業」「メタナショナル企業」では，多様な環境に対処するために「現地適応」が求められる一方，複雑性を増した組織の「グローバル統合」を通してネットワークとしての経済性を高めることが重要課題となる。こうした中，これからの国際人的資源管理においては「現地化」を最終到達点とするのでなく，「国境を越えた協働」を効果的なものとすべく，現地人の「規範的・制度的統合」が同時に必要である。

7. むすび

　上記のような議論を受け，多様な人々の「国境を越えた協働」を促進するための国際人的資源管理のあり方について，続く第4章では「規範的統合」の側面から，そして第5章では「制度的統合」の視点から各々論じることにしたい。

1　永野（1992）の研究は，在外日系企業において「人材の現地化」とともに「権限の現地化」が進むことを定量的に示すことで，「現地化」が「現地適応」力の強化に結びつくことを示唆している。
2　筆者の松下電器産業に対するヒアリング調査による（2004年2月26日）。
3　とりわけ，この問題は米国企業において深刻で，Copeland & Griggs（1985）によれば，駐在員の失敗がもたらす直接コストは1人当たり20万ドル以上にのぼることがあるという。Hendry（1994）によると，失敗の主な原因は「帯同家族への配慮」と「派遣人材の選抜」の問題に帰されるが，この点について Tung（1981, 1982, 1984）は日本企業の優位性を指摘し，米国企業に対して駐在員の選抜・訓練方法の改革を求めている。事実，Derr & Oddou（1991）は，米国企業の駐在員の中で65％以上が事前の教育・訓練を受けておらず，33％は事前に資料を配布されただけであったことを明らかにするとともに，米国企業では一般に海外勤務がキャリアにマイナスの影響を与えると認識されていることを述べている。また，Shaffer & Harrison（1998）は，実証研究をもとに配偶者の就職支援や子女教育の面でのケアの重要性を論じている。なお，日本企業の海外駐在員に対する派遣前研修を研究したものとして田中（2005）がある。
4　「選抜」に先立つプロセスとして，現地人の「採用」が重要になることは言うまでもないだろう。Evans, Pucik & Barsoux（2002）によると，有能な現地人を引きつけるには，現地の労働市場におけるプレゼンスを高める努力が必要である。具体的には，消費財メーカーの場合，製品のみならず，雇用者としてのイメージを向上させるための広告・宣伝が求められ，産業財メーカーについては，PR活動への投資，スポーツやチャリティ活動への参画，さらには冠講座・奨学金・技術面での協力などによる教育機関との連携といった施策が有効と考えられる。
5　「帰任後」のモチベーションに関しては，日本企業も問題を抱えていると言える。例えば，海外駐在経験者の「海外勤務中」と「現在」の「仕事満足度」を比較した石田（1994）の調査によると，「会社からの公式的な情報」と「会社に関する非公式な情報」を除く全項目（職位，仕事の内容，仕事全般，権限・責任，業績などの評価，給与水準，労働時間）において，海外勤務中の満足度の方が相対的に高くなっている。
6　加えて，Black et al.（1999）は，海外赴任中に本社情報を提供したり，帰任後のサポートを行う「後見人」（sponsor）の重要性を説いている。
7　これらの調査結果を受け，吉原は，日本企業が業績向上に対する期待や，親会社とのフリクションの面も含め，「現地化」に対して必ずしも前向きな姿勢を持っておらず，「現地化」が今後速いテンポで進むとは考えにくいと述べている。事実，その後の吉原の調査では海外子会社トップの約1/3を現地人が占めるようになっているが，その動きは「用心深い現実主義」（cautious pragmatism）に基づくもので，急速な進展には否定的な展望が示されている。但し，徐々にではあるが「現地化」が進行している背景には「日本人駐在員」の供給不足と「グラス・シーリング」の存在を否定する象徴的意味合いが

関係しているという（Yoshihara, 2007）。
8　Kopp（1999）は，日本企業の「グラス・シーリング」を"rice-paper ceiling"と呼び，その背景や特質について論じている。
9　Harzing（1999a）においても，日本企業の現地人社長比率は，調査した9カ国の中で最低となっている。
10　この調査（名称：「在中国外資系企業における労使関係と工会に関する調査」）は，日系企業については㈶関西生産性本部・日中経済貿易センター・㈳国際経済労働研究所の会員企業の中国現地法人，米国系企業に関しては北京外商駐北京代表機構聯誼会所属の企業を対象に実施したもので，合計1,189社（製造業）に調査票を送付した。回答数は202社（うち日系102社，米国系100社）で回収率は17.0%であった（実施主体：㈶関西生産性本部・日中経済貿易センター・㈳国際経済労働研究所）。
11　加えて，表3-5が示すとおり，米国系では総経理が本国人の場合でも「華人」を起用しているケースが相対的に多く，中国の文化や言語に精通した人材を重用している様子が伺えよう。この点に関連して，Phatak（1997）や亀田（1999）は，PCNs，HCNs，TCNsに次ぐ第4の従業員区分として，自国に移民（移住）してきた人材をその母国へ一定期間派遣する"The Immigrant Expatriates"（TIEs）を挙げ，その有効性を論じている。
12　この点に関連して，吉原（1994b）が日本企業に対して「在日外資系企業で現地化が進展していることをどう思うか」を尋ねたところ，「日本企業も現地人社長を増やすべきである」（53%），「日本企業の参考にならない」（18%），「特に何も思わない」（15%）といった回答状況であった。
13　この点について，永野（1992）の在外日系企業を対象にした定量分析（前掲）では，「操業年数」と「現地化」の相関関係は「日本や第三国への輸出」を中心とする現地法人に関しては見出せず，「現地市場を対象とした企業」で相関が検出されるものの「現地化」のスピードは緩慢なことから，「現地化」に対する発展段階論的視点に否定的な見解が示されている。
14　この点について，林は，日本的な考え方・やり方の多くが論理で割り切れる「形」を持たない部分が多いことを述べるとともに，日本企業の経営は論理で説明したとたんに「抜け柄」になってしまうような実態がある点も指摘している。
15　この点に関連し，林（1984）は，日本社会では成員たる個よりも全体集団を優先し，それに大義を置くとともに，個の利害と全体ないし集団の利害は高い次元では調和すると考えられていることを指摘している。
16　吉原・星野（2003）のように，日本の総合商社の海外子会社（支店）で「日本人の日本語による経営」が主流になっている理由として，「取引先」の大半が日本企業であることを指摘し，「顧客適合論」の視点から「現地化問題」を論じた研究もある。但し，吉原・星野自身も認めるように，「顧客適合論」は海外進出の主力である製造企業にはあまり妥当しないと思われる。
17　太田（1995）によると，異文化コミュニケーションとは「低コンテクスト」の「コミュニケーション行動」を積み重ねることによって，「コミュニケーション環境」を「高コンテクスト」な方向へ変化させるプロセスにほかならない。
18　Doz, Santos & Williamson は，日本における品質管理活動，ドイツや北欧で展開され

ている環境運動，さらにはシリコンバレーの起業家精神の本質を理解するには，実体験を通してその源泉の心（魂）に忍び込むことが求められると述べている。

19 「ソーシャル・キャピタル」については，Nahapiet & Ghoshal (1998)，Tsai & Ghoshal (1998)，Cohen & Prusak (2001) などを参照されたい。Cohen & Prusak は，「ソーシャル・キャピタル」には自己増殖する傾向があることを指摘し，「ソーシャル・キャピタル」への投資が経営者の重要な役割であると述べている。

20 この点に関連し，日本企業では海外子会社の現地人の暴走を防止すべく，トップマネジメントも含めライン業務を担当する現地人に対して，日本人駐在員を「アドバイザー」や「コーディネータ」として配置するケースが散見される。しかし，これらの方式は，往々にして「アドバイザー」や「コーディネータ」が実権を握り，現地人が「飾り物」になってしまう可能性がある。こうした「影の経営」(shadow management) に対しては諸外国から批判の声も聞かれる（古沢，1993；石田，1994）。

21 Doz, Santos & Williamson (2001) や Szulanski (1996, 2003) などは，その性質を「粘着的」(sticky) と描写している。これを「資源ベース理論」(resource-based view) の視点で捉えるならば，情報的経営資源は，その「模倣困難性」ゆえに，企業の持続的競争優位を形成すると言える（Barney, 1991, 2001）。

第4章
「規範的統合」と企業文化のマネジメント

1. はじめに

　われわれは，これまで「本社―海外子会社」間および各国子会社間の「国境を越えた協働」の必要性を論じるとともに，「トランスナショナル企業」「メタナショナル企業」のようなネットワーク型の組織における「調整メカニズム」として「社会化」が重視されるべきことを述べてきた。すなわち，「世界的学習能力」の強化による「グローバル・イノベーション」の創造・移転・活用を図るには，「規範的統合」を通した「本社―海外子会社」間および各国子会社間の「信頼関係」の構築が不可欠であると言えよう。

　こうした問題意識のもと，本章では「国境を越えた社会化」のプロセスについて考察する。具体的には，まず社会化の「統合」機能に関する代表的研究を概観するとともに，「企業文化」と「国民文化」の相克という視点から従来の「社会化」論に対して批判的検討を加える。次に，「現地適応」と「グローバル統合」の両立を可能にする「企業文化のマネジメント」のあり方について論じる。そして，先行研究の成果を踏まえ，多国籍企業としての日本企業の課題を提示する。

2．社会化の「統合」機能

　社会化は，組織メンバーに対して役割遂行に必要な価値観や規範を埋め込むプロセス（Van Maanen, 1978；Van Maanen & Schein, 1979）で，多国籍企業における「本社―海外子会社」関係の文脈においては子会社の現地人幹部の価値観・規範と親会社のそれが緊密に調整されるプロセス（Gupta & Govindarajan, 1991）であると定義づけられよう。

　社会化の「統合」機能に関しては，古くは Barnard（1938）が公式組織の「統合要素」としての「目的」について論じ，その共有化が人々の協働意欲を高め，組織の分裂を回避すると述べている。近年の研究では，Ouchi（1979, 1980）が「共通の価値と信念を通して機会主義的行動の可能性が除去され，利害の調和が図られる」と主張し，「アウトプット」や「行動」によるコントロールが困難である多元的・多義的な現代組織では「社会化」による統合が相対的に重要になることを示唆している。また，Deal & Kennedy（1982）は，価値観が組織メンバーに内面化された「企業文化」から社会化にアプローチし，「強い企業文化」が「高い業績」に関連していることを示している。彼らの所説は，分権化が進展する未来型企業における「接着剤」（glue）としての「企業文化」の機能を強調するとともに，「企業文化」の維持・形成を主導する「シンボリック・マネジャー」の重要性を説いたものである[1]。同様に，加護野（1982）によると，企業（組織）文化は公式的組織構造や管理システムと並ぶ組織の規定因であり，組織構造が有効に機能しない曖昧な状況下でも人々の相互作用を制御し，強力な統合手段となる時がある。さらに，「信頼に基づく企業文化」の視点から社会化について論じた Bartlett & Ghoshal（1997）は，「信頼」の起源を企業に根付く価値観や規範に求め，「規律の内在化」の必要性を力説する[2]。加えて，Ulrich（1997）では，企業文化は組織の「指紋」のようなもので，その模倣困難性から「ブランド特性」が生じ，組織メンバーの帰属意識と誇りが醸成されるとしている。

　一方，国際経営においても共有化された価値観や規範が「グローバル接着

剤」(global glue) として機能し，本社と海外子会社の「統合」がもたらされるとの主張が見られる。例えば，Chakravarthy & Lorange (1989) は，「本社―海外子会社」間で共有化された価値観と信念があれば，本社による公式的な監督メカニズムを欠く場合でも，海外子会社がローカルの知識や資源を「全社的な利益」の追求に用いる可能性が高まることに言及している。同様に，Barham & Oates (1991) によると，明快な理念や価値観の浸透が，世界中に分散する人々の計画や行動を可能にする強力なコンテクストを提供することになる。また，伊丹 (1991, 2004) は，多国籍企業内の文化的摩擦を回避するには「共同体意識」と「情報共有」が求められることを論じ，「経営理念」を媒介とする「頭の中の場」，フェイス・トゥー・フェイスの交流を通じた「接触の場」が各々に資すると主張している。この点に関して，Harzing (2004) は，「ネットワークのコミュニケーション」を伴わなければ，社会化の有効性が低下する一方，社会化が「ネットワークのコミュニケーション」を促進することを述べ，両者の相補性を指摘している。つまり，価値観の共有化は「想像の共同体」(Anderson, 1983) の基盤として，それ自体が地理的に分散した人々を心理的に結びつける「グローバル接着剤」となりうるが，フェイス・トゥー・フェイスの交流が「接着剤」をより強固なものにし，「共同体意識」のさらなる強化が期待できるということである。さらに，Sohn (1994) の研究では，他者の行動の一般的なパターンを理解し予測する能力である「ソーシャル・ナレッジ」(social knowledge) の視点から，ソーシャル・ナレッジを介した「社会化」が出資比率によるコントロールへの依存度を低下させるものである点が明らかにされている[3]。

　加えて，今日の多国籍企業に求められる「グローバル・イノベーション」に関連した研究も見られる。例えば，Szulanski (1996) は，ベストプラクティスの海外移転に際して，知識の所有者と受益者との水平的な人的ネットワークが「階層」を補完する強力なメカニズムになりうることを示唆している。また，Edwards (1998) の研究は，知識や情報の「子会社から本社への逆移転」(reverse diffusion) を鍵概念として「イノベーションの世界的共有」について

考察し，本社主導で中核的価値観を企業全体に浸透させることなど「国境を越えた社会化」の重要性を説いている。

3．「社会化」論の批判的検討

　前節での議論から「国境を越えた社会化」による価値観や規範の共有化は，組織メンバーの機会主義的行動を抑止するとともに，相互信頼と協力精神を醸成する「ソーシャル・キャピタル」として機能することが期待されると言えよう。しかし，社会化を「企業文化によって意思決定前提を共通化し，物事の認識・善悪の判断基準の統合化と行動パターンの同一化を目指すプロセス」（根本，1995，p.64，傍点筆者）[4]と捉えた場合，従来の「社会化」論は，「企業文化」と「国民文化」の相克という多国籍企業の宿命的課題に対して十分な解答を提示しているとは言い難い。ここに，多国籍企業が多様な環境との接点を通じて内包する「文化的多様性」に関して検討する必要性が生じてくるのである。

(1) 文化の概念定義

　Tylor（1873）によると「広い人類学の意味でいう文化あるいは文明とは，知識・信仰・芸術・法律・習俗・その他，社会の一員として人間が獲得した能力や習慣とを含む複雑な全体である」（邦訳p.1）。また，Schein（1985）は「文化は，ある特定のグループが外部への適応や，内部統合の問題に対処する際に学習した，グループ自身によって作られ，発見され，または発展させられた基本的仮定のパターンで，それはよく機能して有効と認められ，従って新しいメンバーにそうした問題に関しての知覚・思考・感覚の正しい方法として教え込まれる」（邦訳p.12）と述べている。さらに，安室（1994）は，文化に対する「規範論的」視点と「意味論的」視点を統合し，「相互理解の形成と維持のために集団や組織が共有している様々なコードと，それらのコードに込められた意味の体系」（p.104）と定義づけている。

　一方，企業（組織）文化について，Hofstede（1991）は「ある組織に属する

人間の心に集合的にプログラムとして組み込まれるものであり，組織によってそのプログラムは異なる」（邦訳 p.192）としている。また，Kono & Clegg (1998) によると，企業文化とは「企業に参加する人々に共有化されている価値観と，共通の（基本的仮定を含む）考え方，意思決定の仕方，および目に見える行動パターンの総和」（邦訳 p.1）である。

　上記の所説を踏まえ，本書では企業文化を「従業員によって共有化された価値観や規範と，それに基づく態度および行動様式」と定義し，共有化すべき価値観や規範の中核を構成するものが「経営理念」であるとの立場を取る (Deal & Kennedy, 1982)。そして，経営理念については「経営者もしくは企業が表明するその企業の行動指針・目的・規範・理想など」（神戸大学大学院経営学研究室，1999）であり，当該企業の「社会的使命」（目的），「経営ビジョン」（価値観や基本方針），「組織メンバーの行動規範」を明示したもの（茂垣，1994d；茂垣・池田，1998）として議論を進める[5]。

　経営理念は，支配的文化として企業文化に影響を与え，それが組織メンバーに共有化されることによって企業文化は活性化され，均一化する (Kono & Clegg, 1998)。すなわち，企業が提示する価値観や規範が従業員に内面化された状態が「企業文化」であり，企業文化の創造や変革の中心的役割を果たすのが「経営理念」であると考えられる（梅澤，2003）。

(2)　「企業文化」と「国民文化」の相克

　従来の多国籍企業における社会化の議論は，企業文化による統合の重要性を理念的に論じるものが多く，その具体的プロセスや方法論が詳細に提示されることは少なかった。

　しかしながら，企業文化は，その企業が事業を展開する社会の下位文化で，常に社会的な価値観や規範の影響下にある。企業文化には，その企業が操業している国の文化が埋め込まれているのである (Schein, 1999)[6]。そのため，多国籍企業における海外子会社の経営が国民文化の影響から免れないことはいくつかの実証研究で指摘されている。例えば，Haire, Ghiselli & Porter (1966)

は，世界14カ国における意識調査から管理者の態度に国別の相違があることを見出している。彼らによると，相違点の25〜30％は国の違いに関連したものである。また，Hofstede（1980, 1991）は，全世界のIBMの従業員に対する実証研究において，各国子会社でそれぞれの国民文化の影響が強く反映されており，同一多国籍企業内でさえ従業員の価値観や行動・態度が大きく異なることを示している。Hofstedeによると，国民文化の差異は「権力格差」「不確実性回避」「個人主義／集団主義」「男性化／女性化」「短期志向／長期志向」という5つの次元で捉えることができる。同様に，Laurent（1983, 1986）も，「同一多国籍企業で働く様々な国籍を持つ管理者」間の方が「同一国の様々な企業で働く管理者」間に比べ役割認識に関して差異が大きい点を指摘し，多国籍企業の中に国民文化から独立した管理者態度の「同質化効果」（homogenizing effect）を見出せなかったことを述べている。一方，Trompenaars & Hampden-Turner（1998）は，企業文化を「平等主義的―階層的」と「人間志向―課業志向」という2つの次元を用いて分析し，権力志向的な「家族型文化」，役割志向の「エッフェル塔型文化」，プロジェクト志向的な「誘導ミサイル型文化」，さらには自己実現志向の「保育器型文化」の4タイプに分類している。そして，「家族型」はフランスとスペインが優勢で，「エッフェル塔型」はドイツ，「誘導ミサイル型」はアメリカとイギリス，「保育器型」はスウェーデンの企業において各々支配的であることを示し，国民文化と企業文化が密接に関係している点を論じている。

　こうした中，Adler（1991）は，「多くの管理者が，企業文化は国民文化の影響を軽減または除去すると信じている」ことに疑問を呈し，組織の構造や技術面での「収斂」と人々の行動レベルの「分散」の二元性から「世界的に見て組織は次第に類似性を持つようになってきているが，組織内の人々の行動はその文化的固有性を維持している」（邦訳 p.56）と結論づけている。すなわち，上で示した所説は，各国固有の文化に基づいた「暗黙のマネジメント」（安室，1992）や「日常の理論」（加護野，1988）の存在を主張するものであり，多国籍企業内に単一の企業文化を創造することが極めて困難である状況を示してい

ると言えよう。

(3)　「コア文化」と「ペリフェラル文化」の並存を目指した「重合アプローチ」

　根本・ティレフォーシュ吉本（1994）は，多国籍企業における企業文化の構築に関して，本社文化および子会社文化の「維持─変革」という観点から考察し，①本社文化の子会社への移転・浸透を通して子会社文化の変革を企図する「浸透アプローチ」，②現地社会での「インサイダー化」を目指すべく，子会社独自の文化を維持・尊重する「ローカル化アプローチ」，③本社文化と子会社文化のハイブリッド化を通じて第3の企業文化を構築する「融合アプローチ」[7]，④本社・子会社双方の文化を維持し，多様性がもたらす創造性に着目する「シナジーアプローチ」という4つの類型を示している。そして，これら4つのアプローチを統合する形で，新たに「重合アプローチ」を提示している。

　文化の「重合」とは，グローバルに共有化された「コア文化」と海外子会社独自の「ペリフェラル文化」の並存を意味し，「コア文化」による「統合」と「ペリフェラル文化」がもたらすシナジーを通した「創造性」の同時追求を図るアプローチである（根本・ティレフォーシュ吉本，1994；根本，1995, 1997）。「コア文化」は，「国境を越えた協働」を図るための「共有的価値部分」で，グローバルな統合の象徴となる。一方，「ペリフェラル文化」は，各国の国民文化を反映したもので，「環境の多様性への対応」と異文化シナジーによる「創造性の発揮に関連する部分」である。こうした中，根本（1995）は企業文化を「世界観」「価値観」「慣行」の3層構造[8]で規定し，それを縦貫するものを「コア文化」として位置づけている（図4-1）。

　以上のように，「重合アプローチ」は，多様な国民文化の壁を超越したグローバルな経営理念を中心とする中核的文化の創造と，多様な価値・制度・行動の尊重という副次的文化による多元化を可能とする経営体制の構築を目指すもので，そこでは中核部分である「コア文化」の共有度は高く保ちつつ，「ペリフェラル文化」のレベルで多様性を維持し，細胞膜のように両者間の出入り

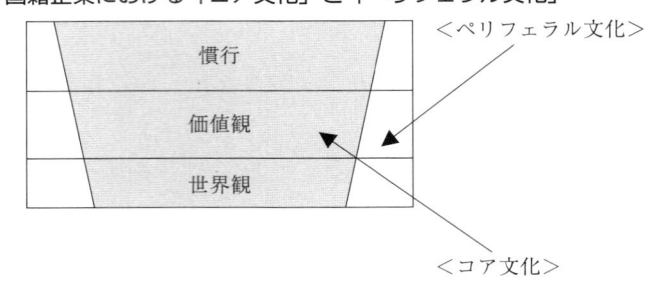

図4-1　多国籍企業における「コア文化」と「ペリフェラル文化」

```
        ┌─────────────────┐
        │      慣行       │  ＜ペリフェラル文化＞
        ├─────────────────┤
        │     価値観      │◀
        ├─────────────────┤
        │     世界観      │
        └─────────────────┘
                             ＜コア文化＞
```

出所：根本（1995），p.73を加工。

を許容する構造が想定されている（根本・ティレフォーシュ吉本，1994，p.71およびp.157）[9]。すなわち，「重合アプローチ」は，グローバルな企業グループとしての一体感を醸成する経営理念を中核とした「普遍的（共有的）価値部分」と「現地適応的な価値部分」を包摂した企業文化の形成を企図したものであると言えよう（茂垣・池田，1998）。

4．多国籍企業における「企業文化のマネジメント」

前節では，「企業文化」と「国民文化」の相克の観点から，これからの多国籍企業に求められる企業文化のあり方として，「コア文化」と「ペリフェラル文化」の並存を提示した。

次に，「コア文化」の構築と「グローバルな経営理念」の共有化に向けた手段，「ペリフェラル文化」が創出する「異文化シナジー」，さらには「強すぎる文化」と「弱すぎる文化」など，多国籍企業における「企業文化のマネジメント」について考察する。

(1)「コア文化」の構築

「コア文化」は，Kolde（1974）が指摘した「世界主義的企業文化」（cosmopolitan corporate culture）に通じる概念であると考えられる。Kolde

は，多国籍企業があらゆる国民文化に適応することが不可能であることから，異質な文化と調和のとれた関係を維持できる唯一の永続的基盤として「建設的中立性」(constructive neutrality) を主張し，超国民的な規範的体系の構築を論じた。こうした「世界主義的企業文化」は「様々な国の国民文化を架橋する機能志向的な上部構造」(functionally oriented superstructure bridging the national cultures of different countries) であり，各々の受入国の国民文化に対する中立性を維持しながら，様々な国の文化体系によって支えられている（邦訳 p.130）。

　企業文化の「重合アプローチ」や，Kolde の「世界主義的企業文化」が示すように，「コア文化」と「本社文化」は決して同義語ではない。なぜならば，本社文化も本国の国民文化の影響から免れることができないからである。従って，国内経営時代に策定された「経営理念」や「行動規範」をベースに「コア文化」の構築を図ることは世界的通用性の面で危険が伴う（根本・ティレフォーシュ吉本，1994）。そこで，文化的バイアスを超克した経営理念の共有化による内発的コントロールを企図すること（安室，1994），別言すれば，グローバルな「受容性」の面から経営理念を見直すことが重要となってくるのである[10]。

　「コア文化」のベースとなる「グローバルな経営理念」を構築する方法について，根本・ティレフォーシュ吉本（1994）は，本国・本社の特殊性を出来る限り超越した経営理念を設定し，それを海外子会社で翻訳・検討し，その修正案を再度翻訳・検討して最終的に経営理念として確定するというプロセスを提示するとともに，海外子会社と本社が共同で経営理念の「補正」に取り組む必要性について言及している。例えば，トヨタ自動車では，2001年にグローバルな行動規範として「トヨタウェイ2001」を策定した。「トヨタウェイ」は，これまで以心伝心の暗黙知の中で継承されてきたトヨタの企業文化の「明示知化」を企図したものである。「トヨタウェイ」の策定プロセスにおいては，多様な文化的背景を持つ人々にも受け入れられるよう約3カ月間にわたり国内外の経営幹部や OB へのインタビューを実施し，「意思決定の拠り所として大切

にしてきた価値観」をグローバルな視点から徹底的に洗い出す作業が行われた[11]。

また, Bartlett & Ghoshal (1989) は, 経営理念が効果的に共有化されるための要件として,「簡潔性」「適切性」および「補強」を挙げている。「簡潔性」に関してはNECの"C&C"に代表されるように, 単純明快に複雑な戦略的組織コンセプトを伝達することが重要である。また,「適切性」は抽象的な目標を身近な経営課題に結びつけることの有効性を指している。一方,「補強」とは経営理念が時代遅れになったり, 余りにも漠然としたものにならないよう, トップマネジメントが常に推敲・説明を重ねることである。Bartlett & Ghoshalによると, 松下電器産業では, トップが経営理念を明確な目標と直接的な経営課題に翻訳して表現する作業が日常的に行われているという。

(2) 「グローバルな経営理念」の共有化手段

例えば, 根本 (1995) は「コア文化」形成のアプローチとして「経営理念アプローチ」「管理者派遣アプローチ」「人事制度アプローチ」「教育アプローチ」「情報共有アプローチ」「シンボル・アプローチ」「共同プロジェクトアプローチ」「運動展開アプローチ」の8つを提示している[12]。また, Schein (1985) は, 文化を伝達するメカニズムを「一次的植えつけメカニズム」と「二次的明確化と強化のメカニズム」に分けて論じ, 前者として①リーダーが注目し, 測定し, 統制するもの, ②危機的事件または組織の危機に対するリーダーの反応, ③リーダーによる慎重な役割モデリング・教育・指導, ④報奨や地位を与える基準, ⑤募集・選抜・昇進・退職・免職の基準, 後者に関しては①組織のデザインと機構, ②組織のシステムと手続き, ③物理的空間や建物の正面や建築物, ④重要なイベントや人物に関する物語・伝説・神話・寓話, ⑤組織の哲学・信条・憲章についての公式表明を挙げている。Scheinによると,「一次的メカニズム」は「二次的メカニズム」よりも強力で, 二次的メカニズムが作用するのは一次的メカニズムと整合性を保っている場合に限られる。さらに, 本書の第2章でサーベイしたEdström & Galbraith (1977) やOuchi (1977, 1979, 1980), Baliga & Jaeger (1984), Martinez & Jarillo (1989), Harzing

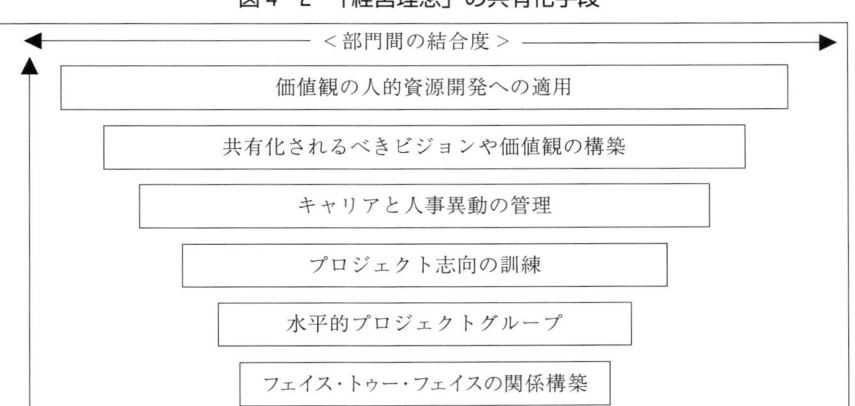

図4-2 「経営理念」の共有化手段

```
       <――――――― <部門間の結合度> ―――――――>
  ↑  ┌─────────────────────────────────────┐
  │  │      価値観の人的資源開発への適用       │
  │  ├─────────────────────────────────────┤
  │  │   共有化されるべきビジョンや価値観の構築   │
  │  ├─────────────────────────────────────┤
  │  │      キャリアと人事異動の管理           │
  │  ├─────────────────────────────────────┤
  │  │      プロジェクト志向の訓練             │
  │  ├─────────────────────────────────────┤
  │  │      水平的プロジェクトグループ          │
  │  ├─────────────────────────────────────┤
  │  │     フェイス・トゥー・フェイスの関係構築    │
  │  └─────────────────────────────────────┘
<接着剤としての強度>
```

出所：Evans (1992), p.90.

(1999b) の研究からは,「採用活動や教育・訓練」「評価や報酬との連動」「国際人事異動の促進」「国際的なプロジェクトやタスクフォースの設置」などの重要性が示唆されよう。こうした中, Evans (1992) は「組織の接着剤」(organization glue) の視点から経営理念と人的資源管理の連動の重要性を示している（図4-2）。

本書では, これら先行研究の蓄積を統合する形で, 規範的統合（国境を越えた社会化）に向けた手段として以下の施策を提示する。

①「採用活動」との連動

企業の中には, 応募者（候補者）と経営理念の「適合性」や, 応募者の経営理念に対する「受容可能性」を採用時の判断指標とするようグローバルに方針化しているケースがある。例えば, GEは採用に際して, 同社のグローバルな行動規範である"GE Values"との「適合性」を考慮しているという[13]。逆に, 自社の「価値観」と適合しない, またはそれを受容・体現できない従業員を採用した場合, 社会化に向けたイニシャルコストの上昇や協働のベースとなる信頼関係の構築に齟齬を来たす危険性がある。

②「教育・啓蒙」による浸透

　経営理念に関連した全世界統一のプログラムによる教育や，経営理念を記した「カード」「冊子」を全世界の従業員に配布することなどが代表的手法である。例えば，Hewlett-Packardでは，各種の教育プログラム（e-ラーニングを含む）に同社の経営理念である"HP Way"の内容を反映させており，それらがグローバルに展開されている[14]。また，オムロンでは，全世界のグループ従業員が共有化すべき価値観として"THE OMRON WAY"を提示し，英語・中国語・フランス語・イタリア語・インドネシア語など各国語でその小冊子を作成し，海外子会社の現地人従業員に対する浸透を図っている（古沢，2003b）。

　特に，様々な国籍を有する者が一堂に会する集合研修の場合，フェイス・トゥー・フェイスの交流を通して，経営理念を媒介としたインフォーマルな国際的ヒューマンネットワークが形成されるという効果も期待できる（Harzing, 1999b）。さらに，世界本社のトップ自らが「研修」や「テレビ会議」などの場で折に触れて経営理念を世界中の従業員に語りかけるといったことも有効な啓蒙手段であると言えよう。

③「評価制度」との連動

　具体策としては，経営理念を「コンピテンシーモデル」「リーダーシップモデル」へとブレイクダウンし，全世界統一の仕組みで人事考課やアセスメントと連動させることなどが挙げられよう。すなわち，評価を通して「如何なる思考・行動様式が求められるのか」をグローバルに明示することが，グローバルな経営理念の浸透に資すると考えられる（加護野，1996）。例えば，トヨタ自動車ではグローバルな行動規範である「トヨタウェイ2001」をコンピテンシーに落とし込み，グローバルな中核的職務につく人材に対する「行動評価」の指標とするよう方針化している。また，Johnson & Johnsonでは，コアバリューである「我が信条」（Our Credo：クレドー）をベースに"Global Leadership Profile"を提示し，有能人材の発掘・育成の指標としている[15]。

④「国際人事異動」の促進

　Galbraith & Edström（1976）および Edström & Galbraith（1977）は，国際人事異動の目的として「ポジションの補充」「管理者の育成」に加え，「組織開発」を挙げている。彼らによると，「本社―海外子会社」間や各国子会社間など多方向の国際人事異動は，多元的視点を有したインフォーマルな人的ネットワークを開発し，「社会化」のプロセスを促進する機能を有する。これは，「コア文化」を体現した「駐在員」（本国人または第三国籍人）の派遣によりグローバルな経営理念の浸透が図られるとともに，海外子会社の「現地人管理者」の国際異動が「コア文化」を体得する機会となることを示唆している[16]。こうした中，トヨタ自動車や松下電器産業では，従来型の日本人駐在員の派遣による経営理念の浸透に留まらず，海外子会社から世界本社への逆出向や海外子会社間の異動など多方向の人的交流を通して「国境を越えた社会化」に注力している[17]。

⑤国境を越えた「プロジェクトやタスクフォース」の活用

　前述のように，国際人事異動は社会化の強力な手段であるが，異動に伴う転居・子女教育，さらには「デュアルキャリア」の問題など克服すべき障害も多い（Gupta & Govindarajan, 2002）。そこで，国際的なプロジェクトやタスクフォースなど代替的手段が必要となってくる。こうしたアプローチでは，当該プロジェクトで提示された課題の解決という本来目的の達成だけでなく，メンバー間の協働および相互交流を通して「コア文化」の共有化を促進することが期待されている。例えば，3Mでは，新技術・新製品の開発に向けたプロジェクトの多くは，国境を越えたものになっているという。そして，これらのプロジェクトを通して，知識の「異種交配」と「イノベーション」を尊ぶ3Mの企業文化のグローバルな浸透が図られている[18]。事実，Harzing（1999）の実証研究では，タスクフォースへの現地人管理者の参加は，価値観の共有化とインフォーマルなコミュニケーションネットワークの構築に資するものであることが示されている。

⑥「イベント・シンボル」の活用

　Deal & Kennedy（1982）によると，企業文化は儀式化して称えなければ，その繁栄を期待することはできない。また，田尾（1999）は，企業文化を維持・強化する方策として「式典，儀式や行事」「ストーリー」「シンボル」「言語」を挙げている。これら所説を国際経営の文脈で捉えるならば，グローバルな「表彰プログラム」や「社内行事」の開催，「創業者」「中興の祖」「英雄」に関する伝説や神話のグローバルな伝承などがその具体策として挙げられよう。例えば，コマツでは，毎年10月の第3土曜日を「技能の日」と定め，世界中のコマツから技能者が集い，機械加工・溶接・塗装などの技能を競う「オールコマツ技能競技大会」を開催し，「モノづくり」に立脚した企業文化のグローバルな伝承を図っている[19]。また，ソニーでは，グローバルな制度として「ソニーMVP」の顕彰を行っている。これは技術面での価値創造に貢献した従業員を世界中のソニーから選定するもので，技術者のモチベーションの高揚を図るとともに，「新規性・独創性・革新性」を重んじるソニーの企業文化を象徴する取り組みとなっている[20]。

⑦「意思決定」との連動

　重要な意思決定が経営理念に照らしてなされるよう方針化することで，経営理念を形骸化・風化させることなく，自社のDNAへと昇華させることが期待できよう。例えば，Johnson & Johnsonでは，1982年に同社の鎮痛剤「タイレノール」への毒物混入事件が発生した際，直ちに全品を市場から回収し，積極的な情報公開を行うことで危機を乗り切った。製品回収は多大なコストを伴うものであったが，同社がその意思決定を下すことができたのは，コアバリューである「我が信条」（Our Credo：クレドー）で「顧客に対する責任」を第一の責任として明示し，それが組織に浸透していたからだと言われる（関西生産性本部，2001）[21]。

⑧「モラールサーベイ・風土調査」の実施

　これは，全世界の従業員に対する「意識調査」を実施し，「コア文化」の浸透状況を組織的に診断するとともに，結果に応じた対処策を講じることで，経営理念の共有化の徹底（場合によれば「補正」の検討）を企図するものである。例えば，Johnson & Johnson では，「我が信条」に基づく経営の実践を確認すべく，毎年全世界のグループ従業員を対象に「グローバル・クレドー・サーベイ」を実施している。本調査では，回答の集計結果を受け主要課題を抽出するとともに，課題解決に向けたアクションプランが策定される。そして，アクションプランの成果が次回のクレドー・サーベイで評価・検証される仕組みになっている[22]。

(3) 「ペリフェラル文化」の並存による「異文化シナジー」

　企業文化の「重合」において，「コア文化」の確立が多様なメンバーの「国境を越えた協働」を促進する「グローバル接着剤」として機能するのに対して，「ペリフェラル文化」の並存は「異文化シナジー」を理論的基盤としている。「異文化シナジー」論は組織メンバー間の異質性を尊重する多元主義的視点に立つもので（Moran, Harris & Stripp, 1993），文化的多様性を無視または最小化するのでなく，多様性を組織の資源・メリットとして利用し，問題解決法を創造するアプローチである（Adler, 1991, 邦訳 p.105および p.113）。

　安室（1992, 1994）によると，多国籍企業は多様な環境条件に直面しているため，企業内部に様々な「主観的カルチャー」が形成される可能性が高い。つまり多国籍企業であること自体が企業文化の多元化を避けがたいものにしているのである。こうした中，本社が組織内部の効率のみを考えて主観的カルチャーの分岐を抑圧するなら，組織の環境適応能力は低下する。そこで，安室は環境認知の多様性こそが多国籍企業のイノベーションの源泉であるとの視点に立ち，多様な社会的・文化的条件下で創造された異質なアイデアやコンセプトとの接触により知的刺激を受け，イノベーションの連鎖反応が起きることの重要性を説いている。そして，文化の多様性が単一文化の閉塞性を乗り越えブ

レークスルーをもたらす起爆剤となる可能性を強調し，多様性の喪失はイノベーションにつながる変異発生源を失うことに等しいと述べる。また，Adler (1991) は，文化的に多様なチームは新鮮で差異化されたアイデアの創造を促進する幅広い資源・洞察・視点・経験を有することから，同質的グループに比べ潜在的生産性が高いとしている。そして，それが効果的に機能するためには，①多元的なアイデアや解決策などを創案する，②合意に達することを学習する，③創造性と団結のバランスを取ることが必要であると主張している（邦訳 pp.141〜142）。

(4) 「強すぎる文化」と「弱すぎる文化」

Kasperson & Kasperson (1993) は，企業文化の強度を「ミッション」の明解度と，経営理念に対する「一貫性」（組織メンバーの共有化の程度）という二軸で捉え，明解なミッションを持ち，高い一貫性を持つ「強い企業文化」の企業では，従業員が目標を十分に理解し，組織に対する愛着を有しているため，緊急事態や逆境に直面しても効果的に対処できると述べている（図4-3）。

しかし，Deal & Kennedy (1982) によると，「強い企業文化」には，①時代に取り残される危険性，②変化に対抗する危険性，③（行動と理念の）矛盾の危険性など，落とし穴も潜んでいる。同様に，Kono & Clegg (1998) は，経営理念の限界として，①陳腐化，②曖昧さ，③項目間の対立，④「金太郎飴」化といった諸問題が発生する可能性に言及している。

こうした中，今日の多国籍企業に求められる組織能力の視点に従えば，多様

図4-3　企業文化における「ミッション」と「一貫性」

ミッション

一貫性	明快なミッション 高い一貫性	不明確または分裂したミッション 高い一貫性
	明快なミッション 低い一貫性	不明確または分裂したミッション 低い一貫性

出所：Kasperson & Kasperson (1993), p.154.

な人々に受容される「コア文化」を確立し、採用・教育・評価など人的資源管理施策との連動を通じてその浸透を図ると同時に、各国独自の国民文化に裏打ちされた「ペリフェラル文化」に対する理解と尊敬の念を高めることが必要である。

「コア文化」は統合の象徴でありイノベーションの世界的共有に必要な「求心力」の源泉となるものであるが、「ペリフェラル文化」を排除・否定しようとする「強すぎる文化」は、変化を妨害し好ましくない要素を排除することにより一種の「集団的無知」を創造する危険性を孕んでいると言える（Van Maanen & Laurent, 1993, 邦訳 p.389）。こうした企業文化の「逆機能」は、過去の成功パターンによって形成された認知フィルターが、組織の問題解決の探索の範囲を限定するようになり、異質で新しい問題に対する解決能力を弱めることに起因している（根本・諸上, 1994, p.23）。

一方、「ペリフェラル文化」は現地適応やローカルの環境を活用したイノベーションの創造という多国籍企業としての「遠心力」の根源であるが、「コア文化」が明確でない「弱すぎる文化」は、統合機能の発揮という面で問題を抱えることになろう。すなわち、各国子会社が独自の企業文化に基づき個別最適の視点で経営を行う事態となれば、たとえイノベーションが生じたとしても、それは国内企業と同一の発想・哲学に基づく企業行動であり、「分散型イノベーション」（Bartlett & Ghoshal, 1989）で終わる可能性がある。

「トランスナショナル企業」「メタナショナル企業」のような相互依存性が高いネットワーク型の組織において「国境を越えた協働」を効果的なものとするには、地理的に分散した諸ユニットの「連結ピン」（linking pins）となる人材の育成・確保を図ることが必要である（Martinez & Jarillo, 1991）。つまり、国際経営の担い手となる人材に対して「全社的な忠誠心」と「地域適応力」のバランスが求められる中（Doz & Praharad, 1986）、今日の多国籍企業における社会化のプロセスは、組織の「求心力」と「遠心力」の二元性をマネジメントし、「グローバル最適」の思考と「多様性」に対する理解のバランス軸となる「グローバル・マインドセット」（global mindset）を育むものでなければな

らないと言えよう[23]。

(5) 「グローバル・マインドセット」の涵養

　Evans, Pucik & Barsoux (2002) は,「グローバル・マインドセット」を「他を犠牲に1つのディメンジョンを主唱するのでなく，反駁するプライオリティに建設的に対処する一連の態度」(p.308) と定義している。そして,「海外子会社のトップは，ローカルウェイに固執するのでなく，ローカルと考えられている事柄の境界線を引き直す能力を保有し，ローカルの起業家であるとともにグローバル戦略の理解者でなければならない」と説き,「グローバル・マインドセット」を涵養することは「ローカルに考え，グローバルに行動する」リーダーを育てることであると述べている (p.84およびp.397)。同様に，Kedia & Mukherji (1999) によると,「グローバル・マインドセット」とは多国籍企業が直面する多様で複雑な圧力を統合する視点であり，自社の活動が一国の環境に閉じ込められているように見える場合でも管理者がグローバルな相互依存性を認識していることを意味する。すなわち，様々な文化や市場的環境が交錯するグローバルな環境において,「現地適応」（多様性の尊重）と「グローバル統合」（ネットワークの経済性）に同時にフォーカスし，その高度な両立を可能にする能力が「グローバル・マインドセット」である（Gupta & Govindarajan, 2002, 図4-4）。

図4-4　「グローバル・マインドセット」の概念図

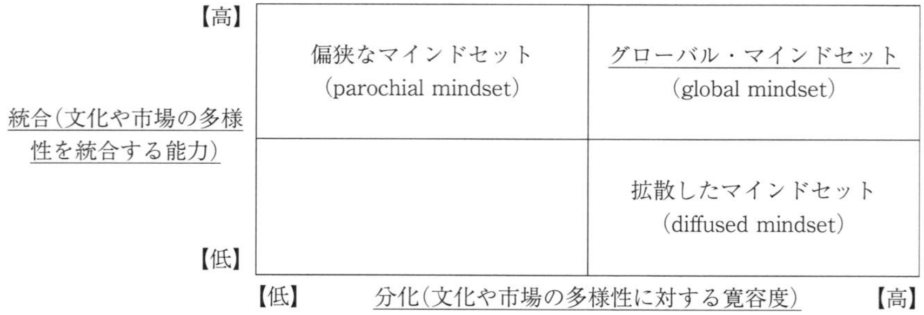

統合(文化や市場の多様性を統合する能力) 【高】	偏狭なマインドセット (parochial mindset)	グローバル・マインドセット (global mindset)
【低】		拡散したマインドセット (diffused mindset)
	【低】　分化(文化や市場の多様性に対する寛容度)　【高】	

出所：Gupta & Govindarajan (2002), p.118を加工。

4．多国籍企業における「企業文化のマネジメント」 111

表4-1 「伝統的マインドセット」と「グローバル・マインドセット」の比較

	伝統的マインドセット	グローバル・マインドセット
戦略・構造	専門化 優先順位づけ	より幅広い構図を求める 矛盾のバランスをとる
企業文化	仕事をマネジメントする 結果をコントロールする	プロセスを巻き込む 変化の流れに乗る
人間	自己をマネジメントする 国内で学習する	多様性を尊重する グローバルに学習する

出所：Rhinesmith（1996），邦訳 p.37。

　また，Rhinesmith（1996）は，「グローバル・マインドセット」の特質として，以下の6点を挙げるとともに，「戦略・構造」「企業文化」「人間」のマネジメントという視点から伝統的マインドセットとの対比を行っている（表4-1）。

①より幅広い構図を求めて活動する。現在発生している出来事の「前後関係・脈絡」に強く関心を持つ。将来の潜在マーケットと競合先，さらには新技術や新たな供給業者に関する学習を進め，絶えず自分の専門領域・事業・産業の範囲とその限界に目を配っている。

②競争状況・市場・利害関係者・環境などから突きつけられる数多くの要求事項に本来的に存在する矛盾のバランスをとる[24]。グローバル・マトリクス組織が引き起こす矛盾を解決しようとするのでなく，矛盾とともに生きることを学習する。

③構造よりもプロセスに重点を置くことを学び，プロセスに関わり，それがグローバル戦略・方針の遂行，効果的な展開と一貫性を有していることを確認しつつ整備していく。プロセスは構造よりもはるかに強力であり，組織の適応力・復元力，さらには生き残りの鍵であることを理解している。

④変化の流れに乗り，驚きや曖昧さを良い機会として捉え，これらに対応するために組織力をマネジメントする。世の中の出来事について予測などできないことを経験的に認識しており，曖昧さを快く感じ，驚きを受け入れ，変化を好機とみなしている。

⑤「多様性と多文化チームで上手く働けること」を専門的・組織的目標を達成するための基本として高く評価する。グローバルな世界にあって独力で成功することは不可能で，チームワークと相互依存が一人のスーパーマンによるマネジメントに取って替わらねばならないと考える。

⑥プロジェクトや組織の目標を達成しながら，様々な人々の欲求に応え得る感受性と柔軟性を持つ。境界線を考え直し，今行っていることを常に世界で最上のものにしようとすることによって，グローバルに学習し続ける。

「グローバル・マインドセット」の議論に関連して，Handy（1992, 1994）は，現地人幹部の当該子会社への帰属意識に関しては大きな補強手段を要さないが，「本社―海外子会社」間および各国子会社間の相互依存関係を機能させるためには「より大きな全体」に対するもう１つの帰属意識（連邦市民意識）の強化が求められると述べている。同様に，Ulrich（1997）も，これからのビジネス・リーダーは，グローバルな環境でたやすく仕事を進め，各国のニーズに応えつつ世界規模の優位性を発揮し，多様な文化を認めて活用していく「グローバル・リーダー」でなければならないと説く（邦訳 p.19）。すなわち，前章で述べたように，これからの国際人的資源管理は，単純な「現地志向」のもと海外子会社トップを現地人に置き換えれば事足りるのものではない[25]。ローカルな視点に偏向しがちな現地人幹部に対して「コア文化」の浸透を図ることこそが肝要と言える[26]。「規範的統合」なき現地化は，海外子会社を「糸の切れた凧」（石田，1994, p.102）にする危険性を内包し，「企業文化を犠牲にして国民文化の面の問題解決を図る」（Kefalas, 1998, p.557）という愚行でもある。

Sparrow, Brewster & Harris（2004）によると，「同質的グループ」の中で「グローバル・マインドセット」が育まれることはなく，その涵養は「多様性へのエクスポージャー」を通してのみ実現される。こうした中，Black et al.（1999）は，「グローバル・マインドセット」の涵養について，国際人事異動がその有効手段として機能し，「本社―海外子会社」間および子会社間の情報交換を可能にする「信頼」と「理解」を築き上げると述べている。また，

Harvey & Buckley (1997) や Harvey, Speier & Novicevic (1999) は，海外子会社幹部の本社への逆出向を「インパトリエーション」(inpatriation) と呼び，その重要性を論じている。彼らによると，逆出向は，現地人にグローバルな戦略を理解させるとともに，ローカルの知識をグローバルな組織に注入することによって，多国籍企業内の「ネットワーク・リーダー」(Evans, Pucik & Barsoux, 2002) である世界本社の多文化主義を刺激し，その戦略的選択肢のレパートリーを増加させ「多文化的多国籍企業組織」(multicultural multinational organizations) を構築する手段を提供する[27]。そして，多文化主義がもたらす認知的多様性が，「集団的無知」(Van Maanen & Laurent, 1993) の中で「唯一最善の方法」(one best way) に埋没する危険性を減じるのである。すなわち，国際人事異動は，多国籍企業で働く多様な人々がアイデンティティを共有するための「コア文化」の浸透に寄与すると同時に，異文化シナジーの源泉となる文化的多様性に関する「本社—海外子会社」間および各国子会社間の学習を促進する中で「グローバル・マインドセット」の形成に資するものであると言えよう[28]。

5. 日本企業の課題

　実のところ，社会化は日本企業の「国内経営」における武器の1つとされてきたものである。例えば，加護野他 (1983) は，日米企業の比較研究を行い，米国企業の組織編成が公式化された組織階層と規則・計画を通して組織的統合や環境バラエティの削減を図る「ビューロクラティック・ダイナミクス型」であるのに対し，日本企業は価値・情報の共有をもとに成員間・組織間の緊密な相互作用を通じて組織的統合と環境バラエティの削減を志向する「グループ・ダイナミクス型」であると述べ，日本企業の経営の中に社会化に依拠した特性を見出している。一方，Ouchi (1981) は，「日本的」な社会化のメカニズムを「セオリー Z」として概念化し，社会化による従業員相互の信頼が生産性と密接に関連していることを論じている。そして，伝統的な米国型組織である

「Aタイプ」の企業が官僚制コントロールに依存する一方,「日本的」な米国企業も存在することを指摘し,それら「Zタイプ」は企業文化をベースにしたコントロールを多用していると述べている[29]。また,Peters & Waterman (1982) によると,米国においても超優良企業は一貫した企業文化を有するなど「日本的」であるという。

では,日本企業の「国境を越えた社会化」に関する状況はどうか。社会化のプロセスにおいて共有化されるべき「経営理念」や「企業文化」を巡る状況から問題にアプローチすることにしよう。

(1) 経営理念の弱い浸透度と企業文化の分裂

石田 (1989, 1994, 1998, 1999) は,日本企業の海外子会社における価値観と行動様式の「分裂」を指摘している (図4-5)。それは「日本人駐在員―現地人幹部」間の企業文化の分裂であり,両者の間にはコミュニケーションと信頼関係の間で深い溝が存在する。石田によると,駐在員は本社に対して強い帰属意識を有するが,現地人幹部との一体感は弱い。一方,現地人は意思決定過程から疎外され,そのモチベーションは低く,有能人材が採用されることがあってもやがて退職してしまうという。

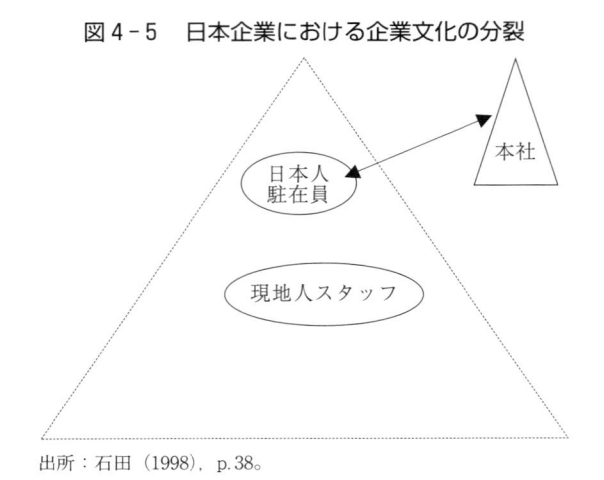

図4-5 日本企業における企業文化の分裂

出所:石田 (1998), p.38。

また，日本労働研究機構（2000）の調査では，日本企業の海外子会社の約8割が成文化された経営理念を有しているが，現地人への浸透度は決して高いと言えない。5点尺度（5点＝全く浸透していない，1点＝非常によく浸透している）による回答の平均値を見ると，例えばアジアの場合，一般従業員＝3.40，中間管理職＝2.84，取締役＝3.97となっており，現地人取締役への浸透度が非常に低いことが目立つ[30]。根本（1995）の調査でも在外日系企業における経営理念の階層別浸透度（「かなり浸透」している比率）は日本からの駐在員が55.6％であるのに対し，現地人に関してはミドルクラスで28.1％，重役クラスは26.7％にすぎない。さらに，茂垣（2001）の実証研究では経営理念が「浸透している」「どちらかといえば浸透している」と回答した在外日系企業は42.3％に留まることが示されている。一方，吉原（1996）は「日本人―現地人」間の信頼関係について，日本企業の60％が現地人幹部に対し「いつ辞めるか不安に感じている」というデータを示し，そうした不安が不信感につながり，現地人への重要情報の開示を躊躇するといった行動を導く可能性を論じている[31]。

(2) 背景として考えられる諸要因

上で述べたような状況は，日本企業において現地人を包含した「コア文化」の構築が不十分であることを物語っていると言えよう。その背景としては以下のような要因が考えられる。

第1は，伝統的に日本の多国籍企業が「集権化」による調整メカニズムに依存してきたことである。集権化は本社に情報と権限を集中させる「ワンウェイ・モデル」（吉原，1988，1989）であり，「本社」の分身として派遣された日本人駐在員が現地における「代官」「リエゾン」，あるいは「ミニ本社」（Harzing, 1999）としての役割を果たす。そこには，本社と日本人駐在員を「主」，海外子会社および現地人を「従」とする「エスノセントリック」な経営思想が内在している。そして，海外子会社や現地人スタッフに対するイノベーションの源泉としての期待が希薄で，経営理念を中核とする企業文化による統合の対象として現地人を重要視しない傾向があるように思われる。実際，日本

在外企業協会（2000）の調査では，ASEAN地域に所在する子会社の統括方法として「日本人管理者の派遣」を挙げる企業が80.8％に達する一方，「経営理念の浸透」は56.8％に留まっている（複数回答）。

第2は，「国際的な人材交流の方向性」の問題である。日本企業の国際人事異動の特徴として「日本本社から海外子会社へ」の異動に比べ「海外子会社から日本本社へ」が極めて少ないことが挙げられる。例えば，茂垣（2001）の調査によると，人材交流の方向を5点尺度（5点＝かなり頻繁，3点＝たまにある，1点＝ない）で尋ねたところ，「日本本社→海外子会社」は重役クラスで2.67，ミドルクラスは3.18であったのに対し「海外子会社→日本本社」は各々1.30，1.45にすぎなかった。特に重役クラスでは約85％の企業が「海外子会社→日本本社」の異動（出向）がないと回答している。企業文化など「情報的経営資源」の交流は人材の異動や人的接触により促進されることに鑑みれば（Edström & Galbraith, 1977；茂垣，2002），双方向の国際人事異動は「コア文化」のグローバルレベルでの受容性を高めるとともに，多国籍企業として内包する多様な国民文化に対する理解力を向上させ，「グローバル・イノベーション」の創造に対する期待を高める機会となろう。こうした中，異動方向の単一性は，「コア文化」の浸透力を弱めると同時に，日本企業から多様な知識や情報，さらには文化に関する「学習機会」を奪うことになると考えられる。

第3は，日本の「高コンテクスト文化」（Hall, 1976）の影響である。「高コンテクスト文化」では組織を構成する個々人の関係において事前の情報の組み込み（プログラミング）が不可欠となり，組織の体系に精通した者だけが構成員の行動を予測することができる。従って，組織の真の一員となるには全人格的参加が必要となる。それは一面で家族主義を醸成するが，同時に「身内」と「よそ者」を区別することになる（安室，1982）。その意味で社会化のメカニズムはプログラミングのプロセスそのものであるが，「高コンテクスト文化」に依拠した日本企業の経営スタイルは公式化の度合が低く，そこには暗黙的・アナログ的で「暗黙知の共同化」（野中，1992）に基づいた企業文化が形成されている。日常業務における報告・連絡・相談や意思決定の方法についても公式

化・標準化のレベルが低く、しかも、それらが長期雇用と流動的内部労働市場により企業特殊性を強めることになる (Kamoche, 1996)。そのため、日本の企業では新卒者が職場での様々な経験やOJTを通じて「見よう見まね」で自社のコンテクストを体得していくという社会化のプロセスが支配的になっていく。しかし、こうした非公式的なコミュニケーションを重視した経営スタイルは、国内においては維持可能であるが、国境を越えたマネジメントの局面では問題を生じさせる (Bartlett & Yoshihara, 1988)。つまり、社会化は本質的に「サトルで複雑なシステム」(Jaeger, 1983) で時間を要するプロセスであるが、日本企業の社会化プロセスにおける「公式化」の低さが現地人材を「よそ者」の地位に押しのけ、その経営参加を一層難しいものにしていると言えよう。

(3) 求められる変革

上記の議論を総括すると、これまで日本企業における社会化の主たる対象は日本人に限定され、現地人はそのシステムの枠外に置かれている。そして、そのことが「日本人―現地人」間の相互不信の温床になっていると考えられる。

今後、日本の多国籍企業が「現地適応―グローバル統合」の両立を図り、「国境を越えた協働」に資する社会化の組織能力を構築するには、以下のような変革が求められよう。

第1は、共有化すべき価値観や規範の中核となる経営理念を文化的に多様な人々にも受容されるものとなるようグローバルな視点から再構築することである。それは「高コンテクスト文化」に根づいた暗黙知的な価値観や規範を形式知化する中で、共有化されるべきグローバルな経営理念を確立することを意味する。そして、その再構築のプロセスに海外子会社の現地人幹部など多様な人材を巻き込むことを通して、「コア文化」のグローバルな受容性をさらに高めることができると考えられる[32]。

第2は、多様な国民文化の尊重、すなわち「ペリフェラル文化」の存在価値を認め、子会社発イノベーションを重視し、エスノセントリズムと決別する姿勢を示すことである。そのためには「コア文化」の中に「多様性」(diversity)

重視の考え方を内在化させることが有効であろう。事実，Collins & Porras（1994）によると，「ビジョナリー・カンパニー」では「カルトに近い極めて同質的な文化」を有しているが，その一方で「変化・前進・適応」する能力を持ち合わせるなど，「or の抑圧」に屈するのでなく「and の才能」を発揮して一見矛盾した概念の両立を実現しているという[33]。

　そして第3は，「コア文化」の浸透を図る経営施策の展開である。具体策としては，Evans（1992）が主張したように，「採用・教育・評価」や「国際人事異動」，さらには多様な人々が参加する「国境を越えたプロジェクト・タスクフォース」など人的資源管理施策との連動を図ることが挙げられよう。とりわけ，Edström & Galbraith（1977）が論じた多方向の国際人事異動は，インフォーマルな組織の開発や個人間の水平的ネットワークの構築につながり，協働に向けた「信頼関係」をより強固なものにすると考えられる。それは同時に組織メンバーに対し，多国籍企業として内包する様々な知識・環境や国民文化に関する「学習機会」を提供し，イノベーションの多様な源泉を感知させることで「唯一最善の方法」の思考回路に埋没することを防止する効果も有する。

　「メタナショナル企業」モデルが示すように，知識経済化が進展する今日，多国籍企業の競争優位は世界各地に分散する知識を感知・入手・統合する組織能力にかかっている。こうした中，国際人事異動や国際プロジェクト・タスクフォースなどを通した広範な人的ネットワークは，「世界的学習能力」の媒介となる「ナレッジ・ブローカー」（Doz, Santos & Williamson, 2001）の育成を促進するものとなろう。さらに，評価制度とのリンクにより「コア文化」の中核となるべき経営理念が「空念仏」で終わることなく，信奉されるべきグローバルな「羅針盤」へと昇華するプロセスが強化されるであろう。

　Bartlett & Ghoshal（1995a）が論じたように，国内企業に対する多国籍企業の優位性は，事業を展開する環境の多様性に求められる。こうした状況下，日本企業にはグローバルな視点から経営理念を再構築し多様な人々から理解・支持される「コア文化」を打ち立てるとともに，イノベーションの源泉としての「多様性」「ペリフェラル文化」を尊重することが求められると言えよう。そし

て，経営理念と評価制度のリンクや双方向の国際人事異動など人的資源管理施策を通して社会化のプロセスを強化することが必要であると考えられる。

人はイノベーションや学習を命じたり，コントロールすることはできない。可能であるのは，イノベーションが発生しそうなコンテクストを創造し，そのプロセスを促進することのみである（Evans, Pucik & Barsoux, 2002）。それは，「グローバル・イノベーション」の創造・移転・活用という文脈においては，多様な国民文化を有する人々の間に信頼関係と協力精神を形成することを意味する。日本企業にとっては，社会化の対象を海外子会社の現地人従業員にも拡大することを通して「日本人の日本人による日本人のための経営」から脱却するプロセスに他ならないと言えよう（古沢，2004b）。

6．むすび

本章では，今日の多国籍企業に「現地適応」と「グローバル統合」の両立を可能にする組織能力が求められる中，「本社―海外子会社」間の調整メカニズムの1つである「社会化」（規範的統合）に着目して議論を進めてきた。まず，社会化の「統合」機能について考察した後，「企業文化」と「国民文化」の相克の視点から，統合の象徴となる「コア文化」と各国国民文化を反映した「ペリフェラル文化」の並存が重要であることを述べた。そして，グローバルな経営理念の共有化手段として，採用・教育・評価・国際人事異動など人的資源管理施策との連動の必要性を主張するとともに，「トランスナショナル企業」「メタナショナル企業」が求める「国境を越えた協働」を促進するには，社会化のプロセスにおいて「求心力」と「遠心力」のバランス軸となる「グローバル・マインドセット」の涵養が求められる旨を論じた。

現状，国際人的資源管理の側面において，日本企業の規範的統合が十分に機能しているとは言い難い。その原因としては，本社の分身である日本人駐在員を媒介とした集権的で「エスノセントリック」な経営思想，「国境を越えた社会化」に資する双方向の「国際人事異動」の不足，さらには「高コンテクスト

文化」に起因した経営スタイルなどが挙げられよう。

　こうした中，今後日本企業には，グローバルな視点から経営理念を見直し，様々な国民文化を有する人々に受容される「コア文化」を打ち立てるとともに，イノベーションの源泉としての「多様性」「ペリフェラル文化」を尊重することが求められている。そして，双方向の国際人事異動や，経営理念と評価制度とのリンクなどを通して社会化のプロセスを強化することが必要であろう。

1　Deal & Kennedy（1982）によると，「強い文化」の企業は，企業文化の中核をなす「理念」を有するとともに，理念の化身たる「英雄」を作り出し，従業員に期待する行動や会社の標榜する理想を表現した「儀礼と儀式」を定め，理念と英雄に関する神話の伝達機構となる「文化のネットワーク」を構築している。

2　同様に，Bartlett & Ghoshal（1994, 1995b）は，詳細な事例研究を通じ，優良企業の共通点を「戦略・構造・システム」でなく，「明確で夢のある企業目的」の提示や「前線の管理者の創造性と起業家精神を生み出すプロセス」に見出している。

3　但し，「社会化」の弱点は，金銭的・時間的コストにある（第2章参照）。この点に関連し，Jaeger（1983）の実証研究は，企業文化によるコントロールを重視する企業では低い退職率と高いコントロールが達成されていることを論じる一方，「社会化」のための高いイニシャルコストおよびローカル環境とのコンフリクトや子会社マネジメントのフレキシビリティの低下が潜在的に存在するといったマイナス要因も指摘している。

4　同様の見解は，本文で述べた研究以外に Van Maanen & Schein（1979），Jaeger（1983），Maltinez & Jarillo（1989），茂垣（1994a・2001）などでも見られる。

5　「経営理念」については，「企業理念」「社是・社訓」「社憲」など各企業で多様な名称が用いられている。また，同一企業内でも「ミッション」「ビジョン」「バリュー」「ゴール」といった項目に分けられているケースも見られる。本書では，こうした呼称上のバリエーションを全て包含して「経営理念」と捉えることにしたい。

6　この点について Kolde（1974）は，企業文化は国民的マクロシステムの小宇宙のようなもので，国民文化の持つ様々な機能的諸変数は，企業文化の機能的諸変数に反映されると述べている。

7　「融合アプローチ」の代表的研究として，林（1994）の異文化インターフェイス論がある。林は，2つの文化の橋渡しをする「異文化インターフェイス管理者」の存在を重視し，両文化の言語に堪能で言語的翻訳ができ，両文化の知識・価値・意味に通じ文化翻訳が可能で，一方ないし双方から正当な成員として信頼されている主体を「第三文化体」と名づけている。そして，両文化に受け入れられるハイブリッド秩序やハイブリッドシステムの形成を論じている。

8　文化の階層性については，Schein（1985）による研究が代表的で，「基本的仮定」「価値」「人工物」の3層構造が示されている。

9　同様に，Evans & Doz（1992）も「文化的重層化」（cultural layering）という概念を用い，グローバルに共有される「コア文化」と「各国民文化」の並存が「現地適応―グ

ローバル統合」の両立に必要であることを示唆している。
10 この点に関連して，茂垣・池田（1998）は，多国籍企業の経営理念には国民文化の差異を越えて組織メンバーに受け入れられる「普遍性」を有する一方，他社との相違を打ち出し，企業へのアイデンティティを高めることができるような「独自性」と「個性」が求められることを述べている。
11 本書第7章を参照。
12 根本（1999a）では，上記8項目を再整理する形で，「理念アプローチ」（人材交流，教育・研修，人事評価，共同プロジェクト，情報共有）と「躾アプローチ」（5S運動，朝礼，管理者によるモデル行動）の2グループに分けている。
13 本書第7章を参照。
14 筆者の日本ヒューレット・パッカードに対するヒアリング調査による（2006年10月6日）。
15 本書第7章を参照。
16 この点に関連して，Egelhoff（1988）は，国際人事異動（本国人駐在員の派遣）が多国籍企業の「情報処理能力」を増強することを示している。また，Evans（1992）は，ネットワーク理論における"nervous system"の概念を援用して「多数のルースな結びつき」（"誰かを知っている誰か"を知っていること）の重要性を論じる中，国際人事異動が信頼に基づく個人的ネットワークの開発に資することを指摘している。
17 本書第7章を参照。
18 筆者の住友スリーエムに対するヒアリング調査による（2006年9月7日）。
19 筆者のコマツに対するヒアリング調査による（2007年3月20日）。
20 筆者のソニーに対するヒアリング調査による（2007年8月7日）。
21 この点に関連して，古沢（2003c）は，日本国内で実施した調査をもとに，「経営理念の活用状況」（経営理念を意思決定の拠り所としているか否かなど）と「収益状況」の関係について議論している。
22 本書第7章を参照。
23 「グローバル・マインドセット」の同義語として，Bartlett & Ghoshal（1989，1990a）では「心の中のマトリクス」（matrix in mind），Evans（1992）においては「マトリクス・マインドセット」（matrix mindset）という表現が用いられている。
24 Rhinesmithは，「バランス」が「グローバル・マインドセット」の中核をなすもので，相対立する2つの考え方を同時に容認する能力であるとしている。
25 この点に関連し，Kobrin（1988）は，海外子会社における「性急すぎる現地化」が，グローバルな組織や戦略との一体感を損ねる危険性を論じている。また，加納（1980）では，かつてソニーがCBSインターナショナル（米国3大テレビネットワークの1つであるCBSの海外部門統括会社）の社長であったハービー・シャイン氏を引き抜き，ソニー・アメリカ社の社長兼CEOに任命したものの，ソニー本社との「経営哲学」の相違から対立を招き，シャイン氏がソニーを去っていったことが描かれている。加えて，尼子（1992）の在外日系企業に対する実証研究では，「日本人が引き揚げるという意味での現地化」が必ずしも現地人管理職の満足度を高めることにならないことが示されている。
26 但し，誰もが「グローバル・マインドセット」を有した人材になれるということでは

ない。Gregersen, Morrison & Black（1998）は，「グローバル・リーダー」は"born and then made"であると主張し，「グローバル・リーダー」としてのポテンシャルの有無に対する事前アセスメントの必要性を論じている。
27 同様に，Derr & Oddou（1993）は，欧州多国籍企業に対するアンケート調査に基づき，上級管理者の国際化に向けた施策として「逆出向」の重要性を論じている。
28 ここでも，コストやデュアルキャリアの問題といった国際人事異動の弱点を補うための代替的手段の活用が検討されるべきだろう。なお，「グローバル・マインドセット」については，Moran & Riesenberger（1994）も参照されたい。
29 1980年代の米国において「企業文化論」が隆盛した背後には，日本企業が「社会化」を通して柔軟な組織運営を実現していることへの強い関心があったものと考えられる（茂垣，2001）。「Zタイプ」の企業については，Ouchi & Johnson（1978）も参照されたい。
30 但し，日本労働研究機構（2000）には，現地人取締役への浸透度が低くなっていることに関して，実質的な経営に関与していない合弁パートナー側の取締役が含まれている可能性に留意しておくべき旨が記されている。
31 この点に関連し，Yang（1998）や古沢（2004c）の在中国日系企業に関する研究では，中国人従業員と日本人駐在員の「相互不信」について問題が提起されている。Yangは，日系企業の中国人従業員が自らに対する日本人駐在員の不信感と技術の出し渋りから日本人駐在員を信頼していないことを述べ，古沢の中国政府関係者に対するヒアリング調査では「日系企業の中国人幹部の中には『自分の会社』という意識を持っていない者が多い。彼（彼女）らは『日本人の仕事を手伝っている』という感覚で働いているのではないか」との声が紹介されている。
32 この点に関連して，Evans（1992）の実証研究では，経営理念の構築に関与した従業員グループはその背後にある意図やニュアンスまで理解していたのに対し，会議の場でその発表を聞いただけのグループは経営理念を空虚な理想論が書かれた無価値なパンフレットと捉えていたことが述べられている。
33 例えば，GEのグローバルな行動規範である"GE Values"の中には，「多様性を受容し，変化を追求する」ことが謳われている。

第5章
国際人的資源管理における「制度的統合」

1. はじめに

　本書の冒頭で述べたように，国際人的資源管理は，従業員の採用・配置・評価・育成といった人的資源管理の諸機能に関して，多国籍企業が活動する「国」(host country, parent country, third country) と「従業員のタイプ」(HCNs, PCNs, TCNs) という2つの次元を組み込んだモデルとして示される (Mogan, 1986, 図5-1)。

　第5章では，今日の多国籍企業に求められる「国境を越えた協働」の促進について，国際人的資源管理の制度的側面からアプローチする。具体的には，先行研究をベースに国際人的資源管理の理論モデルを整理するとともに，「グローバル最適」の人材活用に向けた人事制度（国際人的資源管理における「制度的統合」）のフレームワークを提示する。そして，欧米企業との比較研究から日本企業の課題と求められる変革を論じる。

2. 国際人的資源管理に関する理論モデル

　茂垣 (1994c) は，国際経営に関する学術的視点を，多国籍化ないしはグ

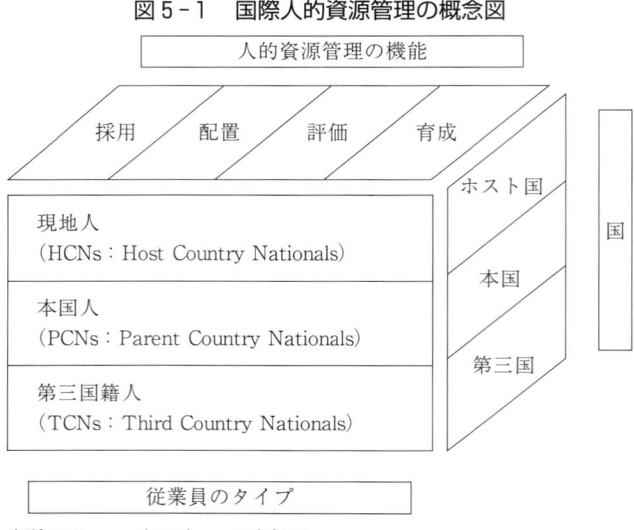

図 5-1　国際人的資源管理の概念図

人的資源管理の機能：採用／配置／評価／育成

従業員のタイプ：
- 現地人（HCNs：Host Country Nationals）
- 本国人（PCNs：Parent Country Nationals）
- 第三国籍人（TCNs：Third Country Nationals）

国：ホスト国／本国／第三国

出所：Morgan (1986), p.44 を加工。

ローバル化の側面から捉える「発展段階論的アプローチ」と，戦略選択的視点からの「類型論的アプローチ」に大別して各々の長所・短所を論じるとともに，現実の事象を説明するには両者の統合を図ることが重要であると述べている。そして，国際人的資源管理に関するアプローチについても同様の二大潮流が見出せるとし，発展段階論的課題と企業の主体的選択を交差させながら考察する必要性を訴えている。以下では，こうした議論を踏まえ，国際人的資源管理に関する理論モデルを提示した代表的研究をレビューする。

(1) Perlmutter の「EPG モデル」[1]

Perlmutter (1969) は，経営者の「外国人材に対する姿勢と信念」が国際人的資源管理を規定する要因であることを述べ，それを「本国志向」「現地志向」「世界志向」の 3 つに類型化する「EPG モデル」を示した。

① 「本国志向」(Ethnocentric orientation)

　「本国志向」とは，世界中で「本国人」(PCNs) を中心的地位に置く選好を指す。その背景には本国人の方が外国人よりも知識・能力に優れ，また信頼できるとする考え方がある。

　本国志向の企業では，意思決定権は本社に集中し，本社から海外子会社に対して大量の「命令」「忠告」「助言」が発せられるが，そこには「本社で成功したやり方」を子会社に適用しようとするメッセージが込められている。人事考課や業績評価に際しては本社基準を採用し，報酬は本社に厚く，子会社で薄くなる。本国志向の人的資源管理の基本は，本国人を採用し，世界各国の重要な地位につけるべく訓練することにある。つまり，「パスポート」(国籍) が立身出世のキーファクターであり，外国人は「二流市民」の地位に留めおかれることになる。

② 「現地志向」(Polycentric orientation)

　「現地志向」は，「郷に入れば郷に従え」を基本指針に，子会社の主要ポストを「現地人」(HCNs) に与え，自律的な経営を許容するものである。そこには，各国の文化は大きく異なり外国人には理解しがたいゆえ，現地事業が収益をあげている限り，本社は介入すべきでないという価値前提がある。そして，各国子会社は「現地企業らしく」振る舞うべきであり，その点において現地人は何がベストであるかを心得ていると考える。本社と海外子会社の関係は財務管理を通して緩やかに結びついた連邦国家のようなもので，人事考課や業績評価の基準は子会社レベルで決定される。各国子会社は異なる国家に属する主体であるので，子会社間のコミュニケーションは少ない。また，子会社のトップは，有能で信頼でき，かつ本国の状況にも精通した現地人が登用されるが，彼（彼女）らが本社の高い地位につくことはほとんどない。

③ 「世界志向」(Geocentric orientation)

　「世界志向」では，本社と海外子会社をともに「有機的な世界統一体」

(organic worldwide entity) の一部と捉える「グローバル・システムアプローチ」(global systems approach) による意思決定がなされる。各国子会社は，衛星や独立国家ではなく，全体組織の一部として「世界的目標」の達成に向け，各々独自の貢献を果たすことになる。また，本社側も海外子会社に対して発せられた現地ニーズを本国でのニーズと同様に重視している。こうした中，「本社―海外子会社」間および各国子会社間の協働とコミュニケーションが必要不可欠になるとともに，子会社の管理者が自国の目標に固執するだけでなく世界的見地から仕事に取り組めるよう世界共通の評価・報酬制度の確立が求められることになる。その結果，世界中から「第三国籍人」(TCNs) も含め国籍に関係なく有能人材が登用され，優れたアイデアが国境を越えて行き交い，世界規模で資源配分の最適化が図られるのである。

(2) Franko の幹部人材の「国籍政策」に関する研究

Franko (1973) は，欧米企業に対する実態調査をもとに，多国籍企業における幹部人材の国籍政策が企業の国際化の段階とともに変化することを述べている。

①輸出段階

多くの企業は輸出から海外事業をスタートさせる。具体的方策としては，現地代理店への販売委託や販売子会社の設立などが考えられる。企業は海外市場への新規参入を「ギャンブル」と捉え，「郷に入っては郷に従え」を理念に，現地の文化や慣習に精通した現地人を登用することが「最良の保険」と考える。従って，顧客教育やアフターセールスに関して本国から専門家が派遣されることはあるが，販売子会社の経営は現地人が担うことが基本である。

②現地生産の開始

海外市場の拡大とともに，企業は現地生産を開始する。そして，製造関連のノウハウを移転すべく，本国（時には第三国）から子会社へ駐在員が派遣され

ることになる。しかし，駐在期間は立ち上げに関わる一時期に限定される場合が多い。その傾向は特に米国企業で顕著である。但し，合弁事業では当初からホスト国の人材が子会社トップとなるケースも見られる。

③**海外生産の拡大期**

　海外生産の拡大とともに，子会社幹部の現地化が進行する。1971年に実施された在ベルギーの米国系企業に対する調査では，1966〜68年までの間に設立された子会社においてベルギー人がトップを務める比率は22％にすぎなかったのに対し，1958年以前に設立した企業についてはその比率が59％に達しているという。但し，欧州企業では子会社トップを駐在員に委ねる傾向が強く，彼（彼女）らの中にはキャリアの大半を海外子会社で過ごす者も多い。

④**地域本社の段階**

　貿易の自由化に伴うモノやヒトの国境を越えた往来は，競争の性質を国レベルでなく，トータルシステムとしてのコスト削減へと向かわせる。こうしたプロセスは「地域」という超国家的責任を有した地域本社の設立を促し，その管理者として本国からの駐在員が再登場することとなる。地域統合のプロセスは，欧州企業の方が米国企業よりも緩慢であるが，同様の経済的圧力が類似の人的資源管理を招来する傾向が見受けられる。

⑤**世界志向の人員配置**

　地域本社の設立を経た後，市場や製品，政策がグローバルに同質化する中，多国籍企業の人的資源管理は「世界志向」(geocentric) となり，2つのさらなる展開が現れる。1つは現地人が子会社トップとして再登場することである。但し，現地生産の開始時と異なり，この段階の現地人幹部の役割は現地環境への適応よりも，多国籍企業としてイノベーションを咀嚼し，子会社の同胞に浸透させることにある。もう1つは現地人の本社または第三国子会社の経営幹部への登用である。Frankoによれば，本社幹部の多国籍化は，最も成熟化した

業界および企業で生じている現象である。

(3) 花田の国際人的資源管理の「発展段階モデル」

花田（1988）は，日本企業を念頭に国際経営戦略の発展段階[2]に応じた人的資源管理のあり方をモデル化している。

①輸出中心段階

日本企業の国際経営の第1段階は，1960年代の「輸出中心段階」である。組織的には輸出部を中心に，無手勝流で試行錯誤を繰り返しながら輸出拡大を企図していた時期である。この段階の人的資源管理は，語学が堪能か，バイタリティに溢れる日本人従業員の育成・確保が主たる関心事項で，非日本人についてはほとんど戦略的な位置づけがなされることはなかったと言える。

②現地化段階

次の「現地化段階」は，海外子会社において現地生産や現地調達が始まる時期である。この段階の主要命題は，海外事業部の所管のもと日本企業の生命線である「品質の作り込み」など現場主義の経営ノウハウを現地に移転することにあった。そのため，人的資源管理面では，製造や技術，財務など各機能分野の日本人プロが現地に派遣され，OJTによる技術移転が図られると同時に，吸収側である現地の第一線監督者の養成が急務とされた。そのため，受け入れ国側から多少評判が悪くとも，大量の日本人を現地に送り込み徹底した指導が行われるとともに，非日本人の訪日研修もさかんに実施されるようになったのである。

③国際化段階

1980年代に入ると，海外子会社と日本本社あるいは日本の主力工場との結びつきが強くなり，情報や人材の交流が一層の頻度で行われるようになる。花田はこれを「国際化段階」と名づけている。この段階では，語学力に加え，他国

の情勢に敏感な感性に富んだ日本人駐在員の確保が求められるようになってくる。そのため，日本本社においては海外人事課が設置され，こうした国際人の積極的な育成・選抜，さらにはCDPの策定などに携わることになる。一方，海外子会社では，現地人の職能別専門家やミドルの育成・活用が重点課題となる。

④多国籍化段階

第4の「多国籍化段階」における大きな動きは，1980年代の後半に始まる海外子会社間のネットワーク化である。この時期は生産の国際分業や国際調達の拡大といった動きに対応すべく，地域統括拠点が設置されるようになる。また，日本本社でも海外での事業活動を機能面から調整すべく，財務・法務・人事・広報など各分野の情報の一元化が図られる。多国籍化段階の日本人駐在員は，本社をバイパスする形で情報ネットワークの調整役となる「国際事業経営者」であることが求められる。一方，非日本人については，国際的な視野を持ち，日本人駐在員とペアを組んで経営を行う現地人幹部の育成が喫緊の課題となる。また，組織的には海外人事課を発展的に解消して国際人事部が設置される。海外人事課の役割が駐在員およびその家族に対するサポート業務が中心であったのに対し，国際人事部では海外子会社の現地人が業務対象として加わり，国内人事と海外人事の統合が視野に入ってくる。

⑤グローバル化段階

最終の「グローバル化段階」では，本国外の経営資源を確保すべく海外進出が一層活発になり，国境を越えて機動性に富んだ事業展開が行われる。組織メンバーには，企業の目的・目標・存在意義，さらには組織の一員としての責任を自覚するとともに，国境や国籍の枠を越えた協働が求められるが，それには協働の拠り所となる明確で強固な経営理念・企業文化の存在が必要不可欠となってくる。そして，少なくとも一定階層以上の人材については，日本人・現地人といった区別は無意味となり，両者は統合された人的資源管理のもとに置かれることになる。具体的には，国内と海外の資格（グレード）制度を国際資

格制度として統合することにより，採用・教育・評価・昇進・CDPといった人事施策の国際的一貫性が追求されることになる。

(4) 根本・諸上の国際人的資源管理の「進化モデル」

根本・諸上（1994）は，Porter（1986）の議論を援用し，活動の「配置」と「調整」から国際経営戦略を類型化するとともに，それに対応した国際人的資源管理の進化モデルを提示している（図5-2）。

①ドメスティック段階

「ドメスティック段階」の戦略は「国内志向」で，諸活動を本国に集中させ，海外事業としては小規模な輸出が行われる程度である。ここでの人的資源管理は「ドメスティックHRM」と名づけられる。輸出業務を担当するのは本社の輸出営業部門と現地の駐在員という限定された人員である。従って，語学堪能な人材を個別に選抜して配置するのが一般的で，人事上は大きな問題にならない。一方で，国際化への関心の高まりや，海外市場の状況把握の必要性から，

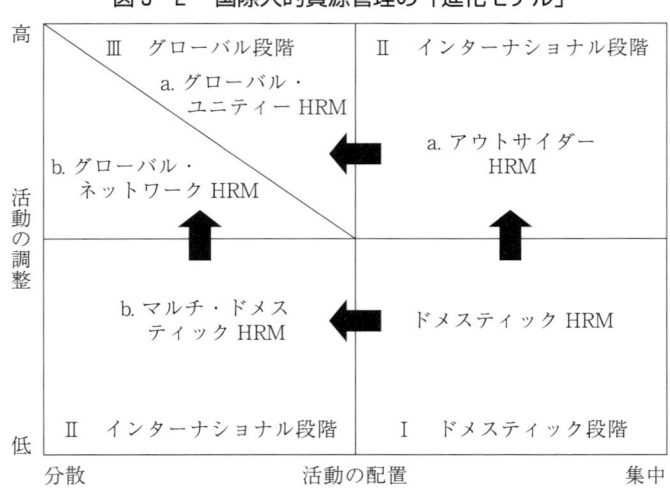

図5-2　国際人的資源管理の「進化モデル」

	分散　　　　活動の配置　　　　集中
高　活動の調整　低	Ⅲ　グローバル段階　　　　　　　Ⅱ　インターナショナル段階 　　a. グローバル・ 　　　ユニティーHRM b. グローバル・　　　　　　　　a. アウトサイダー 　ネットワークHRM　　　　　　　　HRM 　　b. マルチ・ドメス　　　　　　ドメスティックHRM 　　　ティックHRM Ⅱ　インターナショナル段階　　　Ⅰ　ドメスティック段階

出所：根本・諸上（1994），p.96。

社内で英語講座が開設されるとともに，経営者・管理者の海外視察や研修旅行が実施されるようになる。

②インターナショナル段階

「インターナショナル段階」の戦略には，2つの方向性がある。1つは，「シンプル・グローバル戦略」で，若干の海外生産拠点を有するが，全体的には本国への集中度が高い「輸出志向」の戦略である。もう1つは，機能の分散化・海外進出を図り「現地志向」の強い「マルチドメスティック戦略」である。人的資源管理においては「シンプル・グローバル戦略」では「アウトサイダーHRM」が，「マルチドメスティック戦略」では「マルチドメスティックHRM」が各々に対応して実施される。

②-1．アウトサイダーHRM

この段階では，輸出マーケティングをより積極的に展開するために多くの駐在員事務所や販売子会社が設置され，また少数ではあるが現地生産拠点も設けられる。海外駐在員の数は急速に増加し，その選抜・育成・処遇が国際人事上の大きな課題となってくる。日本本社では国際要員の育成施策が制度化され，語学研修に加え，貿易実務などの研修，さらには海外留学などが実施されるとともに，現地でも5S運動をはじめとする本社システムの定着が企図されることになる。なお，駐在員に対しては，本社基準の給与に手当が加算され，現地人従業員とは異なる処遇がなされる。

②-2．マルチ・ドメスティックHRM

海外子会社の分散化の進展は「マルチ・ドメスティックHRM」を志向する企業を誕生させる。このタイプの企業では，現地化が進み，子会社のトップマネジメントに現地人が登用されることも珍しくない。組織的には，現地人と駐在員が交互に階層をなす「サンドイッチ体制」が取られるケースや，ライン業務は現地人が担い，駐在員はアドバイザーやコーディネータとして配置される場合もある。また，現地人管理者の能力開発が重要課題となり，現地および本

社において階層別・職能別の研修が実施されるようになる。そして，駐在員と現地人との評価・処遇の一本化に向けた動きも始まる。

③グローバル段階

　価値連鎖活動が国境を越えて分散し，その高度な調整が行われる「グローバル段階」の戦略は，地域適応重視の「グローバル・ネットワーク戦略」と標準化重視の「グローバル・ユニティー戦略」に区分され，人的資源管理でも各々に対応した「グローバル・ネットワーク HRM」と「グローバル・ユニティー HRM」に分かれることになる。

③-1．グローバル・ネットワーク HRM

　海外子会社数が増加する中，地域特性に応じた調整を志向する企業では，地域統括会社が設置されるようになる。大規模子会社のトップとして本社役員が常駐するケースが見られる一方，現地人が本社の役員に登用されるなど，双方向の人事交流が活発化する。「グローバル・ネットワーク HRM」においては，地域統括会社を中心に地域最適化が図られ，本社は地域間のソフトな連結を図りながら，戦略や経営理念・企業文化の共有化，財務・人的資源の統合などを担当することになる。また，国際経営者の育成に向け，本社に国際人事部が設置されるとともに，グローバル人事会議が開催されるなど人的資源管理面で本社と海外子会社の協働がさかんになる。

③-2．グローバル・ユニティー HRM

　より世界的な統合を志向する企業は，人的資源のグローバルな配置・育成・処遇を試みる「グローバル・ユニティー HRM」を採用することになる。具体的には，国籍や勤務地を問わず，上級管理者を中心にグローバルな資格制度，賃金制度，能力開発制度，ローテーション制度が構築され，グローバルに活躍できる経営者の候補者を早期に発掘・育成するための施策が展開されるとともに，グローバルな「コア文化」の浸透が図られる。こうした諸制度や施策の運用の結果，本社および海外子会社の人員構成は多国籍化されていくことになる。

2. 国際人的資源管理に関する理論モデル　133

(5) Adler & Ghadar の「異文化マネジメント」の視点による研究

Adler & Ghadar（1990）は，北米の多国籍企業の国際経営戦略の発展プロセスをベースに，国際人的資源管理を異文化マネジメントの視点から論じている。

①「本国志向」(Ethnocentric)

第1段階は「本国志向」に立脚した経営である。企業は独占的でユニークな製品を有することから，輸出に際しても相手国市場に合わせて製品設計を調整することはない。その経営スタイルは，本国人による「唯一最善の方法」に基づくもので，文化的差異に対する感受性はほとんど捨象されている。また，事業の主戦場は国内であるため，最良の人材が海外に派遣されることは稀で，異文化教育や派遣前教育が施されることもほとんどない。そして，従業員の国際的なキャリア開発や，国際的組織開発は重要事項として認識されていない。

②「現地志向または地域志向」(Polycentric or Regiocentric)

やがて，国内での競争激化に伴い，企業は生産・販売の海外シフトを余儀なくされる。これは各市場への個別対応が求められる「現地志向または地域志向」の段階である。そのため，本国からの駐在員の選抜基準として異文化に対する適応力や感受性が重視される。ここでは「多くの優れた方法」(各国・地域の状況に適合した方法)の存在が想定され，海外子会社では設計やマーケティングにおいて文化的差異に敏感に反応することで競争優位を構築することが企図される[3]。

③「多国籍志向」(Multinational)

第3段階では各企業は同様の製品を生産するようになり，製品ごとの差異化はほとんど消滅する。従って，競争優位の焦点は価格へと移行し，企業は製品やプロセス・構造といった諸側面の集権化・標準化を通して経営の統合を図ろうとする。すなわち，文化的差異に基づく市場細分化の重要性は低下し，「多

国籍志向」のもと「唯一最小コストの方法」による「規模の経済性」が追求される。人的資源管理面では，本国および第三国から最良の人材が選抜され，国際業務を担当することになる。企業は海外勤務を重視し，ハイポテンシャルな管理者の国際的キャリア開発や，経営幹部の国際カドレーを通して統合されたグローバルな組織を構築する。また，国民文化の差異は企業文化によって克服できると想定されている。

④「グローバル・多中心志向」（Global-multicentric）
　最終の第4段階は「グローバル・多中心志向」で，グローバル規模での競争が激化する中，第3段階までの製品・市場・価格に対する志向性は消散し，「迅速かつ最小コストで多様なニーズに対応」する「マス・カスタマイゼーション」（mass customization）に立脚したグローバル戦略が競争優位を構築する。こうした志向性はグローバルなR&D・製造・マーケティング面でのネットワークの構築を必要とするので，国際人的資源管理の面では「現地適応」と「グローバル統合」のバランスを図るべく，「文化的多様性」のマネジメント，すなわち文化的な「分化」と「統合」のバランスが極めて重要な課題となる。また，世界中から選抜された最良の人材が国際的ポジションに配置され，絶えずコミュニケーションを重ねながら協働する。そして，駐在員と現地人の垣根はなくなり，「分化」と「統合」の二元性を上手くバランスできる人材が昇進する。

(6) Taylor, Beechler & Napier による「**戦略的国際人的資源管理**」（**SIHRM**）**の志向性**
　Taylor, Beechler & Napier（1996）は「資源ベース理論」と「資源依存パースペクティブ」に基づき，「戦略的国際人的資源管理」（Strategic International Human Resource Management：SIHRM）[4]のフレームワークを提示している。彼らによると，企業の戦略的国際人的資源管理に関する志向性は，「国際経営戦略」（マルチドメスティックまたはグローバル）と，自社の「HRMコンピ

テンスに対するトップマネジメントの信念」（コンテクスト特殊的か否か）によって以下の3つに分かれることになる。

①適応型（Adaptive）SIHRM
　「適応型」は，各海外子会社において現地の環境を反映した人的資源管理システムを構築するもので，Perlmutter（1969）に従えば，「現地志向」に該当する。多国籍企業ネットワーク内における内的一貫性よりも，現地環境に対する外的一貫性を重視するアプローチであると言えよう。このタイプでは，分化が強調され，現地の慣行に関する知識を有する有能な人的資源管理の専門家のもと，現地企業の人的資源管理システムがコピーされる。それゆえ，「本社―海外子会社」間または各国子会社間において人的資源管理の理念・政策・慣行の移転はほとんど行われない。

②輸出型（Exportive）SIHRM
　「輸出型」は本社の人的資源管理システムを海外子会社に対して全面的に移転するもので，高度な内的一貫性を有するが，外部環境に対する適応力は弱い。すなわち，本社の人的資源管理政策や慣行への統一を志向するもので，Perlmutterの類型では「本国志向」がこれに当てはまると言えよう。

③統合型（Integrative）SIHRM
　「統合型」の国際人的資源管理を行う企業は，多国籍企業内で実践されているベストプラクティスを発見し，それらを組織全体で活用することで「世界的システム」（worldwide system）の創造を目指す。この志向の力点は，若干のローカルな分化を許容しつつ，実質的なグローバル統合を図ることにあり，高度な内的一貫性の一方で，適度な外的一貫性も担保されている。Perlmutterでは「世界志向」に相当する。従って，人的資源管理に関する政策や慣行の移転は「本社―海外子会社」間の双方向のみならず各国子会社間でも行われる。

3. 国際人的資源管理における「制度的統合」のフレームワーク

前節の議論に従えば，Perlmutter（1969）およびFranko（1973）が提示した「世界志向」，花田（1988）の「グローバル化段階」の国際人的資源管理，根本・諸上（1994）の「グローバル・ネットワークHRM」と「グローバル・ユニティーHRM」，Adler & Ghadar（1990）が最終段階として論じた「グローバル・多中心志向」，さらにはTaylor, Beechler & Napier（1996）による戦略的国際人的資源管理の議論では「統合型」が，「トランスナショナル企業」「メタナショナル企業」において求められる国際人的資源管理に通じる概念であると考えられる。

ここでは第1節でレビューした所説の統合・展開を図り，「国境を越えた協働」に必要な国際人的資源管理の「制度的統合」（グローバルに統合された人事制度）の構成要素について考察し，そのフレームワークの提示を試みる（図5-3）。

(1) 全世界統一の「グレード制度」

国際人的資源管理の「制度的統合」の出発点は，本社が従業員を「国籍」や「採用地・勤務地」にかかわらず共通の基準で格付けすることにある。世界的に最も普及しているグレード制度は「職務」の大きさをベースとした「職務等級制度」である。職務等級制度は，当該多国籍企業内における職務やポジションの相対的重要度（序列）を明らかにするもので，花田（1988）が論じたように，採用・評価・育成・昇進・CDPといった人的資源管理の諸機能の統一的運用の土台となる。具体的には，「ヘイシステム」（HAY System）[5]など全世界統一の職務評価基準を活用して「グレード制度」を構築することが求められよう。

例えば，IBMは全世界統一の基準でジョブサイズの社内ベンチマーキングを行い，それをベースに世界中のIBMで働く約35万人の従業員を14段階から

図 5-3　国際人的資源管理における「制度的統合」のフレームワーク

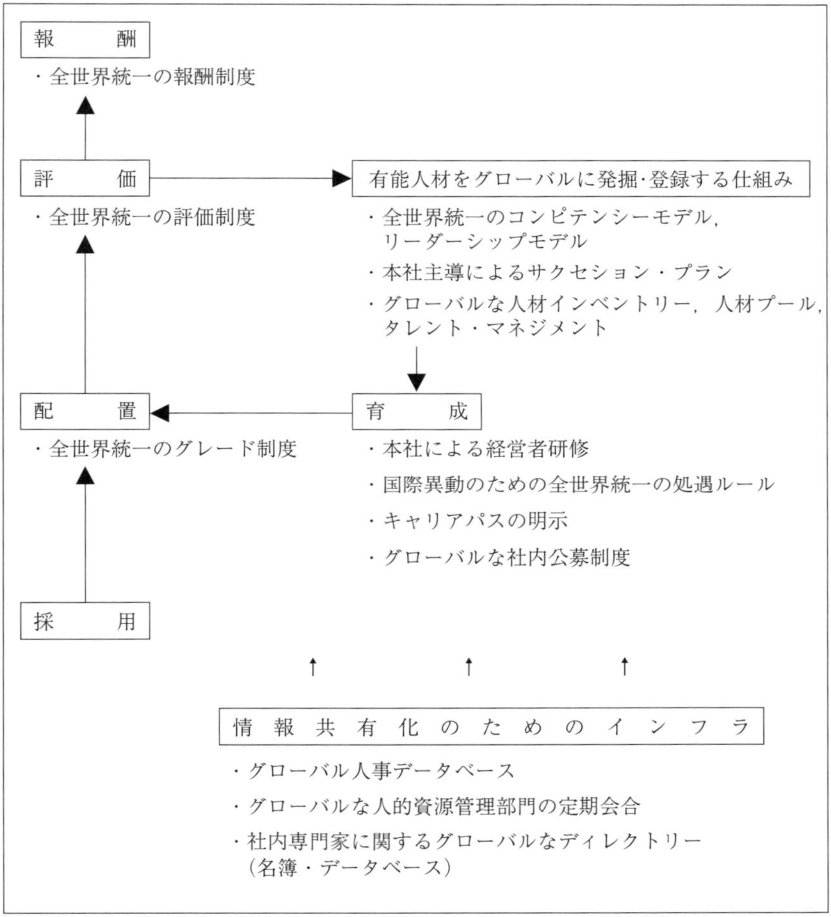

```
報　酬
・全世界統一の報酬制度
  ↑
評　価 ────────→ 有能人材をグローバルに発掘・登録する仕組み
・全世界統一の評価制度      ・全世界統一のコンピテンシーモデル，
  ↑                          リーダーシップモデル
                           ・本社主導によるサクセション・プラン
                           ・グローバルな人材インベントリー，人材プール，
                             タレント・マネジメント
配　置 ←──────── 育　成
・全世界統一のグレード制度  ・本社による経営者研修
  ↑                        ・国際異動のための全世界統一の処遇ルール
                           ・キャリアパスの明示
                           ・グローバルな社内公募制度
採　用
        ↑         ↑         ↑
       情　報　共　有　化　の　た　め　の　イ　ン　フ　ラ
       ・グローバル人事データベース
       ・グローバルな人的資源管理部門の定期会合
       ・社内専門家に関するグローバルなディレクトリー
         （名簿・データベース）
```

なる世界共通のグレードに格付けている[6]。多国籍企業における全世界統一の「グレード制度」のイメージは，図 5-4 に示したようなものである。こうした全世界統一の職務等級制度を構築することにより，世界中のポジションや従業員を共通の基準で比較することができ，グローバルに一元化された人的資源管理が可能になるのである。

図5-4　全世界統一の「グレード制度」の例

専門職（Individual Contributor：IC）	マネジメント職（Management：M）
M7（CEO）	
M6（Executive Vice President, Senior Vice President, Vice President）	
M5（Senior Director）	
IC5（Authority）	M4（Director）
IC4（Senior Professional）	M3（Senior Manager）
IC3（Staff Professional）	M2（Manager）
IC2（Intermediate Professional）	M1（Supervisor）
IC1（Associate Professional）	
IC0（Clerical/Trainee）	

(2)　全世界統一の「評価制度」および「報酬制度」

　「グローバル最適」の人材活用を実現するには，少なくとも一定等級以上のホワイトカラー人材について「評価制度」や「報酬制度」の世界的統一を図る必要があろう。世界共通の「評価・報酬制度」は，当該企業内において「何が評価され，それが処遇にどのように結びつくか」に関するメッセージをグローバルに発信するツールになるとともに，幹部人材の「思考と行動のベクトル」の統一に資するものと考えられる。また，評価制度を統一することにより，国籍や勤務地が異なる従業員の能力や成果を客観的に相対評価することが可能となる。

　例えば，GE の人事考課では「個人目標の達成度」（業績）と「"GE Values"の体現度」が全世界統一の評価要素となっている。また，Hewlett-Packard の報酬制度は世界共通のルールで運用されており，職務等級ごとに設定した「ペイバンド」と人事考課の「最終評価」（評点）で全世界の従業員の基本給が決定する[7]。

(3)　「有能人材」をグローバルに「発掘・登録」する仕組み

　世界中に分散する多様な人材を「グローバル最適」の視点で活用するには，

「ハイポテンシャル」や「経営後継者」といった有能人材をグローバルに発掘する仕組みが必要であると言えよう。ハイポテンシャルや経営後継者の発掘方法は，上で示した「人事考課」の結果に基づく場合と，人事考課とは切り離して人材の「アセスメント評価」を行うケースの双方が考えられるが，いずれにおいても全世界統一の「コンピテンシーモデル」や「リーダーシップモデル」が提示され，それらが選抜に際する重要指標になると考えられる。例えば，3Mでは，毎年1回実施される"Health of Organization"（HOO）と呼ばれる「人材の棚卸し」のプロセスを通して，「ハイポテンシャル」の発掘（および入れ替え）が行われる。HOOは世界中の3Mの管理職以上が対象で，そこでは3Mのリーダーに求められる「3Mリーダーシップ・アトリビュート」（3M Leadership Attributes）に照らして各人の「リーダーシップ」が測定される[8]。

こうして世界中から発掘された有能人材は，その氏名が本社に登録され「サクセション・プラン」や「人材インベントリー」「人材プール」「タレント・マネジメント」などと呼ばれる施策と連動して育成・活用が図られることになる。

(4) 「育成」施策の展開

各国子会社および地域統括会社を通して発掘されたハイポテンシャルや経営後継者に対しては，個別の育成プログラムが立案される。育成の方法としては，Off-JT・OJT両側面からのアプローチがある。

Off-JTの代表格としては，コーポレート・ユニバーシティで開催される「経営者研修」への参加が挙げられる。ここでは，ビジネススクールのレベルに匹敵する座学教育が実施されるほか，トップが提示する経営課題に対してグループワークを通して解決策を考案する「アクション・ラーニング」などの手法が用いられることもある。こうした研修には世界中のハイポテンシャルや経営後継者が集うとともに，本社の経営幹部が講師を務めるケースも多いことから，参加者にとってはグローバルなヒューマンネットワークを構築する格好の機会となる。例えば，キヤノンでは，2001年より"CCEDP"（Canon Corporate Executive Development Program）と呼ばれる経営者研修をスタートさせた。CCEDPには日本・北米・欧州・アジアの各地域から合わせて15～20人が参加する。プログラムの開発と講座の提供はスイスに本拠を置くビジネススクールのIMDが行い，経営戦略や財務戦略に関する講義や「アクション・ラーニング」などが実施されている[9]。

　一方，OJTについては，国境や事業の枠を越えた人事異動が重要な手段となる。特に，国際人事異動は，異文化での経営経験を通して「グローバル・マインドセット」の涵養に資するとともに，経営理念を媒介としたグローバルなヒューマンネットワークの形成にも貢献する。例えば，Johnson & Johnsonでは，次代のリーダーとなる人材を早期に発掘・育成する「タレント・マネジメント」において，国や事業の枠を越えた異動を行うなど，チャレンジングな経験を付与することを重視している[10]。また，ユニリーバでは，海外子会社の有能な現地人材に対して複数の国と商品分野での経験を積ませることがキャリアパスマネジメントの基本であり，国際人事異動が企業文化の吸収と人的ネットワークの形成に資すると考えられている（中井，2002）[11]。同様に，フィリップスでも異文化経験を伴うOJTが最高の育成ツールであると認識されているという（Keeley, 2001）。しかし，こうした国際人事異動をスムーズに実現するためには，制度的インフラとして「本社―海外子会社」間や各国子会社間の異動に際する「処遇ルール」を全世界統一で策定しておく必要がある。例えば，東レやキヤノンでは，米国のコンサルティング会社であるORC社の「バランスシートアプローチ」（"No Loss, No Gain"の原則）により，賃金の決定方法や社会保険・年金などの取り扱いをグローバルに共通化して母国勤務時と同等の購買力を補償している（図5-5）[12]。

　また，これら育成プログラムの実施に際しては，ハイポテンシャルや経営後継者へのノミネートを本人に通知するか否かが問題となるが，世界的な人材獲得競争が激化している今日では，その通知を行うとともに，本人の意向を踏まえて目指すべき「キャリアパス」を明示し，彼（彼女）らの一層の活性化を図ることが肝要と言えよう。

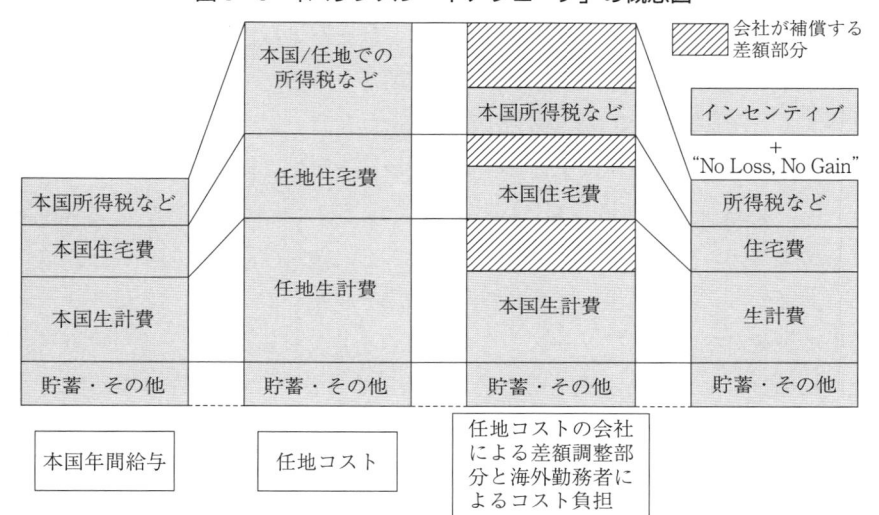

3．国際人的資源管理における「制度的統合」のフレームワーク　141

図5-5　「バランスシートアプローチ」の概念図

出所：横河オーガニゼーション・リソース・カウンセラーズのホームページを加工。

　さらに，IBM や Hewlett-Packard のように，海外子会社の現地人従業員も応募できる「グローバル社内公募制度」を導入している企業もある[13]。こうした仕組みは，国籍や採用地・勤務地の区別なく，全世界の有能人材に対して広範なキャリア機会が開かれていることを制度的に保証するとともに，現地人のチャレンジ精神の喚起や自律的キャリア形成の視点から人材の育成に資する手段であると言えよう。

(5)　「情報共有化」のためのインフラ

　ハイポテンシャルや経営後継者については，人事考課やコンピテンシー評価の結果，さらにはキャリアの履歴や希望などに関する情報が，「グローバル人事データベース」に蓄積され，人材の活用や育成に利用される（Stroh & Caligiuri, 1998；石田, 1999, 2002）。

　また，本社および海外子会社の人的資源管理部門の責任者・管理者が一堂に会する定期会合も重要である。こうしたフェイス・トゥー・フェイスの関係を

通して各国の人的資源管理部門のキーパーソンの間にインフォーマルなヒューマンネットワークが構築され，それが国境を越えた人材需給のマッチング・プロセスなどにおいて有効に機能することが期待される。

さらに，「社内の特定分野の専門家」に関するディレクトリー（名簿・データベース）をグローバルに整備し，海外子会社の現地人従業員も利用できるようにしている企業もある。例えば，３Ｍでは「製品を通して得た売上や利益は各事業部門の成果となるが，それをもたらした技術は会社全体の共有資源である」との考えに基づき，技術者の研究成果や履歴がデータベース化され，世界中の技術者は自由にアクセスできるようになっている[14]。こうした仕組みは，社内における知識の所在地・所有者を公開することで，「国境を越えた協働」のプロセスの強化を図る取り組みであると言えよう。

4．日本企業の「制度的統合」に関する先行研究

第３節では，前節での議論を踏まえ，日本企業における「グローバルに統合された人事制度」の導入状況に関する先行研究のレビューを行う。

(1) Koppの日・欧・米多国籍企業の比較研究

Kopp（1994）は，日・欧・米多国籍企業の「グローバルに統合された人事制度」の導入状況について比較研究を行っている。それによると「世界共通の評価基準」を採用している比率は，欧州企業・米国企業では各々48％・58％であるのに対し，日本企業は24％に留まる（表5-1）。次に，「現地人の本社登用に向けた教育・訓練」の実施比率も日本企業では相対的に低い。そして，「現地人が本社や他の海外子会社へ頻繁に異動している」と回答した企業は，欧州・米国企業が各々65％・54％であるのに対し，日本企業では15％にすぎない[15]。さらに，「グローバル人事情報」を保有する日本企業は18％であるが，欧州企業・米国企業ではそれが61％・54％と高い割合となっている。

こうした中，Koppは本社や他の子会社への「国際人事異動」の機会が「現

表5-1　日・欧・米　多国籍企業における人事制度の導入状況

	日本企業	欧州企業	米国企業
世界共通の評価基準	24%	48%	58%
現地人の本社登用に向けた教育・訓練	24%	43%	33%
現地人の国際人事異動	15%	65%	54%
グローバル人事情報	18%	61%	54%

出所：Kopp（1994），p.589.

地人の離職率」と負の相関関係にあることなど，日本企業が国際人的資源管理において相対的に多くの問題を抱えている点を指摘している。

(2) 産労総合研究所の調査

　産労総合研究所（1998）が日本企業を対象に実施した調査によると，「国際人的資源管理に関する理念や基本方針」が「ある」企業は31.4%しかない。しかも，それを「現地人にも配布し徹底周知している」のはその内の6.3%にすぎず，「駐在員のみに配布」が半数を占めている。また，「現地人のための本社での研修システム」が「ない」企業が62.7%に達している。加えて，「本社による現地人管理者の評価を実施している」企業は5.9%にすぎず，「一切実施していない」が84.3%と圧倒的に多いことが示されている。

(3) 根本の日本企業と在日外資系企業の比較研究

　根本（1999b）は，海外子会社から本社への逆出向を「グローバルな人材活用」あるいは「グローバル・マネジャーの育成」のためのステップと位置づけ，日本企業と在日外資系企業の比較研究を行っている。その結果，本社への逆出向を実施している比率は，日本企業が15%であったのに対して，在日外資系では60%に達している。また，その目的については日本企業では若手対象のOJTが中心であるのに比べ，在日外資系では管理者・経営幹部のCDPや共同プロジェクトのための逆出向が多い。さらに，外資系ではグローバルな人材活用を促進するための「世界共通の職務等級制度」や「管理者以上の人事デー

ベース」「グローバルな社内公募制度」など関連インフラの整備が進んでいる様子も示されている。

(4) Keeleyの日本企業に対する実態調査

　Keeley (2001) は，日本企業における「グローバルな人的資源管理施策」について実態調査を行っている。具体的には，「全世界統一の評価制度」「現地人の本社登用に向けた教育・訓練」「現地人の本社または他の海外子会社への異動」「本社が管理するグローバルな人材プール」「現地人の本社幹部への登用」「現地人の他の海外子会社幹部への登用」の導入・実施状況を5点法（5点＝全くそのとおり，1点＝全く違う）で尋ねたところ，その平均値は1.86に留まった。また，海外子会社の経営幹部層に第三国籍人（TCNs）を起用している日本企業は皆無で，「本社の人的資源管理部門の管理対象は日本人駐在員（PCNs）のみ」とする回答が80％に達している。これらの結果を受け，Keeleyは在外日系企業では現地人は「グローバル人材」と見なされず，その人的資源管理は極めて「本国志向」（ethnocentric）に近いと述べている。

(5) 労働政策研究・研修機構の調査

　労働政策研究・研修機構（2004）は，海外子会社のホワイトカラーに対する人事制度（評価や昇進など）の準拠集団に関する調査を実施している（5点法による回答：5点＝全面的に取り入れている，1点＝全く取り入れていない）。その結果，準拠集団別の平均値は「日本本社」が2.5，「ローカル企業」が2.9，「グループ内兄弟企業」が2.2であり，「日本本社と同じ人事制度」「グループ内兄弟企業と同じ人事制度」を「全面的に取り入れている」在外日系企業は各々4.6％・3.1％にすぎなかった。一方，「全く取り入れていない」とする回答は32.9％・38.1％に達している。

　また，現地人の幹部登用プログラムに関する状況を見ると，「グループとして統一したプログラムを有する」と回答した企業はわずか5.6％に留まっている。さらに，「現地法人が策定したプログラムがある」は15.9％で，「現在なく，

将来も作成する予定はない」が36.2%もあった。

5. 日本企業における「第2のグラス・シーリング」

　前節でレビューした先行研究を総括すると，多くの日本企業では現地人に対する人的資源管理は基本的に現地（現地法人）任せであり，本国人と現地人は異なる管理体系のもとに置かれている様子が伺える。すなわち，グローバルなグレード制度や評価制度，さらにはグローバル人事情報などの仕組みを持つ日本企業は欧米の多国籍企業に比べると少数で，人事制度は「本社―海外子会社」間だけでなく，子会社間でも統一性を欠いたものとなっていると考えられる。その結果，国際人事異動は本国人だけが日本本社から海外子会社に放射線状に出て行く「ホイール型」で，多方向の「ネットワーク型」には程遠い状況にある（石田，1994）。

　Kopp（1999）やKeeley（2001）は，こうした「制度的分裂」の中に，日本国内における「正社員」と「非正社員」の相違に似た身分格差を見出している[16]。それは，日本企業では「本国人＝コア労働力」，「現地人＝ペリフェラル労働力」という厳然たる格差が存在することを訴えたものである。すなわち，日本企業の本国人は「グローバル・プレーヤー」として，そのキャリア機会が当該多国籍企業全体に広がっているのに対し，現地人は世界本社の人的資源管理部門にとって「名簿上の存在」（Kopp, 1994）にすぎず，その能力や業績を統一的に測定・記録し蓄積するシステムや，本社が直接的にその人的資源管理に関与する仕組みはほとんど存在しない。その結果，彼（彼女）らは，多国籍企業に入社したにもかかわらず，キャリア機会が一国内はおろか，自らが入社した一現地法人に限られるという「ローカル・プレーヤー」としての地位に留め置かれているのである。ここに，われわれは，現地人のキャリア機会が当該現地法人に限定される「第2の（もう1つの）グラス・シーリング」（古沢，2005b）の存在を指摘することができよう。

(1) 「第2のグラス・シーリング」の弊害
①有能人材の「採用・定着」問題

　経済・経営活動がグローバル化する環境下，現地人のキャリア機会が当該現地法人に限定されるという制度的枠組みの中で，有能人材の「採用・定着」を図ることは極めて困難であると言えよう。かつて，ある米国多国籍企業が欧州の大学院生を前に，欧州子会社のトップがすべて現地化されていることを誇らしげに PR したが，学生たちは全く心を動かさなかったという（Heenan & Reynolds, 1975）。つまり，有能人材にとって自国で経営トップになることが最終目標であるなら，わざわざ他国の多国籍企業に入社する必要はないのである。

　彼（彼女）らが多国籍企業を目指す理由の1つは，自らのキャリアが国境を越えて広がる可能性を追求することにあると考えられる。近年，世界の多国籍企業が大挙して進出している中国でも地場企業を交えた人材獲得競争が激化しているが，その背景にはハイアールや連想集団，さらには TCL といった中国のトップ企業では事業領域がグローバルに拡大しており，地場企業の従業員であってもキャリア機会が国境を越えて広がりつつある状況があるように思える（古沢，2003a）[17]。これに対し，例えば日本企業 A 社は，中国内に約20社の現地法人を有しているが，その人事制度は各々バラバラで現地人の人事情報を統一的に管理し，子会社の枠を越えて有能人材を有効活用する仕組みもない。A 社の中国現地法人の日本人総経理は「同じ都市に別の現地法人があるが，人事制度は当社と異なる。また現地人従業員に関する情報を子会社間で共有することもない。現地人が海外や中国内の他の子会社へ異動することなどは考えられない」と述べる。従って，有能人材が別の子会社へ異動を希望する場合は，制度的には当該現地法人を退社する以外に方法はないという[18]。

　経済・経営活動のグローバル化が進展し，世界規模での人材獲得競争が激化している今日，「当該現地法人止まり」のキャリア機会しか提供できない企業では，国際人的資源管理における競争優位を構築するのは容易でない（古沢，2005）。また，「第2のグラス・シーリング」が分権経営と結びつき，特定の人

物が長期間にわたって海外子会社のトップの地位に留まる場合，有能な現地人を自らに対する脅威と見なして能力開発に注力しないケースや，本社に対してその存在を隠そうとすることがあるかもしれない。学習意欲と上昇志向をなくした現地人が海外子会社のトップに居座り続けることは，他の有能な現地人のキャリア機会を阻害し，そのモチベーションの低下や離反を招くことになりかねないのである[19]。

② 「グローバル・マインドセット」を有した人材ストックの不足

今日，多くの日本企業は拡大を続ける海外事業展開に対し，日本人駐在員の供給が追いつかないという課題に直面している（Keeley, 2001）[20]。つまり，本国人依存体質からの脱却が日本企業に突きつけられた重要課題の1つであると考えられる。しかし，「第2のグラス・シーリング」により，キャリア機会が限定されている現地人には，「グローバル・マインドセット」を育むチャンスも動機も十分にあるとは言えない。現地人が人的資源管理において「国籍」が「能力」よりも重視されるという「エスノセントリック」な匂いを感じ取ることが，「グローバル・マインドセット」に対する最大の障害であり，そのとき彼（彼女）らの忠誠心は「ローカル」の方向へ傾き始める（Evans, Pucik & Barsoux, 2002）。

そして，「グローバル・マインドセット」を欠いた現地人が海外子会社の重要ポストにつく場合，様々な弊害が発生する。例えば，日本企業B社は甲国の子会社において，現地人の乙氏を社長に据えたことによる問題に直面している。従来の甲国のオペレーションは「一国完結型」のもので，「ローカルのインサイダー」として現地の言語・文化に精通した乙氏の存在は，現地経営上の競争優位を形成するものであった。しかし，経営環境が変化し，日本本社や域内の他国との連携が要請される状況下，本社のキーマンとの人脈が乏しくグローバル戦略に対する理解も不十分な乙氏は，グローバル経営の一翼を担うには明らかに不適任であることが露呈してきた。また，乙氏は現地経営においても旧来の方式に拘泥し，他国で開発された仕組みの導入に消極的な姿勢を示し

ているという。典型的な「NIH（Not Invented Here）症候群」や「ローカル帝国」と呼ばれる弊害の発生である[21]。

「グローバル・マインドセット」なき多国籍企業は，マルチナショナルな「バラバラ経営」の寄せ集めとなり，「世界的学習能力」の構築に齟齬をきたすことになろう。こうした中，日本企業にとっては「第2のグラス・シーリング」を打破し，有能な現地人を制度的に統合し，彼（彼女）らに「グローバル・マインドセット」を育む動機と機会を付与することを通して，グローバル経営の担い手となる人材ストックの拡大・強化を図ることが喫緊の課題であると言える。

③イノベーションを誘発する「多様な学習機会」の喪失

国境を越えた人的交流は，次に掲げる2つの理由から知識の「結合」によるイノベーションの創出に貢献すると考えられる。第1は，Adler（1991）や安室（1994）が論じたように，「異文化シナジー」の視点によるもので，多様な社会的・文化的背景を持った有能人材を国際的に異動させることで，アイデアを異種交配する組織環境が開発されるという考えに基づく（Bartlett & Ghoshal, 1989）。第2は，Szulanski（1996）が"Internal Stickiness"と描写した「情報的経営資源」の特性に関わるものである。とりわけ，知識の中でも特殊なコンテクストに埋め込まれた「暗黙知」の移転には，当事者間のフェイス・トゥー・フェイスの交流を通した「信頼関係」が重要であると考えられる（Ghoshal & Bartlett, 1988）。この点について，茂垣（2002）の日本企業に対する実証研究は，本社への人材異動が多い海外子会社では本社への知識移転も相対的に多いことなど，「人材異動」と「知識フロー」の方向性が一致していることを示している。

これらの点に鑑みれば，国際人事異動が単一方向的で，様々な社会的・文化的背景を有する人材を巻き込んだ知識の異種交配の機会が限定的である日本企業は，イノベーションの発生プロセスの「多元化」の面でハンディキャップを抱えることになるだろう。事実，藤井・松崎（2004）が実施したアンケート調

査では，日本企業における海外子会社から本社への人事異動は限定的で，「グローバル・グループ学習」は本社を基点とした垂直的かつ一方向的な学習に留まっている点が明らかにされている。

こうした中，「ホイール型」の国際人的資源管理は，「日本本社→各国子会社」といったリニアな視点の経営を招き，「世界中の有能人材の利用可能性」（Vernon, 1971；石田，1999）という多国籍企業としての本質的優位性を放棄してしまうことになりかねないと言えよう[22]。

(2) 日本企業に求められる変革

「トランスナショナル企業」「メタナショナル企業」が示すように，「世界的学習能力」を発揮するには，「本社―海外子会社」間さらには各国子会社間における多様な人々の「国境を越えた協働」が重要で，国際人的資源管理の制度面では国籍にかかわらず世界中に分散する有能人材を本社が統一的な仕組みで管理することが必要不可欠となる。そして，これら人材に「国境を越えたキャリア機会」を提示することが，有能人材の「採用・定着」を促進するとともに，協働のベースとなる「グローバル・マインドセット」の涵養と，「グローバル・イノベーション」のプロセスに資するものと考えられる。

にもかかわらず，現状，多くの日本企業では本国人と現地人が制度的に分断され，世界本社が有能な現地人を統一的に管理する仕組みが欠如している。本国人には「グローバル・プレーヤー」としてのキャリア機会が提供されるのに対し，現地人は「ローカル・プレーヤー」止まりで，その前途には「第2のグラス・シーリング」が待ち受けている。

本国人依存の国際経営が物理的限界に近づく中，日本企業には「世界志向」（Perlmutter, 1969）の国際人的資源管理に向けた変革が喫緊の課題となってこよう。具体的には，世界統一のグレード制度や評価・報酬制度を整備し，本社が「サクセション・プラン」「タレント・マネジメント」などを通して国籍や採用地・勤務地による区別なく世界各地の「ハイポテンシャル」や「経営後継者」を発掘・捕捉し，グローバル最適の観点から育成・配置を行うことが求

められよう。別言すれば，自らのキャリア開発に敏感な彼（彼女）らに対し，国境を越えた昇進可能性や能力開発の機会を提示することを通して，「第2のグラス・シーリング」を取り除き，その一層の活性化を図ることが重要であると言える。

　前述のように，国内企業に対する多国籍企業の優位性が「世界中の有能人材の利用可能性」にあるならば，働く者にとっての多国籍企業の魅力は「国境を越えたキャリア機会の可能性」にあると思われる。こうした中，「国内志向」で「日本人の日本人による日本人のための経営」を続ける企業に有能な現地人が魅せられるとは考え難い。また，たとえ有能人材が入社したとしても「第2のグラス・シーリング」の存在が，まもなく彼（彼女）らのモチベーションや定着に関する問題を惹起し，「グローバル・マインドセット」の醸成や，「グローバル・イノベーション」の創造・移転・活用という今日の多国籍企業に求められる組織能力構築の妨げとなるであろう。日本企業には「アドホック」な対応ではなく，「世界志向」を前面に打ち出し，有能人材の眼前に無限のキャリア機会が広がっていることを制度的に提示することが求められているのである。

6．むすび

　本章では，今日の多国籍企業に求められる国際人的資源管理のあり方について「制度的統合」の側面から考察した。まず，国際人的資源管理に関する代表的な理論モデルをレビューするとともに，「人材活用のグローバル最適化」に向けた「制度的統合」のフレームワークを提示した。次に，先行研究を通して，日本企業における「グローバルに統合された人事制度」の導入状況を検討した。それらの結果を総括すると，多くの日本企業では本国人と現地人は異なる人的資源管理の体系のもとに置かれていることが分かる。すなわち，欧米企業に比べると，グローバルなグレード制度や評価制度，さらにはグローバル人事情報を有する日本企業は少数で，人事制度は「本社―海外子会社」間だけでなく，

各国子会社間でも統一性を欠いたものになっている。これらの状況を受け，われわれは日本企業の国際人的資源管理の中に，現地人のキャリア機会が当該現地法人内に限定される「第2のグラス・シーリング」が存在することを指摘した。

「第2のグラス・シーリング」は，有能人材の「採用・定着」や「グローバル・マインドセット」の涵養，さらにはイノベーションを誘発する「多様な学習機会」などの面で弊害をもたらすものと思われる。こうした状況下，今後日本企業には国際人的資源管理の「制度的統合」に向けた変革が求められよう。具体的には，世界統一のグレード制度や評価・報酬制度を整備するとともに，「サクセション・プラン」「タレント・マネジメント」などを通して国籍や採用地・勤務地による区別なく世界各地の「ハイポテンシャル」や「経営後継者」を発掘・捕捉し，グローバル最適の観点から育成・配置を行うことが必要である。別言すれば，本社が海外子会社の有能人材に関する人事情報を把握していないケースや，人事制度のグローバルなリンケージが見られない場合，それらは「人材活用のグローバル最適化」の障害になると考えられる。また，有能な現地人従業員にとっては，自らのキャリアパスが当該現地法人内に限定されてしまう可能性があるため，そのモチベーションにマイナスの影響を与えることになろう。

---

1 Heenan & Perlmutter（1979）では，「地域志向」（Regiocentric orientation）を加えて「EPRGモデル」となっている。「地域志向」の特徴は，地域ベースで管理者を採用・配置・評価・育成することにあり，主要ポストには地域内の人材が当てられる。この人事政策にはEUのような経済的・政治的共同体の結成を想定し，それに対応しうるところに長所が見出せよう。なお，「EPGモデル」に関する本文での記述については，Heenan & Perlmutter（1979）およびChakravarthy & Perlmutter（1985）の議論も参考にしている。
2 このほか，多国籍企業の発展段階を論じた研究として小林（1980）がある。小林は，「経営者のパースペクティブ」の広がりと「経営ロジスティクス戦略」の有機的結びつきの強さによって，①本社経営中心，②進出地経営重視，③地域的関連を意識した上での進出地経営重視，④世界的視野に立つ海外経営の管理，⑤世界的視野に立ち，しかもグローバルなロジティクスを具備した経営の5段階を提示している。
3 但し，現実問題としてAdler & Ghadarは米国企業が異文化訓練の重要性を十分に認

識していない点を指摘し，米国企業における駐在員の高い失敗率との関連性について言及している。同様に，Tung（1981）は，派遣前教育の実施比率は日本企業が57％，欧州企業が69％であったのに対し，米国企業では32％にすぎないことを示し，失敗率との相関関係を論じている。

4 「戦略的国際人的資源管理」（SIHRM）については，Schuler, Dowling & De Cieri（1993）なども参照されたい。
5 「ヘイシステム」については，Skenes & Kleiner（2003）を参照されたい。
6 本書第7章を参照。
7 本書第7章を参照。
8 本書第7章を参照。
9 本書第7章を参照。
10 本書第7章を参照。
11 この点について，ユニリーバ元会長のF.A.マリヤース氏は，国際人事異動が経営の「ノウハウ」（know-how）だけでなく，「ノウフー」（know-who）をもたらすと述べている（Malijers, 1992）。
12 本書第7章を参照。なお，「バランスシートアプローチ」は，日本では横河オーガニゼーション・リソース・カウンセラーズが提唱している。
13 本書第7章を参照。
14 筆者の住友スリーエムに対するヒアリング調査による（2006年9月7日）。
15 また，Koppの調査によると，第3章で見たように，「世界志向」の国際人的資源管理のメルクマールと考えられるTCNs（Third Country Nationals）の子会社トップ比率は欧州企業と米国企業で各々8％・18％であるが，日本企業はわずか0.2％となっている。白木（2001, 2002, 2006）は，こうした日本企業の状況について，海外子会社の従業員が「日本人駐在員」と「現地人」だけで構成されることから「二国籍企業」と描写している。
16 Kopp（1999）は，本国人と現地人との身分格差について，正社員と非正社員の格差を特徴とする「日本型人的資源管理」の海外輸出と見ている。また，Turcq（1985）も日本企業では本国人と現地人の間には正社員と臨時雇いほどの差があると述べている。これに関連して，石田（1994）は，在外日系企業では日本人駐在員が基幹人材で，現地人が補助労働力となっている様子を「人材の二重構造」と描写している。同様に，White & Trevor（1986）は，在英国日系金融機関の実態調査から日本人駐在員と現地人の間で雇用条件や評価システムが異なる状況を指摘し，それを「二重人事システム」という言葉で表現している。
17 ハイアールについては，韓（2002），安室（2003），王（2002），吉原・欧陽（2006），TCLに関しては韓（2003）などを参照のこと。なお，連想集団はIBMのパソコン事業を2005年に買収した。
18 筆者のA社に対するヒアリング調査による（2004年9月8日）。前掲の総経理は「（こうした人的資源管理は）現地人にとって魅力がないことだろう」と自嘲気味に話してくれた。
19 3Mでは，海外子会社のトップが固定化することで有能な現地人のキャリアパスに行き詰まりが生じることを防止するという狙いから，各子会社では現地人を社長にしな

い不文律がある (Evans, Pucik & Barsoux, 2002)。

20 例えば，キヤノンの場合，1,000人弱の海外駐在員を抱えているが，その任期を5年とした場合でも，毎年200人が交代することになる。同社の大卒事務系採用者が毎年100人程度であることを考えれば，日本人駐在員への依存は物理的限界に来ているという（筆者のキヤノンに対するヒアリング調査による。2006年10月5日）。

21 こうした状況下，日本本社は会長職として日本人を派遣し，乙氏の経営に対する監督を行うとともに，社長補佐として別の日本人をつけ，本社とのリエゾン機能を担わせている。B社幹部は「今，乙氏はいわば『飼い殺し』の状態にある。しかし，2人の日本人を帰国させると，乙氏による『個別最適』の経営が行われることが目に見えている。かといって，50歳を越えた乙氏に今さら教育を施したり，本社勤務の機会を与えるという気にもなれない」とその苦悩を語った（筆者のB社に対するヒアリング調査による。2005年1月25日）。

22 前述した「ネットワーク型」（石田，1994）の国際人事異動の視点に立てば，例えば中国事業展開において日本人駐在員が「中国の特殊性」への対応に右往左往する状況から脱却し，シンガポールやマレーシアの子会社で活躍する有能な華人を起用するといった選択肢も見えてこよう。事実，最近のソニーでは，シンガポールや台湾・香港の子会社の有能人材が中国本土の現地法人へ出向し，中国事業展開に貢献を果たすケースが増えてきているという（筆者のソニーに対するヒアリング調査による。2007年8月7日）。

第6章 「グローバル人的資源管理」の実証分析

1. はじめに

　本章では，筆者が日本CHO協会にて実施したアンケート調査の分析結果を報告する。調査の目的は次の2点である。第1は，日本企業と欧米企業の比較研究である。具体的には，「海外子会社のトップ」や「本社―海外子会社間の調整メカニズム」「経営理念のグローバルな統一性と文化的多様性の尊重」について考察するほか，国際人的資源管理における「規範的統合」「制度的統合」を推進するための諸施策とその成果，さらには「グローバル・イノベーション」を巡る状況を比較する。第2の目的は，「グローバル人的資源管理モデル」の検証である。この点に関しては，前章までの議論を受けて「グローバル人的資源管理モデル」を提示するとともに，いくつかの仮説を構築し，統計的にその検証を行う。

2. 調査の概要

　本調査（調査名：「グローバル人的資源管理に関するアンケート調査」）は，筆者が2007年5月に日本CHO協会において実施したものである。対象は日本

CHO協会に加盟する多国籍企業320社で，うち128社から有効回答を得た（回収率40.0%）[1]。本調査における「多国籍企業」の定義は，吉原（2001）に従い，「海外に子会社を持って経営活動をしている企業」（p.16）とし，駐在員事務所しか有していない企業は対象から除外した。

質問票は，返信用封筒を添付し，郵送にて各企業へ送付した（希望者には，別途e-メール版の質問票を送付）。欧米企業については，回収の便を勘案して日本子会社（日本CHO協会会員）を窓口に発送し，回答依頼のカバーレターの宛先は，本社CHO（最高人事責任者）および日本法人CHOの連名とした。また，欧米企業には英語版・日本語版（2種類）の質問票を送付した。

3．分析のフレームワークと仮説の提示

(1) 分析のフレームワーク

われわれは，「トランスナショナル企業」「メタナショナル企業」が求める組織能力として「世界的学習能力」を提示するとともに，今日の多国籍企業における競争優位の源泉を「グローバル・イノベーション」に求めている。「トランスナショナル企業」「メタナショナル企業」のようなネットワーク型の組織では，世界中の知識を活かしたイノベーションの「創造」やイノベーションの国境を越えた「移転」および「活用」といった「グローバル・イノベーション」の諸側面において，「本社―海外子会社」間および各国子会社間の協働が重要な要素となる。こうした中，本書では，多様な背景を有する人々の協働を促進するには，国際人的資源管理における「規範的統合」と「制度的統合」が求められることを訴えてきた。

企業経営において最も価値のある知識は，市場では獲得できない「インタンジブル」（intangible）な「情報的経営資源」と呼ばれるものであり，その組織的共有化・活用が競争優位につながる。しかし，第3章で論じたように，情報的経営資源は特殊な環境の中に埋め込まれていることが多く，従来型の「階層」や「情報・通信技術」のみに依存して，その移転・共有化・融合を図るこ

とは難しい。そこで，知識の「送り手―受け手」間の信頼関係が求められることになる。これは，「本社―子会社」間あるいは子会社間の「関係性」をマネジメントする組織能力であるとも言える。従来，「本社―子会社」間の関係は，Stopford & Wells（1972）の「国際経営組織の発展モデル」に代表される「組織構造」の視点や，集権化・公式化といった「階層的」調整手段の観点で議論されることが多かった。しかし，マトリクス組織が指示・命令系統の二元性から対立と混乱を生じさせ，集権化・公式化が多様化・高度化する海外事業展開に対応しきれない状況下，「国境を越えた社会化」による「規範的統合」が重要視されるようになってきたのである。

　一方，国内企業に対する多国籍企業の本質的優位性は，「世界中の有能人材の利用可能性」（Vernon, 1971；石田，1999）にある。「トランスナショナル企業」「メタナショナル企業」が想定する「優れたアイデアが国境を越えて行き交い，グローバル最適の視点で人材が活用される」組織を実現するには，国際人的資源管理において，世界中に分散する有能人材を統一的に管理し，異動・配置する「制度的統合」が求められよう。そのためには，本社が従業員を世界共通の基準で格付け，評価するとともに，有能人材を発掘・育成し，そのグローバルな活用を可能にする仕組みが必要である。

　上記のような問題意識のもと，本書では「規範的統合」「制度的統合」による成果を「HR成果」と名づける。具体的には，「規範的統合」に向けた施策を通して，国境・国籍を越えた「信頼関係」や「ヒューマンネットワーク」，さらには「グローバル企業文化」（コア文化）が形成されるとともに，海外子会社幹部の「グローバル・マインドセット」と各国間の「相互学習」を重視する風土が醸成されると考えられる。また，「制度的統合」により，人材は「本国人―現地人」の区別なく「活用」「登用」され，海外子会社の現地人であっても有能人材には「グローバルなキャリア機会」が提示されることになるであろう。そして，これら「HR成果」が，海外子会社の現地人従業員を活性化させると同時に，多様な人々の「国境を越えた協働」を促進し，イノベーションの発生源の「多極化」と発生プロセスの「多元化」，さらにはイノベーション

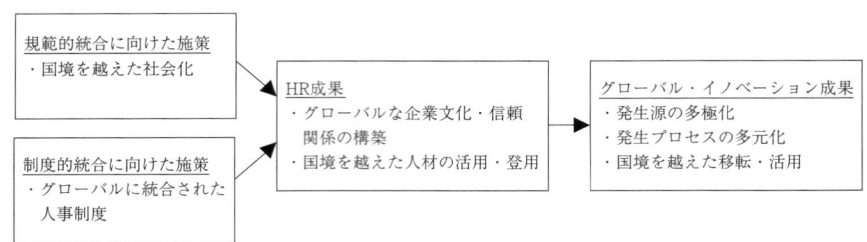

図6-1 「グローバル人的資源管理モデル」のフレームワーク

```
┌─────────────────┐
│ 規範的統合に向けた施策  │
│ ・国境を越えた社会化   │──┐
└─────────────────┘  │   ┌──────────────────┐    ┌──────────────────────┐
                     ├──▶│ HR成果            │───▶│ グローバル・イノベーション成果  │
┌─────────────────┐  │   │ ・グローバルな企業文化・信頼 │    │ ・発生源の多極化         │
│ 制度的統合に向けた施策  │──┘   │  関係の構築         │    │ ・発生プロセスの多元化      │
│ ・グローバルに統合された │      │ ・国境を越えた人材の活用・登用│    │ ・国境を越えた移転・活用    │
│  人事制度        │      └──────────────────┘    └──────────────────────┘
└─────────────────┘
```

の国境を越えた「移転・活用」によって特徴づけられる「グローバル・イノベーション成果」へと結実するのである。

本書では,「グローバル・イノベーション成果」を最終ゴールとする国際人的資源管理を「グローバル人的資源管理モデル」として提示する。「グローバル人的資源管理モデル」のフレームワークは図6-1のように示される。

(2) 仮説の提示

次に,われわれの「グローバル人的資源管理モデル」のフレームワークに従い,前項での議論を再整理しつつ,仮説を提示したい。

①「規範的統合に向けた施策」と「HR成果」

研修や評価制度,儀式・イベントなどを通して,「本国人―現地人」の区別なく「経営理念」を浸透させることが,「本社―海外子会社」間の「信頼関係」の醸成と国境を越えた「ヒューマンネットワーク」の形成につながる。そして,信頼関係はユニット間の「相互学習」を重視する風土を育むとともに,経営理念の浸透は「グローバル企業文化」へと昇華し,海外子会社の現地人幹部の「グローバル・マインドセット」の涵養に結びつく。

→【仮説1】国際人的資源管理における「規範的統合」に向けた取り組みは,「HR成果」における「グローバルな企業文化・信頼関係の構築」を促進する。すなわち,両者の間には正の相関関係が存在する。

② 「制度的統合に向けた施策」と「HR 成果」

　等級制度・評価制度・報酬制度や有能人材の発掘・登録・育成などの仕組みがグローバルに統合されると，国籍や採用地・勤務地に関係なく人材が活用・登用され，国際人事異動が活発になる。それは，海外子会社採用の現地人従業員であっても，本社・地域統括会社や他の海外子会社への異動などキャリア機会が国境を越えて広がることを意味する。

→【仮説 2】国際人的資源管理における「制度的統合」に向けた取り組みは，「HR 成果」における「国境を越えた人材の活用・登用」を促進する。すなわち，両者の間には正の相関関係が存在する。

③ 「グローバルな企業文化・信頼関係の構築」と「国境を越えた人材の活用・登用」

　第 4 章で論じたように，国際人事異動は「規範的統合」の有効な手段である。従って，「制度的統合」により「国境を越えた人材の活用・登用」が活発になれば，「グローバルな企業文化・信頼関係の構築」が促進されるであろう。逆に，「国境を越えた社会化」に注力する企業では，その手段として「国際人事異動」を多用しており，「国境を越えた人材の活用・登用」が進んでいると考えられる。

→【仮説 3】「規範的統合」「制度的統合」に向けた施策は，いずれも「HR 成果」における「グローバルな企業文化・信頼関係の構築」「国境を越えた人材の活用・登用」の両側面を規定することになる。従って，「グローバルな企業文化・信頼関係の構築」と「国境を越えた人材の活用・登用」の間には正の相関関係が存在する。

④ 「HR 成果」と「グローバル・イノベーション成果」

　「グローバルな企業文化・信頼関係の構築」は，「国境を越えた協働」のベー

スとなる各国間の「協力精神」を醸成する。同時に，相互の信頼関係は本社に対しては分権化を許容・推進する条件を提供し，海外子会社には自律的な行動とイノベーションへのエネルギーを付与するであろう。また,「国境を越えた人材の活用・登用」は，知識の異種交配とグローバル最適の人材活用につながると思われる。こうした中,「HR成果」は,「子会社発イノベーション」や国境を越えた知識の結合によるイノベーションの「創造」，さらにはイノベーションの世界的な「移転」「活用」に資するものと考えられる。

→【仮説4】「HR成果」は,「グローバル・イノベーション成果」を規定し，両者の間には正の相関関係が存在する。

⑤「規範的統合・制度的統合に向けた施策」と「グローバル・イノベーション成果」

本書の研究目的は，これからの多国籍企業に求められる「グローバル・イノベーション」を実現するための国際人的資源管理のあり方を探ることにある。われわれは，上述の議論で,「規範的統合・制度的統合に向けた取り組みがHR成果を規定し，HR成果がグローバル・イノベーション成果に結実する」という仮説を提示した。これらが支持されるならば,「規範的統合・制度的統合に向けた施策がグローバル・イノベーション成果を規定する」との仮説も構築可能となろう。

→【仮説5】「規範的統合」「制度的統合」に向けた取り組みは，それぞれ「グローバル・イノベーション成果」との間に正の相関関係を有している。

⑥「海外子会社トップに関する基本政策」と「グローバル・イノベーション成果」

われわれは,「現地化」を目指すべき最終ゴールではなく，子会社発イノ

ベーションを喚起したり，現地特有の知識にアクセスしてそれをグローバルに役立てるための必要条件として捉えている。

→【仮説6】海外子会社トップに関する基本政策として「現地人の登用」を掲げる企業は，「本国人を派遣」する企業に比べ，高い「グローバル・イノベーション成果」を挙げている。

4．日本企業と欧米企業の比較研究

(1) 海外子会社のトップを巡る状況

① 「海外子会社トップ」に関する基本政策

　海外子会社の「トップ」に関する基本政策について尋ねたところ，日本企業では「本国人を派遣する」との回答が72.9％を占め，「現地人[2]を登用する」は23.5％に留まっている（表6-1）。これに対し，欧米企業では「本国人の派遣」は12.5％にすぎず，「現地人の登用」が81.3％と圧倒的に多かった（カイ2乗検定の結果，日本企業との間には0.1％水準の統計的有意差が検出された）。また，「第三国籍人の起用」は全回答企業の中で1社（欧米企業）のみであった。なお，「その他」として「国籍に関係なく適材適所を基本政策としている」「本国人・現地人のいずれかを起用する」などの回答が見られた。

表6-1　「海外子会社トップ」に関する基本政策

	全体 n	全体 %	日本企業 n	日本企業 %	欧米企業 n	欧米企業 %
①「本国人」を派遣	66	56.4	62	72.9	4	12.5
②「現地人」を登用	46	39.3	20	23.5	26	81.3
③「第三国籍人」を起用	1	0.9	0	0	1	3.1
④その他	4	3.4	3	3.5	1	3.1
合計	117	100.0	85	100.0	32	100.0

注：n＝回答数（以下，同様）。

②「海外子会社トップ」に「本国人」「現地人」を起用する理由

次に，上記の基本政策に関連し，海外子会社トップに「本国人」または「現地人」を起用する理由について質問した。具体的には，筆者が理由として提示した8項目に関して，それがどの程度該当するかを5点法（5点＝全くそのとおり，3点＝どちらとも言えない，1点＝全く違う）で回答してもらい，その平均値を算出した。

②-1．「本国人」を派遣する理由

まず，「本国人」を派遣する理由について，全体として最も平均値が高かったのは「本社とのコミュニケーションが容易」（4.35）であった（表6-2）。これは，日本企業・欧米企業ともに第1位となっている。続いて第2位は「経営理念の理解」（4.10）で，第3位は「本国で開発された技術・ノウハウをスムーズに移転可能」（4.09）であった。

日本企業と欧米企業を比較すると，t検定の結果（両側検定。以下，同様），「経営理念の理解」および「経営に関する知識・スキル」について5％水準，「会社に対する忠誠心」で1％水準の有意差が検出され，いずれも日本企業の

表6-2　海外子会社トップに「本国人」を派遣する理由

	全体	日本企業	欧米企業	t値
①「グローバル戦略」の理解	3.82	3.81	4.00	－0.382
②「経営理念」の理解	4.10	4.16	3.25	2.343*
③「本社とのコミュニケーション」が容易	4.35	4.36	4.25	0.274
④「経営に関する知識・スキル」に優れる	3.25	3.31	2.25	2.357*
⑤「本国で開発された技術・ノウハウ」をスムーズに移転可能	4.09	4.08	4.25	－0.421
⑥「会社に対する忠誠心」が強い	3.71	3.78	2.50	2.917**
⑦「本社の経営幹部」には海外勤務が必要	2.78	2.78	2.75	0.057
⑧本国人に「ポスト」を与える必要性	2.07	2.03	2.75	－1.624

注：**：$p<0.01$，*：$p<0.05$。

平均値の方が高くなっている。「本国人は現地人・第三国籍人よりも経営理念をよく理解している」という見方が強いことは、逆に言えば、海外子会社の非日本人従業員への経営理念の浸透が不十分である状況を示唆している。すなわち、今後日本企業には「国境を越えた社会化」の強化を通して国民文化の差異を超越した信頼関係を構築することが求められると言えよう。また、「本国人の方が経営に関する知識・スキルに優れる」との認識については、海外子会社の現地人に対する教育・訓練を拡充する必要性を指し示していると考えられる。さらに、「会社に対する忠誠心」に対する評価で欧米企業と大差がついたことは、日本企業の「エスノセントリック」な経営志向を反映した結果と捉えられ、「レイシズム」との批判につながりかねない危険性を秘めている。そもそも「忠誠心」とは、企業側が従業員に対して一方的に要求するものでなく、Schein（1980）が「心理的契約」（psychological contract）として概念化したように、企業と従業員の間には「不文律の期待」が常時作用していることを忘れてはならない。Scheinによると、企業が従業員に対して忠誠心や自己犠牲の精神を求める一方、従業員も企業に対して賃金・労働時間・雇用の安定といった事項を期待している。そして、従業員が組織とその目標に対して忠誠心や熱意を持つか否か、また仕事から満足を得るかどうかは、企業と従業員の「相互期待」のバランスに依存するのである。こうした中、日本企業が海外子会社の非日本人従業員に対して「忠誠心」を求めるならば、「規範的統合」を通して相互の信頼関係強化に努めるとともに、「現地化」や「制度的統合」により「2つのグラス・シーリング」を打破し、彼（彼女）らに国籍に関係なく広大なキャリア機会が眼前に広がっていることを示すべきであろう。

②-2.「現地人」を登用する理由

他方、「現地人」の登用に関しては、「現地の市場・社会・文化への精通」が日本企業・欧米企業ともにトップで、「現地人のモチベーション向上」「現地人とのコミュニケーションが容易」「現地の有能人材の採用・定着」「現地社会でのイメージアップ」など上位項目の順位は両グループでほぼ同様であった（表6-3）。すなわち、「現地人登用」を基本政策とする企業は、石田（1989,

表6-3　海外子会社トップに「現地人」を登用する理由

	全体	日本企業	欧米企業	t値
①現地の「市場・社会・文化」への精通	4.62	4.62	4.62	0.019
②現地の有能人材の「採用・定着」	4.19	4.19	4.19	−0.008
③現地人の「モチベーション向上」	4.36	4.38	4.35	0.174
④「現地人とのコミュニケーション」が容易	4.43	4.33	4.50	−0.760
⑤現地社会での「イメージアップ」	3.38	3.29	3.46	−0.576
⑥「現地政府」の要請	1.87	2.24	1.58	2.666*
⑦駐在員派遣と比べ「コスト」が安い	2.96	2.90	3.00	−0.253
⑧本国人の中で「海外勤務希望者」が少ない	1.66	1.90	1.46	1.842†

注：*：p<0.05，†：p<0.1。

1994)が示した「現地化」のメリットのうち，「積極的要因」を重視している様子が伺える。逆に，「現地政府の要請」「コストが安い」「本国人の海外勤務希望者が少ない」といった「消極的要因」の平均値は相対的に低かった。なお，日本企業と欧米企業の間には，t検定の結果，「現地政府の要請」に関して5％水準の有意差が検出された。日本企業の方が現地政府の意向を意識する傾向が強いと言える。

(2) 「本社―海外子会社」間の調整メカニズム

本項目に関しては，「本社―海外子会社」間の関係を調整する仕組み・取り組みとして，筆者が提示した施策をどの程度重視しているかを5点法（5点＝大変重視，3点＝どちらとも言えない，1点＝全く重視せず）で回答してもらった。

調整メカニズムの類型化については，第2章の議論に従って「集権化」「公式化」「社会化」という3つの概念で捉えている。具体的な施策としては，「集権化」は「本社への経営資源・権限の集中」「本国人駐在員による監督・監視」，「公式化」は「本社・子会社の権限の明文化」「業務手続やルールのグローバル

表6-4 「本社―海外子会社」間の調整メカニズム

	全体	日本企業	順位	欧米企業	順位	t値
①本社への経営資源・権限の集中	3.09	3.14	5	2.94	5	1.051
②本国人駐在員による監督・監視	3.35	3.71	1	2.35	6	5.723***
③本社・子会社の権限の明文化	3.21	3.26	4	3.09	4	0.748
④業務手続やルールのグローバルな標準化	3.06	2.77	6	3.82	2	−4.858***
⑤現地人幹部への経営理念の浸透	3.68	3.49	2	4.18	1	−3.024**
⑥本社と現地人幹部との個人的信頼関係	3.56	3.46	3	3.82	2	−2.056*

注：***：p<0.001，**：p<0.01，*：p<0.05。

な標準化」，そして「社会化」は「現地人幹部への経営理念の浸透」「本社と現地人幹部との個人的信頼関係」を各々提示した。

その結果，日本企業では5点法の平均値は「本国人駐在員による監督・監視」が3.71で最も高く，第2位は「現地人幹部への経営理念の浸透」(3.49)が続いている。以下「本社と現地人幹部との個人的信頼関係」(3.46)，「本社・子会社の権限の明文化」(3.26)，「本社への経営資源・権限の集中」(3.14)，「業務手続やルールのグローバルな標準化」(2.77) となっている（表6-4）。

一方，欧米企業は「現地人幹部への経営理念の浸透」(4.18) が最高で，「業務手続やルールのグローバルな標準化」「本社と現地人幹部との個人的信頼関係」がともに3.82で第2位，以下「本社・子会社の権限の明文化」(3.09)，「本社への経営資源・権限の集中」(2.94)，「本国人駐在員による監督・監視」(2.35) の順であった。

次に，3つのメカニズムごとに日本企業と欧米企業のスコアを比較してみよう。まず，「集権化」については，日本企業が欧米企業に比して「集権化」のメカニズムを多用していることは従来から指摘されてきた（Bartlett & Ghoshal, 1989, 1995など）。しかし，今回の調査では「本社への経営資源・権

限の集中」に関して両グループ間で有意差が検出されなかったことから,「本国人駐在員による監督・監視」こそが日本企業の調整メカニズムを特徴づける施策であると言えよう(欧米企業との間に0.1%水準の有意差)。次に,「公式化」の面では,「高コンテクスト文化」の影響を論じた安室(1882)や石田(1994, 1999),林(1994),藤野(1995)などの研究の中で,日本企業の組織運営の特質として「責任・権限の曖昧さ」が示されてきた。こうした中,本調査では,意外にも「本社・子会社の権限の明文化」に関して,日本企業の平均値が欧米企業のそれを上回るという結果が示された(但し,統計的有意差はなし)。逆に,「業務手続・ルールのグローバルな標準化」の平均値は欧米企業が1ポイント以上高くなっている(0.1%水準の有意差)。従って,「公式化」に関する日本企業と欧米企業の差異は,本社・子会社双方の「責任・権限の明文化」よりも,「業務手続やルールのグローバルな標準化」の面から説明されるべき事象と考えられよう。最後に,「社会化」のメカニズムについて考察する。「社会化」に関して提示した2つの施策のグループ内順位は欧米企業で1位・2位となり,欧米企業が調整メカニズムとして「社会化」を非常に重視していることが分かる。一方,日本企業でもグループ内順位は2位・3位で,決して「社会化」を軽視している訳ではなさそうである。しかし,「現地人幹部への経営理念の浸透」は1%水準,「本社と現地人幹部との個人的信頼関係」については5%水準の有意差で欧米企業のスコアが日本企業を上回った。

以上のことから,「本社―海外子会社」間の調整メカニズムについて,欧米企業では「社会化」の重要性を強く意識するとともに,「業務手続・ルールのグローバルな標準化」という「システムによるコントロール」の活用度が日本企業に比べて高いという特徴が見出せる。一方,日本企業は「本国人駐在員」を介した「ヒトによるコントロール」への依存度において欧米企業とは対照的な結果を示しており,「社会化」への注力度でも欧米企業との差異が観察された点が注目されよう。

(3) 「経営理念のグローバルな統一性」と「文化的多様性の尊重」
① 「経営理念」のグローバルな統一性

　経営理念や価値観・行動規範など（以下，「経営理念」と記述）の文言について，「海外子会社も含め全世界で統一されているか」を5点法（5点＝全くそのとおり，3点＝どちらとも言えない，1点＝全く違う）で尋ねたところ，日本企業の平均値は3.69であったのに対して，欧米企業のそれは4.59に達した（両者の間には0.1％水準の有意差，表6-5）。

　回答の分布を見ると，日本企業の中で最も回答が多かったのは5点をつけた企業で，その割合は38.7％を占めるが，欧米企業（79.4％）に比べると40ポイント以上も低い。また，2点と1点を合算した比率は，日本企業が19.4％であるのに対し，欧米企業は2.9％に留まっている。以上のことから，欧米企業の方が「コア文化」の基盤となる「グローバル統一の経営理念」を明示しているケースが多いと考えられる。

② 「文化的多様性」の尊重

　「各国子会社の文化的多様性を尊重することが，グローバルな方針として掲げられているか」という問いに対する回答（基準は上記同様の5点法）の平均値は，日本企業が2.92，欧米企業では4.38となり，大きな差異があった（0.1％水準の有意差，表6-6）。

　度数分布を見ると，日本企業では回答にバラツキがあるのに対し，欧米企業は5点の回答が7割以上を占めている。逆に，日本企業では1点の回答が4社

表6-5　経営理念のグローバルな「統一性」

回答	5	4	3	2	1	平均値	t値
日本企業 n（%）	36 (38.7%)	22 (23.7%)	17 (18.3%)	6 (6.5%)	12 (12.9%)	3.69	-4.209***
欧米企業 n（%）	27 (79.4%)	2 (5.9%)	4 (11.8%)	0 (0.0%)	1 (2.9%)	4.59	

注：***：p<0.001。

表6-6 「文化的多様性」の尊重に関する状況

回答	5	4	3	2	1	平均値	t値
日本企業 n（％）	14 (15.4%)	21 (23.1%)	22 (24.2%)	12 (13.2%)	22 (24.2%)	2.92	-6.407***
欧米企業 n（％）	24 (70.6%)	1 (2.9%)	7 (20.6%)	2 (5.9%)	0 (0.0%)	4.38	

注：***：p<0.001。

に1社あるが，欧米企業では皆無である。欧米企業の方が日本企業よりも，「文化的多様性の尊重」をグローバルな方針として明確に打ち出していると言えよう。

　以上の調査結果から，日本企業における経営理念のグローバルな「統一性」の程度は欧米企業よりも低いことが分かった。その一方で，日本企業では「文化的多様性の尊重」をグローバルに方針化している企業も相対的に少ない。つまり，「コア文化」の基盤となる「グローバル統一の経営理念」を明確に提示する訳でなく，「多様な国民文化の尊重」を掲げることもないという「アドホック」な状況が日本企業の実状として浮かび上がってくる。それに対し，欧米企業では「グローバルな経営理念」を明示する一方，「多様性の尊重」をグローバルに方針化するなど，第4章で示した「コア文化とペリフェラル文化の並存」を志向している様子が伺える。本アンケート調査結果から両文化の並存に向けた具体的方策を明らかにすることはできないが，「グローバルな経営理念」の中に「多様性の尊重」を内包化しているケースと，全世界統一の経営理念を提示する一方で「ダイバーシティ・マネジメント」（Diversity Management）をグローバルな人事施策として展開している場合などが考えられよう[3]。

(4) 「規範的統合」に向けた施策

　ここでは，「国境を越えた社会化」を促進するための取り組みについて尋ねている。具体的には，筆者が提示した13項目に関する状況を5点法（5点＝全

表6-7 「規範的統合」に向けた施策

	全体	日本企業	欧米企業	t値
①現地人にも経営理念を記した「カード」「冊子」「社内広報誌」を配布	3.61	3.26	4.56	−5.325***
②全世界統一のプログラムによる「経営理念研修」(e-ラーニングを含む）の実施	2.54	2.01	3.97	−8.242***
③「研修」「テレビ会議」などにおける本社のトップから現地人への経営理念の語りかけ	2.90	2.47	4.06	−5.950***
④経営理念のコンピテンシーへの落とし込みなど，全世界統一の仕組みによる「評価制度」との連動	2.26	1.77	3.59	−7.166***
⑤経営理念をベースとした全世界統一の仕組みによる「アセスメント評価」の実施	2.20	1.75	3.41	−6.100***
⑥全世界統一の「モラールサーベイ」「風土調査」による経営理念の浸透状況の定期的チェック	2.32	1.61	4.26	−11.895***
⑦経営理念を浸透させる方策として「国際人事異動」を重視	2.31	2.03	3.06	−4.022***
⑧経営理念を浸透させる方策として国境を越えた「プロジェクト」「タスクフォース」を重視	2.38	2.11	3.12	−4.000***
⑨「駐在員」の役割として「経営理念の浸透」を重視	3.02	3.03	3.00	0.133
⑩経営理念との「適合性」を「人材採用時」の判断指標とするようグローバルに方針化	2.41	2.04	3.41	−6.036***
⑪「重要な意思決定」は経営理念に照らしてなされるようグローバルに方針化	3.10	2.82	3.88	−4.251***
⑫経営理念を象徴するグローバルな「表彰プログラム」「社内大会」の定期的開催	2.49	2.17	3.35	−4.372***
⑬経営理念を象徴する「創業者」「中興の祖」「英雄」に関するエピソードのグローバルな伝承	2.50	2.39	2.82	−1.582

注：***：$p<0.001$。

くそのとおり，3点＝どちらとも言えない，1点＝全く違う）で回答してもらい，その平均値を算出した（表6-7）。

　日本企業と欧米企業のスコアを比較すると，「駐在員の役割として経営理念の浸透を重視」を除く12項目で欧米企業が日本企業を上回り，うち11項目で0.1％水準の有意差が現れた。「駐在員による経営理念の浸透」に関するスコアの逆転現象には，先に見たように，①欧米企業では「海外子会社トップ」の「現地化」を基本方針として掲げる企業が多く，海外子会社経営における駐在員への依存度が日本企業に比べて低いと考えられること，②日本企業では「本社―海外子会社」間の調整に際して「駐在員派遣」を主たるメカニズムとして活用する企業が多いことが影響しているように思える。

　日本企業で平均値が3.00以上を記録したのは「現地人にも経営理念を記したカード・冊子・広報誌を配布」「駐在員の役割として経営理念の浸透を重視」の2項目のみで，1点台が3項目あった。対照的に，欧米企業で3.00未満は「経営理念を象徴する創業者・中興の祖・英雄に関するエピソードの伝承」だけで，「現地人にも経営理念を記したカード・冊子・広報誌を配布」「研修・テレビ会議などにおけるトップから現地人への経営理念の語りかけ」「全世界統一のモラールサーベイ・風土調査による経営理念の浸透状況の定期的チェック」の3項目に関しては平均値が4.00以上となった。

(5)　「制度的統合」に向けた施策

　次に，「制度的統合」に関連した取り組みを考察する。ここでは，「規範的統合」と同様，筆者が提示した13項目に関する状況を5点法で回答してもらい，平均値を算出した（表6-8）。

　分析の結果，13項目全てにおいて欧米企業の平均値が日本企業のそれを上回り，かつ0.1％水準の有意差が検出された。日本企業では平均値が3.00以上であった項目は皆無で，2.00以上についても「現地人も対象とした経営者研修」「全世界統一のコンピテンシーモデル・リーダーシップモデル」「国際人事異動に関する全世界統一の処遇ルール」「人的資源管理部門の責任者が一堂に会す

表6-8 「制度的統合」に向けた施策

	全体	日本企業	欧米企業	t値
①全世界統一の「グレード制度」	2.24	1.65	3.88	−8.043***
②全世界統一の「評価制度」	2.20	1.55	4.00	−9.473***
③全世界統一の「報酬制度」	1.93	1.40	3.38	−7.435***
④現地人も対象とした本社による「経営者研修」	2.74	2.16	4.32	−8.570***
⑤全世界統一の「コンピテンシーモデル」「リーダーシップモデル」	2.59	2.00	4.21	−8.938***
⑥現地人も応募できるグローバルな「社内公募制度」	1.91	1.29	3.59	−7.939***
⑦国際人事異動に関する全世界統一の「処遇ルール」	2.54	2.02	3.94	−7.126***
⑧本社主導による「サクセション・プラン」	2.44	1.90	3.91	−8.332***
⑨グローバルな「人材インベントリー」「人材プール」「タレント・マネジメント」	2.43	1.84	4.03	−9.121***
⑩有能な現地人に対する「キャリアパス」の明示	2.13	1.82	3.00	−5.790***
⑪評価結果やコンピテンシーを記録した「グローバル人事データベース」	1.95	1.47	3.26	−5.995***
⑫現地人も利用可能な「社内の特定分野の専門家」に関する「名簿・データベース」	1.68	1.39	2.47	−4.351***
⑬全世界の「人的資源管理部門の責任者」が一堂に会する「グローバルな定期会合」	2.54	2.05	3.85	−6.566***

注:***: $p<0.001$。

るグローバルな定期会合」の4項目に留まっている。一方,欧米企業は「社内の特定分野の専門家に関する名簿・データベース」(2.47)を除く全項目で平均値が3.00以上となり,「全世界統一の評価制度」「現地人も対象とした経営者研修」「全世界統一のコンピテンシーモデル・リーダーシップモデル」「グローバルな人材インベントリー・人材プール・タレント・マネジメント」の4項目では4.00以上を記録した。

(6) 「HR 成果」に関する状況

本調査の仮説に従えば,「規範的統合」「制度的統合」に向けた施策は,「グローバルな企業文化・信頼関係の構築」と「国境を越えた人材の活用・登用」に結びつくと考えられる。われわれは,これらを「HR 成果」と命名するとともに,その構成要素である「グローバルな企業文化・信頼関係の構築」と「国境を越えた人材の活用・登用」について各5項目の質問を用意し,日本企業と欧米企業の比較を行った(表6-9)。

①「グローバルな企業文化・信頼関係の構築」の側面

「グローバルな企業文化・信頼関係の構築」については,「本社―現地人幹部

表6-9 「HR 成果」に関する状況

	全体	日本企業	欧米企業	t 値
1.「グローバルな企業文化・信頼関係の構築」の側面				
①「本社―現地人幹部」間の「信頼関係」	3.53	3.29	4.18	−4.511***
②事業・機能ごとの国境を越えた「ヒューマンネットワーク」	3.32	3.04	4.09	−4.573***
③国民文化を超越した「グローバル企業文化」	3.05	2.71	3.97	−5.156***
④各国間の「相互学習」を重視する風土	2.90	2.65	3.59	−4.274***
⑤現地人幹部の「グローバルな視点」による思考・行動	3.32	3.08	4.00	−4.700***
2.「国境を越えた人材の活用・登用」の側面				
①「本社」への異動	2.18	1.75	3.35	−6.881***
②「地域統括会社」への異動	2.27	1.86	3.38	−6.160***
③「他の海外子会社」への異動	2.20	1.73	3.47	−7.753***
④「地域統括会社の役員」への登用	2.54	2.27	3.29	−3.862***
⑤「本社の役員」への登用	2.09	1.77	2.94	−4.851***

注:***:p<0.001。

間の信頼関係」,「事業・機能ごとの国境を越えたヒューマンネットワーク」,「グローバル企業文化」,国境を越えた協働に必要な「相互学習を重視する風土」,グローバル・マインドセットの指標となる「現地人幹部のグローバルな視点による思考・行動」を質問項目として提示し,5点法（5点＝全くそのとおり,3点＝どちらとも言えない,1点＝全く違う）による回答を求めた。

項目ごとに平均値を算出したところ,日本企業のスコアは「本社―現地人幹部間の信頼関係」「事業・機能ごとの国境を越えたヒューマンネットワーク」「現地人幹部のグローバルな視点による思考・行動」の3項目で3.00を越えている。しかし,欧米企業のスコアはそれ以上に高く,平均値4.00以上を記録した項目が3つあった。そして,欧米企業の平均値は全5項目で日本企業を上回り,そのいずれにおいても0.1％水準の有意差が検出された。つまり,「国境・国籍を越えた信頼関係」,「グローバルなヒューマンネットワーク」の構築,「コア文化」の形成,さらには「相互学習」を重視する風土や現地人幹部の「グローバル・マインドセット」といった面で,日本企業と欧米企業の間に大きな差異が確認できたと言える。

② 「国境を越えた人材の活用・登用」の側面

同様に,「国境を越えた人材の活用・登用」の側面に関しては,「海外子会社の現地人従業員にも,国境を越えた異動や地域統括会社・本社の役員への登用の機会が頻繁にあるか否か」を探るべく,各項目に対し5点法（基準は上と同じ）で回答を求めた。日本企業と欧米企業のスコアを比較すると,日本企業で平均値が2.00を越えたのは「地域統括会社の役員への登用」（2.27）だけで,他は全て1点台であった。逆に,欧米企業では「本社の役員への登用」（2.94）を除く4項目で平均値が3.00以上を記録した。そして,欧米企業の平均値は全項目で日本企業を上回り,両者の間には0.1％水準の有意差が検出された。これらの調査結果は,日本企業における「第2のグラス・シーリング」の存在を裏づけるものであると考えられる。つまり,欧米企業では海外子会社の現地人従業員であっても,「国境を越えた人材の活用」がなされ,有能であれば「本

社の役員」にも登用されうるのに対し，日本企業では現地人のキャリア機会は当該現地法人内に限定されるケースが多いということである。

(7)「グローバル・イノベーション成果」に関する状況

われわれは，「トランスナショナル企業」「メタナショナル企業」が追求する最終成果を「グローバル・イノベーション」として捉えている。既に見たように，「グローバル・イノベーション」は，発生源の「多極化」と発生プロセスの「多元化」，さらにはイノベーションの国境を越えた「移転・活用」にその特質を見出すことができる。そこで，本調査ではこれらの特質を測定する指標として5項目を提示し，各々に対して5点法による回答を求めた（5点＝全くそのとおり，3点＝どちらとも言えない，1点＝全く違う）。具体的には，発生源の「多極化」については「海外子会社発イノベーションの頻繁な発生」，発生プロセスの「多元化」に関連したものとして「各国の知識の結合によるイノベーションの頻繁な発生」，イノベーションの国境を越えた「移転・活用」の面では「頻繁な逆移転」「頻繁な水平移転」および「他国で生じたイノベーションの世界的活用」を質問項目として掲げた。

分析の結果，日本企業の平均値は全て2点台であった（表6-10）。最高は「他国で生じたイノベーションの世界的活用」で2.57，続いて「各国の知識の

表6-10 「グローバル・イノベーション成果」に関する状況

	全体	日本企業	欧米企業	t値
①「海外子会社発」イノベーションの頻繁な発生	2.63	2.31	3.50	−5.515***
②イノベーションの頻繁な「逆移転」	2.43	2.12	3.29	−4.837***
③イノベーションの頻繁な「水平移転」	2.59	2.25	3.53	−5.339***
④各国の「知識の結合」によるイノベーションの頻繁な発生	2.72	2.44	3.50	−4.934***
⑤他国で生じたイノベーションの「世界的活用」	2.88	2.57	3.74	−4.740***

注：***：$p<0.001$。

結合によるイノベーションの頻繁な発生」が2.44, 以下「海外子会社発イノベーションの頻繁な発生」「頻繁な水平移転」「頻繁な逆移転」の順であった。対照的に, 欧米企業は全項目で3.00以上を記録した。最もスコアが高かったのは日本企業と同じく「他国で生じたイノベーションの世界的活用」で3.74, 第2位は「頻繁な水平移転」(3.53) であった。そして, 日本企業との間には全5項目について0.1％水準の有意差が示された。以上の調査結果から,「発生源」「発生プロセス」「移転・活用」という「グローバル・イノベーション」のいずれの側面においても, 欧米企業の成果が日本企業を上回ることが明らかになったと言えよう。

(8) 小括

日本企業と欧米企業の国際人的資源管理に関する比較研究からの発見事実を整理すると, 以下のとおりとなる。

①「海外子会社トップに関する基本政策」は, 日本企業が「本国人」中心であるのに比べ, 欧米企業では「現地人」志向の回答が多く, 対照的な結果となっている。「本国人」を派遣する理由については,「会社に対する忠誠心がある」「経営理念をよく理解している」「経営に関する知識・スキルに優れる」といった項目で日本企業のスコアが欧米企業よりも高くなっている。今後日本企業には,「規範的統合」による非日本人従業員との信頼関係強化や現地人に対する教育・訓練の拡充, さらには「現地化」「制度的統合」を通した「2つのグラス・シーリング」の打破など「エスノセントリック」な経営からの脱却が求められるであろう。

②「本社—海外子会社間の調整メカニズム」については, 従来から日本企業が「集権化」のメカニズムを多用している点が指摘されてきたが, 本調査では「本社への経営資源・権限の集中」では欧米企業との有意差は検出されず,「本国人駐在員による監督・監視」が日本企業を特徴づける手段であることが確認された。また,「公式化」に関する日本企業と欧米企業の差異は「本社・子会社の責任・権限の明文化」ではなく,「業務手続・ルールのグローバルな標準

化」において顕著であることが分かった。一方,「社会化」では「現地人幹部への経営理念の浸透」「本社と現地人幹部との個人的信頼関係」の両側面で欧米企業の注力度が相対的に高いという結果が示された。

　③欧米企業の方が日本企業に比べ,「コア文化」の基盤となる「グローバル統一の経営理念」を明示しているケースが多い。その一方で,欧米企業は「文化的多様性の尊重」をグローバルな方針として掲げるなど,「コア文化とペリフェラル文化の並存」を志向している状況が伺える。対照的に,日本企業における「企業文化と国民文化のマネジメント」は,「グローバル統一の経営理念」を提示する訳でなく,「文化的多様性の尊重」を掲げることもないという「アドホック」な様相を呈しているように感じられる。

　④「規範的統合」「制度的統合」を促進するための取り組みについては,提示した項目の大半で欧米企業の平均値が日本企業を上回った。まず,「規範的統合」に関しては,「駐在員による経営理念の浸透」を除く全項目で,欧米企業のスコアが日本企業よりも高くなった。また,「制度的統合」の面では,多くの日本企業において勤務地・採用地の区別なく有能人材をグローバルな枠組みに統合する制度や仕組みが整備されていない状況が示されたと言えよう。

　⑤「HR成果」に関しては,「グローバルな企業文化・信頼関係の構築」「国境を越えた人材の活用・登用」の両側面とも全項目で欧米企業の平均値が日本企業を上回った。特に,日本企業では「国境を越えた人材の活用・登用」のスコアが低く,現地人のキャリア機会が当該現地法人内に限定されている様子が分かる。

　⑥「グローバル・イノベーション成果」についても,提示した5項目全てにおいて欧米企業の方が平均値は高い。すなわち,イノベーションの発生源の「多極化」,発生プロセスの「多元化」,イノベーションの国境を越えた「移転・活用」において,欧米企業が日本企業よりも高い成果を挙げていると言えよう。

5．「グローバル人的資源管理モデル」の検証

(1) 「規範的統合」「制度的統合」に向けた施策の因子分析

　第4章で見たように，「規範的統合」を図るための施策は，いくつかの方法論に類型化して論じられるケースが多い。また，第5章で提示した「制度的統合」のフレームワークも，多様なプロセスや施策から構成されている。そこで，われわれは仮説の検証に先立ち，「規範的統合」「制度的統合」の測定尺度として用いた諸変数（各13項目）を因子分析にかけ，様々な取り組みをいくつかのアプローチへと整理・集約化する作業を行うこととする。

① 「規範的統合に向けた施策」の因子分析

　「規範的統合に向けた施策」については，因子分析の結果，2つの因子が抽出された（表6-11）。第1因子は，「④経営理念のコンピテンシーへの落とし込みなど，評価制度との連動」「②経営理念研修」「⑥モラールサーベイ・風土調査による経営理念の浸透状況の定期的チェック」「⑤経営理念をベースとしたアセスメント評価」「⑩経営理念との適合性を人材採用時の判断指標とするようグローバルに方針化」「③研修・テレビ会議などにおける本社のトップから現地人への経営理念の語りかけ」の6項目で構成される。これら施策については，「採用―育成―評価」という一連の人事サイクルと大きく関わっていることに共通点を見出せよう。そこで，第1因子は，「人事サイクルアプローチ」と呼ぶことにしたい。次に，第2因子は，「⑨駐在員の役割として経営理念の浸透を重視」と「⑬経営理念を象徴する創業者・中興の祖・英雄に関するエピソードの伝承」である。両者はいずれも，駐在員や創業者など「ヒト」を媒介に経営理念の浸透を志向する施策と言える。こうした中，第2因子は「ヒューマンアプローチ」と名づけることができよう。

② 「制度的統合に向けた施策」の因子分析

　次に，「制度的統合」の促進に向けた施策について解剖を試みる。因子分析

表6-11 「規範的統合に向けた施策」の因子分析

項目	因子1	因子2
④経営理念のコンピテンシーへの落とし込みなど,全世界統一の仕組みによる「評価制度」との連動	0.902	0.149
②全世界統一のプログラムによる「経営理念研修」（e-ラーニングを含む）の実施	0.830	0.231
⑥全世界統一の「モラールサーベイ」「風土調査」による経営理念の浸透状況の定期的チェック	0.827	0.027
⑤経営理念をベースとした全世界統一の仕組みによる「アセスメント評価」の実施	0.814	0.259
⑩経営理念との「適合性」を「人材採用時」の判断指標とするようグローバルに方針化	0.661	0.384
③「研修」「テレビ会議」などにおける本社のトップから現地人へ経営理念の語りかけ	0.630	0.508
⑨「駐在員」の役割として「経営理念の浸透」を重視	0.014	0.839
⑬経営理念を象徴する「創業者」「中興の祖」「英雄」に関するエピソードのグローバルな伝承	0.140	0.702
固有値	5.251	3.155
寄与率（％）	40.39%	24.27%

注：因子抽出法：主成分分析。回転法：Kaiserの正規化を伴うバリマックス法（バリマックス回転後の数値）。

の結果，2つの因子が抽出された（表6-12）。第1因子は，「⑧本社主導のサクセション・プラン」「⑨グローバルな人材インベントリー・人材プール・タレント・マネジメント」「⑩有能な現地人に対するキャリアパスの明示」「⑤全世界統一のコンピテンシーモデル・リーダーシップモデル」「⑬全世界の人的資源管理部門の責任者が一堂に会する定期会合」「④現地人も対象とした本社による経営者研修」「⑪評価結果やコンピテンシーを記録したグローバル人事データベース」「⑫社内の特定分野の専門家に関する名簿・データベース」「⑦国際人事異動に関する全世界統一の処遇ルール」の9項目で構成されている。9項目は，先の「制度的統合」に関するフレームワークでは「有能人材の発掘・登録」「育成」と「情報共有化のためのインフラ」に含まれるものである。

5．「グローバル人的資源管理モデル」の検証　179

表6-12　「制度的統合に向けた施策」の因子分析

項目	因子1	因子2
⑧本社主導による「サクセション・プラン」	0.806	0.351
⑨グローバルな「人材インベントリー」「人材プール」「タレント・マネジメント」	0.781	0.350
⑩有能な現地人に対する「キャリアパス」の明示	0.750	0.198
⑤全世界統一の「コンピテンシーモデル」「リーダーシップモデル」	0.750	0.441
⑬全世界の「人的資源管理部門の責任者」が一堂に会する「グローバルな定期会合」	0.724	0.288
④現地人も対象とした本社による「経営者研修」	0.718	0.331
⑪評価結果やコンピテンシーを記録した「グローバル人事データベース」	0.701	0.388
⑫現地人も利用可能な「社内の特定分野の専門家」に関する「名簿・データベース」	0.676	0.276
⑦国際人事異動に関する全世界統一の「処遇ルール」	0.615	0.469
③全世界統一の「報酬制度」	0.278	0.902
①全世界統一の「グレード制度」	0.330	0.888
②全世界統一の「評価制度」	0.428	0.855
⑥現地人も応募できるグローバルな「社内公募制度」	0.439	0.723
固有値	5.312	3.947
寄与率（％）	40.86％	30.57％

注：因子抽出法：主成分分析。回転法：Kaiserの正規化を伴うバリマックス法（バリマックス回転後の数値）。

　これらは，いずれも有能人材に関する情報をグローバルに捕捉・共有化し，その発掘・育成・活用を図るための手段であると言える。従って，第1因子は，「人材の発掘・育成・活用アプローチ」と命名することができよう。第2因子は，「③全世界統一の報酬制度」「①全世界統一のグレード制度」「②全世界統一の評価制度」および「⑥グローバルな社内公募制度」からなる。このうち，③①②は「報酬」「グレード」「評価」に関する制度の世界共通化を図り，グローバルに統一化された視点で人材を管理するツールであると考えられる。一

方，⑥の「グローバルな社内公募制度」は，国籍や採用地・勤務地の区別なく従業員に対して国際異動の機会を付与することで，彼（彼女）らのチャレンジ精神を喚起し，自律的キャリア形成に資することを目的としたものである。つまり，これらは制度の世界共通化と均等なキャリア機会に関連した施策と言える。そこで，第2因子については「制度共通化・機会均等アプローチ」と呼ぶことにしよう。

(2)「規範的統合」「制度的統合」と「HR成果」
①「規範的統合に向けた施策」と「HR成果」の相関関係

われわれは前項で，「規範的統合」に関する諸施策が「人事サイクルアプローチ」と「ヒューマンアプローチ」という2つの因子で構成されていることを示した。次に，これらのアプローチが「HR成果」と如何なる関係性を有するかを検証してみたい。「HR成果」の指標としては，先に見たように「グローバルな企業文化・信頼関係の構築」と「国境を越えた人材の活用・登用」に関連して各々5項目を提示している。「規範的統合に向けた施策」と「HR成果」の相関関係は表6-13に示したとおりである。

まず，第1因子である「人事サイクルアプローチ」については，「グローバルな企業文化・信頼関係の構築」に関連する5項目，および「国境を越えた人材の活用・登用」の5項目のいずれに対しても0.1％水準の相関関係が見出された。一方，「ヒューマンアプローチ」も「グローバルな企業文化・信頼関係の構築」の5項目中4項目で0.1％水準という強い相関関係が現れた。そして，「国境を越えた人材の活用・登用」については，2項目に対して1％水準，3項目で5％水準の相関を示している。

以上の分析結果は，「仮説1」を支持するものであるが，加えて「規範的統合」に関する施策が「国境を越えた人材の活用・登用」とも強い相関を示したことは興味深い。この点については，後述の「仮説3」の検証とも関連するが，「国境を越えた社会化」に注力する企業では，その手段として「国際人事異動」を多用していることを示唆するものであるように思える。

5. 「グローバル人的資源管理モデル」の検証　181

表6-13　「規範的統合に向けた施策」と「HR成果」の相関関係

HR成果	「規範的統合」に向けたアプローチ	
1．「グローバルな企業文化・信頼関係の構築」の側面	〔第1因子〕人事サイクルアプローチ	〔第2因子〕ヒューマンアプローチ
①「本社―現地人幹部」間の「信頼関係」	0.473 ***	0.269 **
②事業・機能ごとの国境を越えた「ヒューマンネットワーク」	0.541 ***	0.309 ***
③国民文化を超越した「グローバル企業文化」	0.515 ***	0.423 ***
④各国間の「相互学習」を重視する風土	0.437 ***	0.442 ***
⑤現地人幹部の「グローバルな視点」による思考・行動	0.418 ***	0.412 ***
2．「国境を越えた人材の活用・登用」の側面	〔第1因子〕人事サイクルアプローチ	〔第2因子〕ヒューマンアプローチ
①「本社」への異動	0.681 ***	0.207 *
②「地域統括会社」への異動	0.729 ***	0.184 *
③「他の海外子会社」への異動	0.694 ***	0.203 *
④「地域統括会社の役員」への登用	0.426 ***	0.271 **
⑤「本社の役員」への登用	0.469 ***	0.300 **

注：***：$p<0.001$，**：$p<0.01$，*：$p<0.05$。

② 「制度的統合に向けた施策」と「HR成果」の相関関係

続いて，「制度的統合に向けた施策」と「HR成果」の関係性を考察してみることにしよう。両者の相関関係は表6-14に示してある。まず，第1因子である「人材の発掘・育成・活用アプローチ」については，「グローバルな企業文化・信頼関係の構築」に関わる5項目すべてに対して0.1％水準の相関関係が示された。これは，グローバルなレベルで「人材の発掘・育成・活用」が進み，「本社―海外子会社」間および各国子会社間における多方向の国際人事異動が促進されることで，「国境を越えた協働」の基盤となる「信頼関係・ヒューマンネットワーク」や「グローバル企業文化」が形成されるとともに，

表6-14 「制度的統合に向けた施策」と「HR成果」の相関関係（全体）

HR成果	「制度的統合」に向けた施策	
1．「グローバルな企業文化・信頼関係の構築」の側面	〔第1因子〕人材の発掘・育成・活用アプローチ	〔第2因子〕制度共通化・機会均等アプローチ
①「本社―現地人幹部」間の「信頼関係」	0.463 ***	0.231 **
②事業・機能ごとの国境を越えた「ヒューマンネットワーク」	0.517 ***	0.274 **
③国民文化を超越した「グローバル企業文化」	0.499 ***	0.313 ***
④各国間の「相互学習」を重視する風土	0.480 ***	0.222 *
⑤現地人幹部の「グローバルな視点」による思考・行動	0.497 ***	0.176 *
2．「国境を越えた人材の活用・登用」の側面	〔第1因子〕人材の発掘・育成・活用アプローチ	〔第2因子〕制度共通化・機会均等アプローチ
①「本社」への異動	0.579 ***	0.421 ***
②「地域統括会社」への異動	0.557 ***	0.508 ***
③「他の海外子会社」への異動	0.538 ***	0.509 ***
④「地域統括会社の役員」への登用	0.378 ***	0.258 **
⑤「本社の役員」への登用	0.444 ***	0.335 ***

注：***：$p<0.001$，**：$p<0.01$，*：$p<0.05$。

「相互学習を重視する風土」「現地人幹部のグローバル・マインドセット」が醸成されることを示す結果であると言えよう。また，「人材の発掘・育成・活用アプローチ」は「国境を越えた人材の活用・登用」に関連した5項目に対しても0.1％水準の相関関係を有している。すなわち，「コンピテンシーモデル」「リーダーシップモデル」を通してグローバルに求められる行動特性・思考特性を明示し，「サクセション・プラン」や「タレント・マネジメント」など有能人材を発掘・育成する仕組みを整備するとともに，人材情報をグローバルに共有するデータベースや会議体を構築・設置することが「グローバルな人材活

用」に資すると言えよう。それは、従業員側の視点に立てば、国籍や採用地・勤務地による区別なく、有能人材に対して「国境を越えたキャリア機会」が開かれていることを意味する。

次に、第2因子である「制度共通化・機会均等アプローチ」と「HR成果」との関連を見てみよう。まず、「グローバルな企業文化と信頼関係の構築」の側面では、「グローバル企業文化」について0.1％水準、「本社─現地人幹部間の信頼関係」「国境を越えたヒューマンネットワーク」で1％水準、「相互学習を重視する風土」「現地人幹部のグローバルな視点による思考・行動」に関して5％水準の相関が示された。やはり前項同様に、グローバルな制度的統一や均等なキャリア機会の付与により国際人事異動が促進され、それが「コア文化」「国境を越えた信頼関係・ヒューマンネットワーク」の構築などに資すると考えられる。一方、「国境を越えた人材の活用・登用」の面では、5項目中4項目で0.1％水準、残る1項目においても1％水準の相関が検出された。つまり、グレード制度や評価・報酬制度を全世界で統一したり、グローバルな社内公募制度を整備することが、人材の国境を越えた活用、別言すれば世界中の有能人材に対するグローバルなキャリア機会の提示に結びつくと言えよう。以上の結果、われわれの「仮説2」は支持されうる。

③「HR成果」における「グローバルな企業文化・信頼関係の構築」と「国境を越えた人材の活用・登用」の相関関係

われわれは、「HR成果」における「グローバルな企業文化・信頼関係の構築」と「国境を越えた人材の活用・登用」という2つの側面の間には正の相関関係が存在することを「仮説3」として提示している。そこで、これら両側面の関係性について考察してみた。分析の結果、両者の間には強い相関関係が検出された（表6-15）。これは、「規範的統合」に注力している企業が「国際人事異動」を多用している可能性に加え、「国境を越えた社会化」のプロセスにより「グローバルな企業文化・信頼関係の構築」が促進され、国籍を問わず人材のグローバルな活用・登用が可能になることを示唆するものである。また、

表6-15 「グローバルな企業文化・信頼関係の構築」と「国境を越えた人材の活用・登用」の相関関係

グローバルな企業文化・信頼関係の構築 \ 国境を越えた人材の活用・登用	①「本社―現地人幹部」間の「信頼関係」	②事業・機能ごとの国境を越えた「ヒューマン・ネットワーク」	③国民文化を超越した「グローバル企業文化」	④各国間の「相互学習」を重視する風土	⑤現地人幹部の「グローバルな視点」による思考・行動
①「本社」への異動	0.403 ***	0.484 ***	0.498 ***	0.478 ***	0.470 ***
②「地域統括会社」への異動	0.410 ***	0.522 ***	0.504 ***	0.459 ***	0.355 ***
③「他の海外子会社」への異動	0.438 ***	0.490 ***	0.515 ***	0.531 ***	0.531 ***
④「地域統括会社の役員」への登用	0.457 ***	0.467 ***	0.492 ***	0.441 ***	0.443 ***
⑤「本社の役員」への登用	0.470 ***	0.419 ***	0.530 ***	0.467 ***	0.502 ***

注：*** : $p<0.001$。

一方，「制度的統合」が進むと「国境を越えた人材の活用・登用」（国際人事異動）が活発になり，社会化のプロセスが強化されると解釈できる。以上の結果は，「仮説3」を支持するものであり，「規範的統合」「制度的統合」に向けた施策は，いずれも「HR成果」の両側面にプラスの影響を与えると考えることができよう。

(3) 「グローバル・イノベーション成果」に関する考察
①「HR成果」との相関関係

われわれは，第1章において「トランスナショナル企業」「メタナショナル企業」が求める組織能力として「世界的学習能力」を提示し，「国境を越えた協働」の必要性を論じた。そして，多様な人材を規範的に統合することが協働の基盤となる「グローバル企業文化」や「信頼関係」を育むとともに，制度的統合により「グローバル最適の人材活用」が実現するとの議論を展開してきた。

表6-16 「HR成果」と「グローバル・イノベーション成果」の相関関係

HR成果 ＼ グローバル・イノベーション成果	①「海外子会社発」イノベーション	②イノベーションの「逆移転」	③イノベーションの「水平移転」	④各国の「知識の結合」によるイノベーション	⑤他国で生じたイノベーションの「世界的活用」
1.「グローバルな企業文化・信頼関係の構築」の側面					
①「本社―現地人幹部」間の「信頼関係」	0.510 ***	0.550 ***	0.504 ***	0.520 ***	0.535 ***
②事業・機能ごとの国境を越えた「ヒューマンネットワーク」	0.537 ***	0.533 ***	0.535 ***	0.551 ***	0.564 ***
③国民文化を超越した「グローバル企業文化」	0.647 ***	0.631 ***	0.558 ***	0.608 ***	0.574 ***
④各国間の「相互学習」を重視する風土	0.618 ***	0.634 ***	0.587 ***	0.628 ***	0.554 ***
⑤現地人幹部の「グローバルな視点」による思考・行動	0.571 ***	0.642 ***	0.601 ***	0.541 ***	0.561 ***
2.「国境を越えた人材の活用・登用」の側面					
①「本社」への異動	0.609 ***	0.593 ***	0.555 ***	0.519 ***	0.558 ***
②「地域統括会社」への異動	0.581 ***	0.509 ***	0.526 ***	0.562 ***	0.558 ***
③「他の海外子会社」への異動	0.616 ***	0.602 ***	0.599 ***	0.548 ***	0.552 ***
④「地域統括会社の役員」への登用	0.503 ***	0.483 ***	0.445 ***	0.434 ***	0.451 ***
⑤「本社の役員」への登用	0.587 ***	0.642 ***	0.533 ***	0.512 ***	0.478 ***

注：*** : $p<0.001$。

　そして，これら「HR成果」が「グローバル・イノベーション成果」に結実するとの主張が「グローバル人的資源管理モデル」における重要命題である。
　以上のような問題意識のもと，「HR成果」と「グローバル・イノベーション成果」の相関関係を検証してみた。その結果，「HR成果」における「グローバルな企業文化・信頼関係構築」の面では全項目が「グローバル・イノ

ベーション成果」の5つの測定指標と0.1％水準で相関関係を有していることが分かった（表6-16）。同様に，「HR成果」の「国境を越えた人材の活用・登用」についても，全項目が「グローバル・イノベーション成果」に関する5つの状況と0.1％水準で相関している。以上の分析結果は，「グローバルな企業文化・信頼関係の構築」や「国境を越えた人材の活用・登用」が進展するほど，イノベーションの発生源の「多極化」と発生プロセスの「多元化」，さらにはイノベーションの国際的な「移転・活用」が促進されることを示すものである。よって，「仮説4」は支持されたと言えるだろう。

② 「規範的統合」「制度的統合」との相関関係

われわれは，前項で「HR成果」と「グローバル・イノベーション成果」の間には極めて強い相関関係が存在することを発見事実として提示したが，次に「規範的統合」および「制度的統合」に関する施策と「グローバル・イノベーション成果」の関係についても検証しておきたい。「規範的統合」「制度的統合」に関わる指標としては，先に抽出した因子分析の結果を用いる。

②-1．「規範的統合に向けた施策」との相関関係

「規範的統合」については，第1因子である「人事サイクルアプローチ」，第2因子の「ヒューマンアプローチ」の双方が，「グローバル・イノベーション成果」の5項目全てに対して0.1％水準の強い相関関係を有していることが分かった（表6-17）。

②-2．「制度的統合に向けた施策」との相関関係

制度的統合に関する施策の第1因子である「人材の発掘・育成・活用アプローチ」は，「グローバル・イノベーション成果」の5項目全てと0.1％水準の強い相関関係を有している（表6-18）。また，第2因子として抽出した「制度共通化・機会均等アプローチ」については，いずれの項目に対しても相関係数は第1因子よりも低くなっているが，それでも「イノベーションの逆移転」と「各国の知識の結合によるイノベーション」で0.1％水準，残る3項目に関しても1％水準で有意な相関を示している。

5．「グローバル人的資源管理モデル」の検証　187

表6-17 「規範的統合」と「グローバル・イノベーション成果」の相関関係

	「規範的統合」に向けた施策	
	〔第1因子〕人事サイクルアプローチ	〔第2因子〕ヒューマンアプローチ
①「海外子会社発」イノベーションの頻繁な発生	0.491 ***	0.366 ***
②イノベーションの頻繁な「逆移転」	0.484 ***	0.339 ***
③イノベーションの頻繁な「水平移転」	0.519 ***	0.313 ***
④各国の「知識の結合」によるイノベーションの頻繁な発生	0.461 ***	0.316 ***
⑤他国で生じたイノベーションの「世界的活用」	0.511 ***	0.377 ***

注：*** : $p<0.001$。

表6-18 「制度的統合」と「グローバル・イノベーション成果」との相関関係

	「制度的統合」に向けた施策	
	〔第1因子〕人材の発掘・育成・活用アプローチ	〔第2因子〕制度共通化・機会均等アプローチ
①「海外子会社発」イノベーションの頻繁な発生	0.500 ***	0.269 **
②イノベーションの頻繁な「逆移転」	0.477 ***	0.310 ***
③イノベーションの頻繁な「水平移転」	0.534 ***	0.260 **
④各国の「知識の結合」によるイノベーションの頻繁な発生	0.429 ***	0.312 ***
⑤他国で生じたイノベーションの「世界的活用」	0.519 ***	0.300 **

注：*** : $p<0.001$，** : $p<0.01$。

　以上のことから，われわれの概念モデルにおいて「HR成果」の上流に位置する「制度的統合」「規範的統合」に向けた施策も「グローバル・イノベーション成果」と有意な関係にあることは明らかであり，「仮説5」の妥当性が示されたと考えられる。つまり，「トランスナショナル企業」「メタナショナル企業」が求める組織能力を構築するには，国際人的資源管理において「規範的

統合」「制度的統合」の両側面の強化を図ることが重要であると言えよう。

③「海外子会社トップに関する基本政策」と「グローバル・イノベーション成果」

　既に論じたように，これからの多国籍企業の競争優位の源泉として求められる「グローバル・イノベーション」の視点に立てば，海外子会社トップの「現地化」は国際人的資源管理の「十分条件・目的地」ではなく，「現地適応」度の高い経営を通してローカルの文脈に埋め込まれた知識にアクセスし，それらをグローバルに役立てるための「必要条件・出発点」として捉えるべきである。本調査に関するこれまでの分析は，「現地化」をいわば所与として扱ってきたが，ここでは上記の問題意識に立ち返り，先に見た「海外子会社トップに関する基本政策」と「グローバル・イノベーション成果」との関係性について考察してみることにしよう。具体的には，海外子会社のトップに関する基本政策（「本国人を派遣」または「現地人を登用」）により，「グローバル・イノベーション成果」に差異が見られるか否かを検証した。その結果，「本国人の派遣」を基本とする企業では，「グローバル・イノベーション成果」の平均値は全項目で2点台であったのに対し，「現地人の登用」を掲げる企業のスコアは「イ

表6-19　「海外子会社トップに関する基本政策」と「グローバル・イノベーション成果」の関係

	本国人を派遣	現地人を登用	t値
①「海外子会社発」イノベーションの頻繁な発生	2.24	3.09	-4.017***
②イノベーションの頻繁な「逆移転」	2.03	2.96	-4.438***
③イノベーションの頻繁な「水平移転」	2.23	3.09	-3.922***
④各国の「知識の結合」によるイノベーションの頻繁な発生	2.38	3.24	-4.154***
⑤他国で生じたイノベーションの「世界的活用」	2.53	3.37	-3.885***

注：***：$p<0.001$。

ノベーションの頻繁な逆移転」(2.96)を除き，全て3.00以上を記録した（表6-19）。そして，各平均値をt検定にかけたところ，全5項目で0.1％水準の有意差があることが認められた。このことから「仮説6」は支持されたと言える。

　われわれが「グローバル・イノベーション成果」として提示した5項目は，海外子会社でも「知識」や「イノベーション」が創造されることを前提とした内容になっている。この点を踏まえると，本書で主張してきたように，海外子会社トップの「現地化」は，「現地適応」度の高い経営を通して，現地特有の知識を獲得したり，海外子会社発イノベーションを喚起するという面において，「グローバル・イノベーション」のプロセスに資するものであると考えられよう。

(4) 小括

　これまで見てきたように，われわれが提示した「仮説」（1～6）は，いずれも支持されたと言える。データ分析および検証結果の要点を改めて整理しておこう。

　①「規範的統合」に向けた施策は，「人事サイクルアプローチ」と「ヒューマンアプローチ」の2因子で構成され，いずれも「グローバルな企業文化・信頼関係の構築」「国境を越えた人材の活用・登用」という「HR成果」の両側面と正の相関関係を有している。

　②「制度的統合」に向けた施策は，「人材の発掘・育成・活用アプローチ」と「制度共通化・機会均等アプローチ」からなり，いずれも上で示した「HR成果」の両側面と正の相関関係を有している。

　③「HR成果」と「グローバル・イノベーション成果」の間には正の相関関係が存在することから，「グローバルな企業文化・信頼関係の構築」および「国境を越えた人材の活用・登用」は，「子会社発イノベーション」や国境を越えた「知識の結合」によるイノベーション，さらにはイノベーションの国際的な「移転」「活用」に資すると考えられる。

④上記の結果は,「規範的統合・制度的統合に向けた取り組みがHR成果を規定し,HR成果がグローバル・イノベーション成果に結実する」ことを示すものである。そして,「規範的統合」および「制度的統合」に向けた施策と「グローバル・イノベーション成果」の間には,各々正の相関関係が存在することも確認された。

⑤海外子会社トップに関する基本政策として「現地人の登用」を掲げる企業の方が,高い「グローバル・イノベーション成果」を示した。よって,海外子会社トップの「現地化」は,「現地適応」度の高い経営を通して,現地特有の知識へのアクセスを容易にするとともに,子会社発イノベーションを喚起し,「グローバル・イノベーション」のプロセスに資すると考えられる。

6. 日本企業における「グローバル人的資源管理モデル」の検証

これまで,われわれはサンプル企業全体を対象として,データ分析を行ってきた。その結果,「規範的統合」および「制度的統合」に関連する施策が「HR成果」と正の相関関係を有するとともに,「HR成果」が「グローバル・イノベーション成果」に結実するという「グローバル人的資源管理モデル」の有効性が支持されるに至った。しかし,第1節の「日本企業と欧米企業の比較研究」で見たとおり,本調査で扱ってきた「規範的統合・制度的統合に向けた施策」「HR成果」および「グローバル・イノベーション成果」に関連するいずれの指標についても,欧米企業の方が高いスコアを示している。つまり,全体サンプルを用いた仮説の検証には,欧米企業のデータが影響を与えている可能性を排除できない。別言すれば,「グローバル人的資源管理モデル」は欧米企業にのみ妥当するもので,日本企業には適用できないという見方も成立するかもしれない。そこで,回答企業の中から日本企業だけを取り出して,再度仮説の検証を試みることにしたい。

(1)「規範的統合」「制度的統合」に向けた施策の因子分析

まず,全体サンプルと同様,「規範的統合」「制度的統合」に関連する施策を因子分析にかけ,諸施策をいくつかのアプローチへと集約してみる。

①「規範的統合に向けた施策」の因子分析

因子分析の結果,2つの因子が抽出された(表6-20)。第1因子は,「⑨駐

表6-20 「規範的統合に向けた施策」の因子分析(日本企業)

項目	因子1	因子2
⑨「駐在員」の役割として「経営理念の浸透」を重視	0.781	0.135
③「研修」「テレビ会議」などにおける本社のトップから現地人への経営理念の語りかけ	0.741	0.292
⑬経営理念を象徴する「創業者」「中興の祖」「英雄」に関するエピソードのグローバルな伝承	0.689	0.076
⑧経営理念を浸透させる方策として国境を越えた「プロジェクト」「タスクフォース」を重視	0.651	0.378
⑫経営理念を象徴するグローバルな「表彰プログラム」「社内大会」の定期的開催	0.644	0.416
⑪「重要な意思決定」は経営理念に照らしてなされるようグローバルに方針化	0.600	0.351
④経営理念のコンピテンシーへの落とし込みなど,全世界統一の仕組みによる「評価制度」との連動	0.146	0.904
⑤経営理念をベースとした全世界統一の仕組みによる「アセスメント評価」の実施	0.225	0.801
②全世界統一のプログラムによる「経営理念研修」(e-ラーニングを含む)の実施	0.459	0.641
⑩経営理念との「適合性」を「人材採用時」の判断指標とするようグローバルに方針化	0.364	0.636
固有値	3.982	3.539
寄与率(%)	30.63%	27.22%

注:因子抽出法:主成分分析。回転法:Kaiserの正規化を伴うバリマックス法(バリマックス回転後の数値)。

在員の役割として経営理念の浸透を重視」「⑬研修・テレビ会議などにおける本社のトップから現地人への経営理念の語りかけ」「⑬経営理念を象徴する創業者・中興の祖・英雄に関するエピソードの伝承」「⑧経営理念を浸透させる方策として国境を越えたプロジェクト・タスクフォースを重視」「⑫経営理念を象徴するグローバルな表彰プログラム・社内大会の定期的開催」「⑪重要な意思決定は経営理念に照らしてなされるようグローバルに方針化」の6項目である。このうち，⑨と⑬は，われわれが全体サンプルの分析において「ヒューマンアプローチ」と名づけた第2因子を構成していたものである。その他の4項目については，③が全体サンプルでは第1因子（人事サイクルアプローチ）に含まれていた以外は，第1・第2のいずれの因子にも属していなかった。これら3項目のうち「⑧プロジェクト・タスクフォース」は，フェイス・トゥー・フェイスの人的交流を通して経営理念の浸透を図ることを企図するものであることから，「ヒューマンアプローチ」に分類してよいだろう。また，「⑪経営理念に照らした意思決定のグローバルな方針化」も，同様に経営幹部・管理者の態度・行動を通した浸透策であるので「ヒューマンアプローチ」として位置づけられる。一方，「⑫表彰プログラム・社内大会」は，Deal & Kennedy（1982）や田尾（1999）が「儀式」や「行事」などイベントの重要性に関連づけて論じた方策に通じるものである。そこで，日本企業の「規範的統合に向けた施策」の第1因子は「ヒューマン・イベントアプローチ」として整理することができよう。次に，第2因子は，「④経営理念のコンピテンシーへの落とし込みなど，評価制度との連動」「⑤経営理念をベースとしたアセスメント評価」「②経営理念研修」「⑩経営理念との適合性を人材採用時の判断指標とするようグローバルに方針化」の4項目である。これらは，いずれも全体サンプルでは第1因子に含まれ，「採用―育成―評価」という人事サイクルに関わるものであるので，全体サンプルの分析時と同様「人事サイクルアプローチ」と呼ぶことにしたい。

以上のように，「規範的統合に向けた施策」の因子分析について，全体サンプルと日本企業を比較すると，第1因子と第2因子の関係がほぼ入れ替わって

いることが分かる。これは，日本企業では「ヒト」を媒介とした施策への依存度が相対的に高いことを示すものであり，「本社―海外子会社」間の調整メカニズムとして本国人駐在員を通した「ヒトによるコントロール」を多用しているという事実とも関連しているように思える。

② 「制度的統合に向けた施策」の因子分析

続いて，「制度的統合」を促進するための施策について分析する。因子分析の結果，やはり2つの因子が抽出された（表6-21）。第1因子は，「⑧本社主導のサクセション・プラン」「⑬全世界の人的資源管理部門の責任者が一堂に会する定期会合」「⑨グローバルな人材インベントリー・人材プール・タレン

表6-21 「制度的統合に向けた施策」の因子分析（日本企業）

項目	因子1	因子2
⑧本社主導による「サクセション・プラン」	0.750	0.402
⑬全世界の「人的資源管理部門の責任者」が一堂に会する「グローバルな定期会合」	0.747	0.132
⑨グローバルな「人材インベントリー」「人材プール」「タレント・マネジメント」	0.733	0.279
⑪評価結果やコンピテンシーを記録した「グローバル人事データベース」	0.722	-0.001
⑩有能な現地人に対する「キャリアパス」の明示	0.692	0.029
⑫現地人も利用可能な「社内の特定分野の専門家」に関する「名簿・データベース」	0.629	0.207
⑤全世界統一の「コンピテンシーモデル」「リーダーシップモデル」	0.608	0.517
②全世界統一の「評価制度」	0.232	0.897
①全世界統一の「グレード制度」	0.165	0.883
③全世界統一の「報酬制度」	0.006	0.878
固有値	4.302	3.585
寄与率（％）	33.09％	27.54％

注：因子抽出法：主成分分析。回転法：Kaiserの正規化を伴うバリマックス法（バリマックス回転後の数値）。

ト・マネジメント」「⑪評価結果やコンピテンシーを記録したグローバル人事データベース」「⑩有能な現地人に対するキャリアパスの明示」「⑫社内の特定分野の専門家に関する名簿・データベース」「⑤全世界統一のコンピテンシーモデル・リーダーシップモデル」の7項目で構成されている。これらは，いずれも全体サンプル時の第1因子として含まれていたものである。従って，因子の名称も同様に「人材の発掘・育成・活用アプローチ」とすることとしよう。

第2因子は，「②全世界統一の評価制度」「①全世界統一のグレード制度」「③全世界統一の報酬制度」の3つで，いずれも全体サンプル時の第2因子であった項目である。但し，全体サンプルに存在していた「⑥グローバルな社内公募制度」が抜け落ちている。「グローバルな社内公募制度」は，国籍や採用地・勤務地の区別なく国際異動のチャンスを均等に付与する仕組みである。そこで，全体サンプルでは第2因子を「制度共通化・機会均等アプローチ」と命名したが，日本企業については単に「制度共通化アプローチ」と呼ぶことにしたい。

(2) 「規範的統合」「制度的統合」と「HR成果」

われわれは，先に全体サンプルを用いて，「規範的統合・制度的統合に向けた施策」と「HR成果」の間に強い相関関係があることを示した。では，日本企業においても「規範的・制度的統合」に向けた取り組みに注力すれば，「グローバルな企業文化や信頼関係」が構築され，「国境を越えた人材の活用・登用」が進むのであろうか。そこで，上で示した因子分析の結果を用いて，「規範的統合・制度的統合に向けた施策」と「HR成果」の相関関係を検証してみよう。

①「規範的統合に向けた施策」と「HR成果」の相関関係

第1因子である「ヒューマン・イベントアプローチ」については，「グローバルな企業文化・信頼関係の構築」に関して，4項目で0.1％水準，1項目で1％水準の相関を示した（表6-22）。また，「国境を越えた人材の活用・登用」に関しても，4項目との間で0.1％水準の相関関係が認められた（残る1項目

6．日本企業における「グローバル人的資源管理モデル」の検証　195

表6-22　「規範的統合に向けた施策」と「HR成果」の相関関係（日本企業）

HR成果	「規範的統合」に向けた施策	
1．「グローバルな企業文化・信頼関係の構築」の側面	[第1因子]ヒューマン・イベントアプローチ	[第2因子]人事サイクルアプローチ
①「本社―現地人幹部」間の「信頼関係」	0.310 **	0.288 **
②事業・機能ごとの国境を越えた「ヒューマンネットワーク」	0.400 ***	0.359 ***
③国民文化を超越した「グローバル企業文化」	0.527 ***	0.270 **
④各国間の「相互学習」を重視する風土	0.481 ***	0.234 *
⑤現地人幹部の「グローバルな視点」による思考・行動	0.571 ***	0.089
2．「国境を越えた人材の活用・登用」の側面	[第1因子]ヒューマン・イベントアプローチ	[第2因子]人事サイクルアプローチ
①「本社」への異動	0.406 ***	0.420 ***
②「地域統括会社」への異動	0.251 *	0.638 ***
③「他の海外子会社」への異動	0.376 ***	0.468 ***
④「地域統括会社の役員」への登用	0.399 ***	0.200 †
⑤「本社の役員」への登用	0.417 ***	0.126

注：*** : p<0.001, ** : p<0.01, * : p<0.05, † : p<0.1。

は5％水準で有意）。「ヒューマン・イベントアプローチ」は，「駐在員による経営理念の浸透」「トップによる経営理念の語りかけ」「創業者や英雄に関するエピソードの伝承」「国境を越えたプロジェクト・タスクフォース」「グローバルな表彰プログラム・社内大会」「経営理念に照らした意思決定のグローバルな方針化」で構成されており，その多くは「国境を越えた人材の活用・登用」に直接的なインパクトを与えるように思えない。にもかかわらず，上記のような強い相関が検出された背後には，「ヒューマン・イベントアプローチ」による「規範的統合」への取り組みが国境を越えた信頼関係を育み，海外子会社で採用された現地人にもグローバルなキャリア機会が提示される土台を構築して

いるという状況があるように推論される。次に，第2因子の「人事サイクルアプローチ」は，「グローバルな企業文化・信頼関係」の面では「現地人幹部のグローバルな視点による思考・行動」以外の4項目，「国境を越えた人材の活用・登用」についても「本社の役員への登用」を除く4項目で有意な相関関係が検出された。以上の結果から，「採用─育成─評価」のプロセスと連動させた「規範的統合」への取り組みは，「国境を越えた協働」のベースとなる「グローバル企業文化・信頼関係」を育むとともに，「国境を越えた人材の活用・登用」への道を開くものであると言えよう。

②「制度的統合に向けた施策」と「HR成果」の相関関係
　まず，第1因子である「人材の発掘・育成・活用アプローチ」については，「グローバルな企業文化・信頼関係の構築」の側面では4項目で0.1％水準，残りの1項目でも1％水準の相関となっている（表6-23）。また，「国境を越えた人材の活用・登用」を示す指標のうち，本社・地域統括会社や他の海外子会社への「異動」に関する3項目で0.1％水準，本社・地域統括会社の役員への「登用」では1％水準の相関が示された。一方，第2因子については，「グローバルな企業文化・信頼関係の構築」の側面で相関が検出されたのは「国民文化を超越したグローバル企業文化」（5％水準）だけであった。これに対し，「国境を越えた人材の活用・登用」の面では「地域統括会社への異動」に関し0.1％水準，「他の海外子会社への異動」は1％水準，「本社の役員への登用」は5％水準，「本社への異動」は10％水準の相関関係が認められた。

③「HR成果」における「グローバルな企業文化・信頼関係の構築」と「国境を越えた人材の活用・登用」の相関関係
　「グローバルな企業文化・信頼関係の構築」と「国境を越えた人材の活用・登用」の相関関係は（表6-24）に示したとおりである。両者の間には「本社と現地人幹部間の信頼関係─本社への異動」「現地人幹部のグローバルな視点による思考・行動─地域統括会社への異動」を除く全ての関係において有意な

表6-23 「制度的統合に向けた施策」と「HR成果」との相関関係（日本企業）

HR成果	制度的統合に向けた施策	
1．「グローバルな企業文化・信頼関係の構築」の側面	〔第1因子〕人材の発掘・育成・活用アプローチ	〔第2因子〕制度共通化アプローチ
①「本社―現地人幹部」間の「信頼関係」	0.304 **	0.140
②事業・機能ごとの国境を越えた「ヒューマンネットワーク」	0.421 ***	0.118
③国民文化を超越した「グローバル企業文化」	0.369 ***	0.232 *
④各国間の「相互学習」を重視する風土	0.363 ***	0.102
⑤現地人幹部の「グローバルな視点」による思考・行動	0.389 ***	0.027
2．「国境を越えた人材の活用・登用」の側面	〔第1因子〕人材の発掘・育成・活用アプローチ	〔第2因子〕制度共通化アプローチ
①「本社」への異動	0.544 ***	0.190 †
②「地域統括会社」への異動	0.486 ***	0.441 ***
③「他の海外子会社」への異動	0.471 ***	0.298 **
④「地域統括会社の役員」への登用	0.313 **	0.116
⑤「本社の役員」への登用	0.286 **	0.206 *

注： *** ： $p<0.001$, ** ： $p<0.01$, * ： $p<0.05$, † ： $p<0.1$ 。

相関が検出された。日本企業においても，「グローバルな企業文化・信頼関係の構築」と「国境を越えた人材の活用・登用」は相互に影響をおよぼしており，結果として「規範的統合」「制度的統合」に向けた施策は，いずれも「HR成果」の両側面を規定すると考えることができよう。

(3)「グローバル・イノベーション成果」に関する考察

次に，日本企業における「グローバル・イノベーション成果」について，「HR成果」および「規範的統合」「制度的統合」との相関，さらには「海外子

表6-24 「グローバルな企業文化・信頼関係の構築」と「国境を越えた人材の活用・登用」の相関関係（日本企業）

国境を越えた人材の活用・登用 \ グローバルな企業文化・信頼関係の構築	①「本社―現地人幹部」間の「信頼関係」	②事業・機能ごとの国境を越えた「ヒューマンネットワーク」	③国民文化を超越した「グローバル企業文化」	④各国間の「相互学習」を重視する風土	⑤現地人幹部の「グローバルな視点」による思考・行動
①「本社」への異動	0.165	0.285 **	0.392 ***	0.368 ***	0.306 **
②「地域統括会社」への異動	0.176 †	0.337 **	0.384 ***	0.299 **	0.144
③「他の海外子会社」への異動	0.203 †	0.330 **	0.434 ***	0.468 ***	0.379 ***
④「地域統括会社の役員」への登用	0.350 **	0.402 ***	0.508 ***	0.404 ***	0.372 ***
⑤「本社の役員」への登用	0.279 **	0.202 †	0.469 ***	0.310 **	0.415 ***

注：*** : p<0.001，** : p<0.01，* : p<0.05，† : p<0.1。

会社トップに関する基本政策」との関係性の面から考察してみることにしよう。

①「HR成果」との相関関係

　まず，「グローバルな企業文化・信頼関係の構築」に関する5項目と「グローバル・イノベーション成果」として示した5項目の間には，全て0.1％水準または1％水準の相関関係が認められた（表6-25）。同様に，「国境を越えた人材の活用・登用」についても，全5項目が「グローバル・イノベーション成果」の全ての側面と0.1％水準または1％水準で相関している。以上のことから，日本企業においても，国境や国籍を越えた信頼関係が形成され，現地人のキャリア機会がグローバルに広がるほど，子会社発イノベーションやイノベーションの逆移転・水平移転，各国の知識の結合によるイノベーション，さらにはイノベーションの世界的活用が促進される可能性が高いということができよう。

6．日本企業における「グローバル人的資源管理モデル」の検証　199

表6-25　「HR成果」と「グローバル・イノベーション成果」の相関関係（日本企業）

HR成果 ＼ グローバル・イノベーション成果	①「海外子会社発」イノベーション	②イノベーションの「逆移転」	③イノベーションの「水平移転」	④各国の「知識の結合」によるイノベーション	⑤他国で生じたイノベーションの「世界的活用」
1．「グローバルな企業文化・信頼関係の構築」の側面					
①「本社―現地人幹部」間の「信頼関係」	0.337 **	0.397 ***	0.311 **	0.338 **	0.384 ***
②事業・機能ごとの国境を越えた「ヒューマンネットワーク」	0.334 **	0.325 **	0.326 **	0.353 **	0.400 ***
③国民文化を超越した「グローバル企業文化」	0.555 ***	0.535 ***	0.383 ***	0.444 ***	0.452 ***
④各国間の「相互学習」を重視する風土	0.515 ***	0.514 ***	0.465 ***	0.475 ***	0.424 ***
⑤現地人幹部の「グローバルな視点」による思考・行動	0.456 ***	0.557 ***	0.472 ***	0.402 ***	0.422 ***
2．「国境を越えた人材の活用・登用」の側面					
①「本社」への異動	0.411 ***	0.399 ***	0.348 **	0.328 **	0.372 ***
②「地域統括会社」への異動	0.394 ***	0.272 **	0.374 ***	0.439 ***	0.423 ***
③「他の海外子会社」への異動	0.449 ***	0.432 ***	0.441 ***	0.412 ***	0.356 ***
④「地域統括会社の役員」への登用	0.398 ***	0.415 ***	0.413 ***	0.369 ***	0.365 ***
⑤「本社の役員」への登用	0.425 ***	0.523 ***	0.395 ***	0.346 **	0.270 **

注：*** : p<0.001，** : p<0.01。

② 「規範的統合」「制度的統合」との相関関係

　前項の分析結果により，日本企業でも「HR成果」と「グローバル・イノベーション成果」が強い相関関係にあることが実証された。次に，全体サンプルと同様，「HR成果」の上流に位置する「規範的統合・制度的統合に向けた施策」と「グローバル・イノベーション成果」の関係性についても分析を試み

たい。

②-1.「規範的統合に向けた施策」との相関関係

まず,「規範的統合」の面では,第1因子の「ヒューマン・イベントアプローチ」は,「グローバル・イノベーション成果」の4項目と0.1％水準,残る1項目についても1％水準で相関するなど,両変数間には強い関係性が指摘できよう(表6-26)。一方,第2因子である「人事サイクルアプローチ」に関しては,「イノベーションの世界的活用」で5％水準,「海外子会社発イノベーション」および「各国の知識の結合によるイノベーション」で10％水準の関係が見られたが,全体的に第1因子に比べると相関は弱かった。

②-2.「制度的統合に向けた施策」との相関関係

「制度的統合」の第1因子として抽出された「人材の発掘・育成・活用アプローチ」は,「グローバル・イノベーション成果」のうち,「海外子会社発イノベーション」について0.1％水準,「水平移転」「イノベーションの世界的活用」で1％水準,「逆移転」で5％水準,「各国の知識の結合によるイノベーション」に対して10％水準の相関を有している(表6-27)。それに比べると,第2因子である「制度共通化アプローチ」の相関は強くない。「各国の知識の結合によるイノベーション」が5％水準,「逆移転」「イノベーションの世界的活用」では10％水準で有意であったが,他の2項目については相関が認められなかった。

③「海外子会社トップに関する基本政策」と「グローバル・イノベーション成果」

最後に,「海外子会社トップに関する基本政策」と「グローバル・イノベーション成果」との関連を見ることにしよう。「グローバル・イノベーション成果」に関連する5項目の平均値を,海外子会社トップの基本政策別(「本国人を派遣」または「現地人を登用」)に比較すると,全項目で後者のグループのスコアが高くなっている(t検定の結果は,3項目で5％水準,1項目で10％

表6-26 「規範的統合に向けた施策」と「グローバル・イノベーション成果」の相関関係（日本企業）

	「規範的統合」に向けた施策	
	[第1因子] ヒューマン・イベントアプローチ	[第2因子] 人事サイクルアプローチ
①「海外子会社発」イノベーションの頻繁な発生	0.499 ***	0.186 †
②イノベーションの頻繁な「逆移転」	0.428 ***	0.098
③イノベーションの頻繁な「水平移転」	0.424 ***	0.132
④各国の「知識の結合」によるイノベーションの頻繁な発生	0.338 **	0.184 †
⑤他国で生じたイノベーションの「世界的活用」	0.431 ***	0.231 *

注：*** : $p<0.001$, ** : $p<0.01$, * : $p<0.05$, † : $p<0.1$。

表6-27 「制度的統合に向けた施策」と「グローバル・イノベーション成果」の相関関係（日本企業）

	「制度的統合」に向けた施策	
	[第1因子] 人材の発掘・育成・活用アプローチ	[第2因子] 制度共通化アプローチ
①「海外子会社発」イノベーションの頻繁な発生	0.381 ***	0.078
②イノベーションの頻繁な「逆移転」	0.229 *	0.177 †
③イノベーションの頻繁な「水平移転」	0.355 **	0.024
④各国の「知識の結合」によるイノベーションの頻繁な発生	0.187 †	0.243 *
⑤他国で生じたイノベーションの「世界的活用」	0.347 **	0.178 †

注：*** : $p<0.001$, ** : $p<0.01$, * : $p<0.05$, † : $p<0.1$。

水準の有意差。表6-28）。この結果は，日本企業においても「現地化」を推進する企業の方が「グローバル・イノベーション成果」に優れていることを示すものである。すなわち，現地化による「現地適応」度の高い経営は，現地特有の知識へのアクセスにつながり，「グローバル・イノベーション」の出発点に

表6-28 「海外子会社トップに関する基本政策」と「グローバル・イノベーション成果」の関係（日本企業）

	本国人を派遣	現地人を登用	t値
①「海外子会社発」イノベーションの頻繁な発生	2.21	2.50	−1.149
②イノベーションの頻繁な「逆移転」	1.98	2.50	−2.146*
③イノベーションの頻繁な「水平移転」	2.15	2.60	−1.786†
④各国の「知識の結合」によるイノベーションの頻繁な発生	2.32	2.95	−2.495*
⑤他国で生じたイノベーションの「世界的活用」	2.45	3.00	−2.169*

注：＊：$p<0.05$，†：$p<0.1$。

なりうると考えられよう。

(4) 小括

本節では，回答企業から日本企業だけを取り出して仮説の検証を行った。その結果，「規範的統合」「制度的統合」に関わる因子や変数間の相関の強度に若干の相違が見られたものの，われわれが提示した「仮説」がほぼ支持される結果となった。ゆえに，「グローバル人的資源管理モデル」は日本企業にも妥当するものであると結論づけられよう。

7．むすび

本章では，アンケート調査をもとに，まず日本企業と欧米企業の比較研究を行った。データ分析の結果，「海外子会社トップの現地化」「経営理念のグローバルな統一性と文化的多様性の尊重」「規範的統合および制度的統合に向けた施策の実施」などの側面において，欧米企業が日本企業よりも進展している状況が明らかとなった。また，「HR成果」「グローバル・イノベーション成果」についても欧米企業の成果が相対的に高いことが示された。さらに，「本社―

海外子会社間の調整メカニズム」に関しては，日本企業では「本国人駐在員の派遣」への依存度が強い点に加え，「業務手続やルールのグローバルな標準化」や「社会化」の面で欧米企業との間に顕著な差異が見られた。

次に，本書でのこれまでの議論を受け，「グローバル人的資源管理モデル」を提示し，仮説の検証を行った。その結果，「規範的統合・制度的統合がHR成果を規定し，HR成果がグローバル・イノベーション成果に結実する」というわれわれの主張はほぼ支持された。また，日本企業だけを取り出した分析でも「グローバル人的資源管理モデル」の妥当性が示されたと言ってよいだろう。

但し，本アンケート調査には限界もある。それはサンプル企業に関連するものである。まず，日本企業と欧米企業の回答数に差がある[4]。また，今回の分析では「企業規模」や「海外子会社数」「海外売上高比率」「全従業員に占める海外子会社の従業員数」「海外展開の歴史」などの差異を考慮していない。これら諸変数に関してサンプルとした日本企業と欧米企業の間には格差が存在し，それが分析結果に影響を与えているかもしれない。また，「HR成果」や「グローバル・イノベーション成果」は回答企業（回答者）の主観に基づくものである点にも留意しなければならないだろう。さらに，アンケート分析では「日本企業」と「欧米企業」を各々1つの「集合体」と捉えることから，個別企業の動向を看過してしまう危険性がある。そこで，次章ではこれらアンケート調査の限界を補うべく，日本および米国の多国籍企業11社の事例研究を行い，「グローバル人的資源管理」に関する企業の具体的な取り組みを論じることにしよう。

1　回答企業の内訳は，日本企業＝94社，欧米企業＝34社であった。多忙な業務の合間を縫ってアンケートへのご回答をいただいた企業の方々に改めて謝意を表したい。また，本調査の実施に際しては，日本CHO協会の須東朋広事務局長に大変お世話になった。なお，回答企業の中には日本CHO協会に未加入であるが，本調査の趣旨に賛同・協力いただいた多国籍企業が若干含まれていることを付言しておく。

2　本調査では，「現地人」の定義として「現地国籍の者」（当該子会社が所在する国の国籍を有する者）に加え，「現地国籍ではないが，同じ人種・民族の者」を含めている。後者については，理論上は「第三国籍人」に分類すべきであろうが，①多国籍企業では，「現地人」が「本国人」「第三国籍人」へ帰化するケースが珍しくない，②上記に関連し

て，各社の人的資源管理部門も純粋な意味での「国籍」そのものに拘泥していない，という点を企業へのヒアリング調査からの知見として得たため，上記のような対応をとった。
3 第4章で触れたように，GEでは，グローバルな行動規範である"GE Values"において，「多様性を受容し，変化を追求する」旨が謳われている。なお，「ダイバーシティ・マネジメント」については，谷口（2005），有村（2007）などの研究成果を参照されたい。
4 加えて，今回は回答企業数が限られていたため，「欧米企業」を1つの集合体と捉えたが，本来は国別の分析を行うのが理想であると考える。

第7章
「グローバル人的資源管理」の事例研究

1．はじめに

　本章では，筆者が実施したヒアリング調査をもとに，国際人的資源管理の「規範的統合」および「制度的統合」に関する取り組みについて考察する。事例の抽出に際しては，日本・米国を各々代表する多国籍企業であることを基準とし，最終的に，トヨタ自動車，松下電器産業，東レ，ソニー，キヤノン，コマツ，GE，IBM，Hewlett-Packard，3M，Johnson & Johnson の11社を取り上げることになった。ここでは，優良企業の事例を収録することで，「グローバル人的資源管理」の最前線へのアプローチを試みたい[1]。

2．トヨタ自動車[2]

(1) 加速度的に進行するグローバル化

　トヨタ自動車では，最近10年間で海外生産台数が3倍になり，海外売上高比率も7割近くに達するなど，事業展開のグローバル化が加速度的に進行し「グローバル連結経営」に対する要請が高まっている。しかし，その一方で海外子会社の経営ポストの約8割を日本人が占める中，日本人駐在員の供給不足と現

地有能人材の「採用・定着」問題の発生にも悩まされている。つまり，「日本人中心によるグローバル化」が限界に近づくとともに，海外子会社の自立化・幹部人材の「現地化」が喫緊の課題となってきたのである。

そうした状況にもかかわらず，トヨタの海外子会社では日本人駐在員と現地人との間に，考え方や意識のギャップが存在していた。具体的には，日本人駐在員が「進出して長い年月が経過しているのに，現地人は未だにトヨタのやり方・考え方を理解してくれない」と感じる一方，現地人には「日本人駐在員でも人によってプライオリティやアプローチ・説明の仕方が異なり，トヨタのやり方・考え方の全体像・本質が分からない」といった不満があったという。そして，このギャップの原因は，日本独特の「高コンテクスト文化」の中で，トヨタの価値観が「以心伝心」の暗黙知として継承されてきたことにあった。また，トヨタには「綱領」や「基本理念」と呼ばれる経営理念があるが，それらは必ずしも人的資源管理制度と結びついたものではなかった。こうした問題に直面する中，トヨタは行動規範の明文化・共有化の必要性を認識するに至り，企業文化を共有したグローバルな経営人材の育成・確保に向け様々な施策をスタートさせたのである。

(2) 「トヨタウェイ2001」の策定

トヨタは，まず2001年にグローバルな行動規範である「トヨタウェイ2001」を策定した。「トヨタウェイ」は，企業文化の「明示知化」を目指したもので，従業員に求められる行動や価値観・手法が歴代トップの言葉とともに示されている。「トヨタウェイ」は「知恵と改善」および「人間性尊重」を2本柱に"Challenge" "Kaizen" "Genchi Genbutsu" "Respect" "Teamwork"という5項目で構成されている（図7-1）。

「トヨタウェイ」の策定プロセスにおいては，これまでのトヨタの歩みを振り返るとともに，多様な文化的背景を持つ人々にも受け入れられるよう約3カ月間にわたり国内外の経営幹部やOBへのインタビューを実施し，「意思決定の拠り所として大切にされてきた価値観」をグローバルな視点から徹底的に洗

図7-1 「トヨタウェイ2001」

知恵と改善
(Continuous Improvement)

- チャレンジ（Challenge）：
  夢の実現に向けてビジョンを掲げ，勇気と想像力をもって挑戦する
- 改善（Kaizen）：
  常に進化，革新を追求し，絶え間なく改善に取り組む
- 現地現物（Genchi Genbutsu）：
  現地現物で本質を見極め，素早く合意，決断し，全力で実行する

人間性尊重
(Respect for People)

- 尊重（Respect）：
  他を尊重し，誠実に相互理解に努め，お互いの責任を果たす
- チームワーク（Teamwork）：
  人材を育成し，個の力を結集する

い出す作業が行われた。すなわち，「日本のやり方」を他国に押しつけるのでなく，「グローバル」というフィルターを通してトヨタの「価値観」を抽出したのがトヨタウェイである。トヨタでは，各国語版で「トヨタウェイ」の冊子を作成しているが，海外事業体に対する冊子の配布で終わるのでなく，教育をはじめとする人的資源管理施策との連動を通して「トヨタウェイ」の浸透を図ることに注力している。

(3) 「グローバル・ポスト」の設置

　同じく2001年には，グローバルな中核的職務である「グローバル・ポスト」を設置した。これは世界共通の基準で海外子会社も含め約1,000ポストの職務

図7-2 「グローバル・ポスト」の概念図

```
                        役員
                    ┌─────────┐
        基幹職1級    │         │  海外事業体
        (=部長級)   │         │  トップおよびその候補者  → グローバル・ポスト
        ━━━━━━━━━━━━━━━━━━━━━━━━━━━━━
        基幹職2級    │   EDP   │  海外事業体
        (=次長級)   │         │  若手経営幹部
        
        基幹職3級    │ JEDP│LDP │  海外事業体
        (=課長級)   │     │    │  ミドルマネジメント
                    トヨタ本社  海外事業体
```

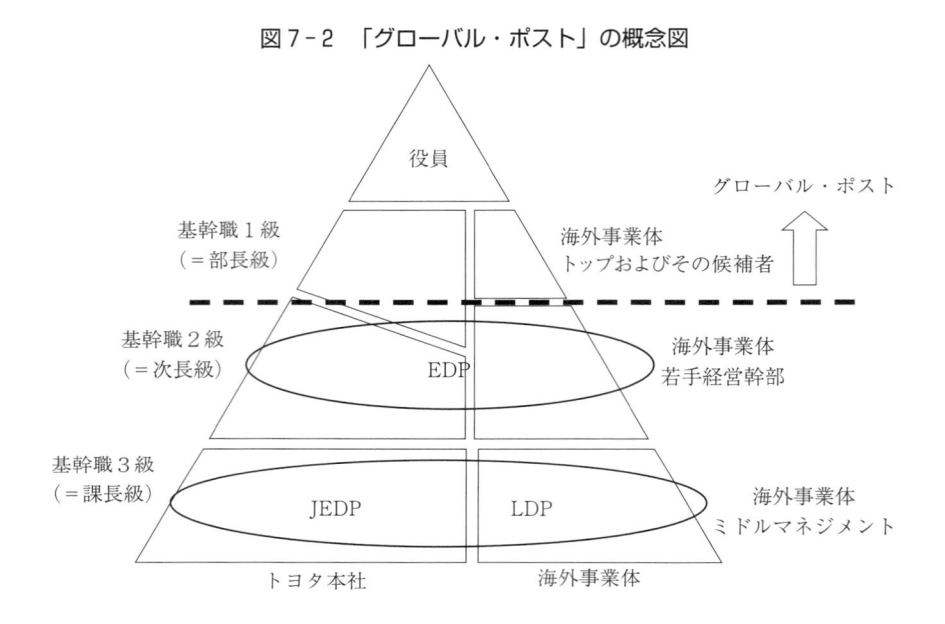

評価を行い，その中からジョブサイズの大きい約300ポスト（国内約200，海外約100）を認定したもので，本社では「基幹職1級」（部長級）以上，海外事業体は「トップおよびその候補者」の職務に相当する（図7-2）。

　そして，トヨタでは，本社が「グローバル・ポスト」を一元的に管理し，「トヨタウェイ」を体現した経営人材をグローバルに育成する取り組みを始めている。例えば，従来人事考課の仕組みは各国・各事業体でバラバラであったが，「グローバル・ポスト」については「業績×コンピテンシー」の二軸で評価するよう統一した。「業績」はグローバルな経営方針を地域別・事業体別の経営方針にブレイクダウンした上で「個人別業績目標」を設定し，その達成度で評価する。一方，「コンピテンシー」評価はトヨタウェイのエッセンスを「行動評価」項目に落とし込み，考課項目ごとにレベル定義を設定して評価する。また，海外子会社から日本本社への逆出向や海外子会社間の人事異動の推進にも取り組むなど，多方向の国際人事異動を通して「トヨタウェイ」を媒介とした「社会化」のプロセスの強化に努めている。

こうした中，トヨタでは米国や英国の製造会社で現地人社長が誕生したほか，2003年には初めて外国人が日本本社の役員に登用されることになった。その後，外国人の常務役員は6人まで増加し，初の外国人取締役も誕生するなど，「2つのグラス・シーリング」の打破に向けた改革が続いている。

(4)　「トヨタインスティテュート」でのグローバル人材の育成

2002年には，社長直轄のグローバル人材育成機関である「トヨタインスティテュート」が設立された。トヨタインスティテュートのプログラムは，全世界の経営幹部候補を対象に「トヨタウェイ」を具現化できる経営人材の育成を目指す"EDP"（Executive Development Program）のほか，トヨタ本社の基幹職3級を対象にした"JEDP"（Junior Executive Development Program），さらには海外事業体のミドルマネジメントが受講する"LDP"（Leadership Development Program）などがある（前掲図7-2）。このうち，EDPでは，現役役員を講師に迎え「トヨタウェイ」を論じるセッションや，米国ペンシルベニア大学ウォートン・ビジネススクールとタイアップした経営者教育，さらには日・米・欧の地域別に分かれて中長期経営計画達成に向けた「提言」を作成する半年間の「チームプロジェクト」などが実施されている。

このほか，トヨタインスティテュートは，「グローバルコンテンツ」と呼ばれる世界共通の教育プログラムを開発し，「トヨタウェイ」の根幹である"Toyota Business Practice"（TBP：トヨタの問題解決）などのグローバルな普及に取り組んでいる。また，「トヨタウェイ」を実践したベストプラクティスの「データベース化」もトヨタインスティテュートのミッションの1つで，トヨタの「強み」を明示知化するプロセスの促進を図っている。

3．松下電器産業（現パナソニック）[3]

(1)　「グローバル連結経営」の要請

松下電器産業では，「グローバル連結経営」の推進が求められる中，グロー

バル・ビジネスリーダーの育成・確保が喫緊の課題となっている。しかし，これまでの松下電器の人事制度は各地域・各社毎の制度となっており，それがグローバル最適の人材活用の障害になっていた。また，各社の有能人材に関する情報を統一的に記録・蓄積するツールも限られたものであった。こうした中，採用活動において「狭い発展空間」（キャリア機会）が有能人材吸引の足枷となるほか，仮に有能人材が入社した場合でも，3～5年程度で自らのキャリア機会の限界を認識するようになり，モチベーションの維持・向上やリテンションに関する問題が顕在化していた。そのため，松下電器では，拡大する海外事業展開に対応すべく有能人材に対する需要が増大しているにもかかわらず，一方では，有能な現地人が流出するというミスマッチに悩まされてきたのである。

(2)「PGE（Panasonic Global Executive）システム」の導入

これらの問題に対応すべく，松下電器は2003年に「PGE（Panasonic Global Executive）システム」と呼ばれるグローバル幹部人事制度をスタートさせた。PGEシステムの基本コンセプトは，①ポスト評価による「役割の見える化」，②定量的実績評価を通した「実績の見える化」，③コンピテンシーを尺度とした「能力の見える化」を行い，年齢・国籍・性別を問わない「人材活用のグローバル最適化」を実現していくことにある（図7-3）。

具体的には，まず国内外の経営幹部のジョブ・ディスクリプションを明確化した上で，その職務をグローバルに共通化された基準で定量化し，一定ポイント以上の職務を「コーポレート経営職ポスト」として認定した。そして，本社が「コーポレート経営職ポスト」を管理し，有能人材の発掘・育成・評価・処遇の仕組みを一元化することを目指している。

例えば，「コーポレート経営職ポスト」については，ジョブ・ディスクリプションに基づき「実績評価」を行い，それを報酬にリンクさせることをグローバルにルール化した。さらに，2004年には「経営理念」「社長が求めるリーダー像」「松下現幹部の行動特性」「グローバルスタンダード」の4要素をもとに「松下リーダーシップコンピテンシー」が提示された（図7-4）。松下電器

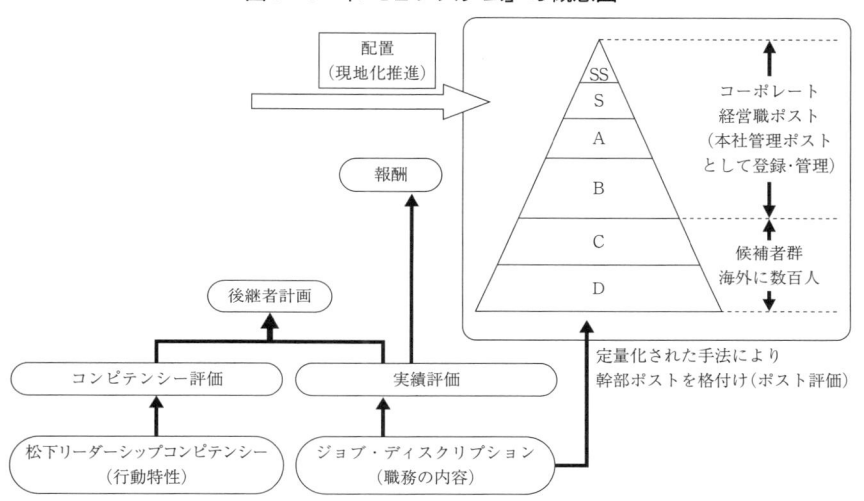

図7-3 「PGE システム」の概念図

では、これまでも経営理念を重視した経営や評価が行われてきたが、その基準や制度は各国間・各子会社間で必ずしも統一されていなかった。そこで、人事制度と社会化のプロセスをグローバルな視点から連動させるべく、「コーポレート経営職ポスト」につく人材に対して「松下リーダーシップコンピテンシー」を共通尺度とするコンピテンシー評価が実施されるようになった。

そして、「実績評価」と「コンピテンシー評価」の結果は「PGE データバンク」に蓄積するとともに、「後継者計画」（サクセション・プラン）とリンクさせ、有能人材の能力開発や配置の検討に活用することになっている。

(3) 「現地適応」と「グローバル統合」の両立

以上のように、松下電器では、国籍や国境の枠を越えたキャリア機会を制度的に提示することを通して、世界中の有能人材を引きつけ、彼（彼女）らの一層の活性化と定着率の向上を図ろうとしている。また、逆出向や海外子会社間の人事異動を推進し、ビジネスニーズに対応した人材のグローバルな有効活用と経営理念のグローバルな浸透に注力している。他方、「コーポレート経営職

図7-4 「松下リーダーシップコンピテンシー」

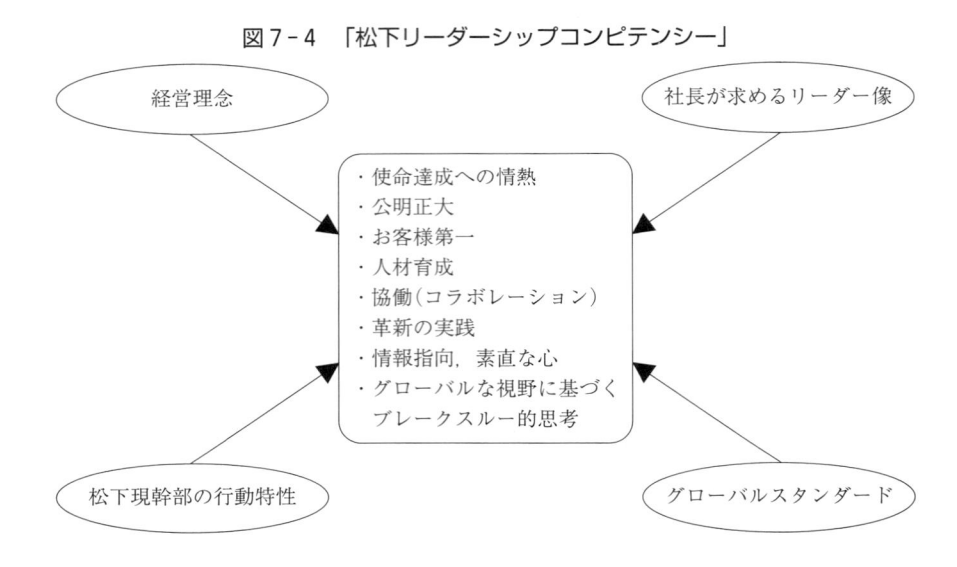

- 経営理念
- 社長が求めるリーダー像
- 松下現幹部の行動特性
- グローバルスタンダード

・使命達成への情熱
・公明正大
・お客様第一
・人材育成
・協働(コラボレーション)
・革新の実践
・情報指向,素直な心
・グローバルな視野に基づくブレークスルー的思考

図7-5 「現地適応」と「グローバル統合」の両立を目指した人事制度

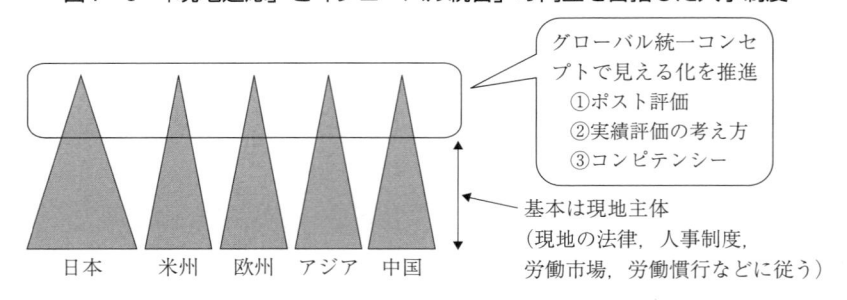

日本 米州 欧州 アジア 中国

グローバル統一コンセプトで見える化を推進
①ポスト評価
②実績評価の考え方
③コンピテンシー

基本は現地主体
(現地の法律,人事制度,労働市場,労働慣行などに従う)

ポスト」以外に対しては,各国・各地域の労働法制や労働慣行に応じた「現地適応」度の高い人的資源管理の制度設計を行っている(図7-5)。

松下電器における新たな国際人的資源管理の特徴は,「職務」を基軸に「現地適応」と「グローバル統合」の両立を企図していることにある。つまり,全世界の従業員に対して一律的な人的資源管理を行うのでなく,現地労働市場で競争力を有する「現地適応」度の高い制度や施策を提示する一方,グローバルな基幹ポストに関しては「統合」が強化され,「グローバル連結経営」の推進

を図られているのである。

こうした変革の結果，2000年時点で15％であった海外子会社の現地人社長比率が，2005年度は18％となった。さらに，2007年度にはこれを25％にまで高めることを目標としている。また，パナソニックヨーロッパCOOのヨアヒム・ラインハルト氏が同社初の外国人の本社役員となるなど，日本人中心経営からの脱却が進みつつある。

4．東レ[4]

(1)「NCS（National Core Staff）システム」の導入

東レは古くから海外子会社の現地人従業員の育成・登用に注力してきた企業である。例えば，1989年には「国際社員制度」が創設された。同制度は，海外子会社の現地人の計画的育成と経営幹部への登用を行い，現地化を推進するとともに，その定着率向上や日本人駐在員との円滑なコミュニケーションに資することを企図したものである。具体的には，本社が海外子会社の社長候補や基幹人材を「国際社員」として認定・登録し，その継続的な育成を支援する制度であった。

「国際社員制度」は，1998年に「NCS（National Core Staff）システム」と名称を変更すると同時に，"NCS"への登録基準として①東レの経営方針・戦略性・方向性・カルチャーを正しく理解して子会社経営に当たることができ，子会社経営にとって必要不可欠な人材，②現地化推進を担い，東レ本社からの駐在員を代替できる人材，③NCSであることを公開しても他者との関係で問題がない人材，④将来の活用期待や登用計画を明示できる人材の4点が明文化された。しかし，こうした「人基準」に基づく選定は，その要件を満たしているか否かの判断が難しく，日本人駐在員（海外子会社社長）が交代すれば当該人材に対する評価も変わってしまうという問題を惹起した。その結果，現地人が自らのキャリア機会に不透明感や限界を感じ，手塩にかけたはずの人材が流出する現象が見られるようになったのである。

(2) 「グローバル・ジョブバンド・プロジェクト」("G-Band Project")の推進

こうした中，グローバルな人的資源管理に向けた制度的インフラを構築すべくスタートしたのが「グローバル・ジョブバンド・プロジェクト」("G-Band Project")である。G-Band Projectでは，まず2002年に海外子会社の管理職ポジションをグループ共通の尺度で評価し，グローバルな「コアポジション」を特定した。具体的には，各職務の役割・職責を明確化した上で，ヘイコンサルティンググループの協力を得て職務調査を実施し，ジョブサイズをポイント化した。そして，一定ポイント以上のポジションをBand AからBand Dまでの4つのブロードバンド (G-Band) に区分した（表7-1）。

G-Band 導入に伴い，NCS の選定基準も従来の「人基準」から G-Band に基づく「職務基準」へと変更された。具体的には，「G-Band ポジション現任者で海外子会社の経営に責任を負う現地人」が新たに NCS と呼ばれるようになった。

新たな「NCS システム」では各人の「G-Band レベル」や「直近3年間の人事評価」のほか「今後の到達期待ポジション」「グループ他社への異動の可能性」「サクセション・プラン」（各社の後継人事構想）などの情報が本社に登録されている。NCS に対する評価・処遇は，各社基準によるものの，本社は主に育成・登用面で関与していくことになっている。

表7-1 "G-Band" の定義

Band A：Senior Executive Band
・東レグループ内各社の経営を行うとともに，グループ戦略に大きな影響を与えるポジション
Band B：Executive Band
・東レグループ内各社の経営に直接的に関わるポジション
Band C：Senior Management Band
・各社において各部門・各機能の戦略を実現・実行する際の中枢となるポジション
Band D：Management Band
・各社において各機能を実行・推進する際の責任を負うポジション

(3) 「東レ・グローバルコンピテンシーモデル」の策定

また，G-Band Project では「東レ・グローバルコンピテンシーモデル」が提示された。その目的は，コアポジション（G-Band）の現任者，あるいは今後つけるべき人材に対する人的資源管理をグローバルな視点から充実・強化することにある。東レ・グローバルコンピテンシーモデルは，コアポジションに求められるグループ共通の能力要件・行動規範を明示したもので，その策定に際しては，海外勤務経験者へのインタビュー調査（「あなたのハイパフォーマーとしてのコアコンピタンスは何であったか」などを質問）や東レ本社の期待能力の視点を踏まえ，ヘイグループのコンピテンシーモデルを東レ流にアレンジする作業がなされた（日本語版と英語版を作成）。

表7-2 「東レ・グローバルコンピテンシーモデル」

全てのG-Bandに共通する基本行動
(1)東レグループの企業理念を理解し，勝利・成功に向けて邁進する。
(2)自ら先頭に立って迅速に実行する。
(3)他者を理解し受け入れる・他者に理解させ行動させるようにコミュニケーションする。

5つの分野・15のコンピテンシー
【分野1：課題を達成する力】
・的確な課題を設定し，自信を持って強い意思のもと，その課題を達成する力
　コンピテンシー：①組織志向　②達成志向　③自信・不退転力
【分野2：ビジョンを構築する力】
・情報を的確に分析し，東レグループの方針・経営環境・事業環境を踏まえ，ビジョン・戦略・戦術を構築する力
　コンピテンシー：①分析的思考力　②概念的思考力・コンセプト形成力　③情報志向
【分野3：組織をリードする力】
・組織の向かう方向を合わせ，部下の育成・フォローを行い，組織をリードする力
　コンピテンシー：①動機づけ　②統率力　③育成力
【分野4：価値を創造する力】
・先見性を持って，常に事業・業務の改革・改善を推進し，顧客に対して新しい価値を創造する力
　コンピテンシー：①顧客志向　②先見的行動力　③改革力・改善力
【分野5：良い仕事をする力（職責を完遂する力）】
・高い専門性をもとに，正確・着実に良い仕事を成し遂げる力
　コンピテンシー：①専門性　②徹底確認力　③自己統制力

東レ・グローバルコンピテンシーモデルは,「全ての G-Band に共通する基本行動」(3項目)と「5つの分野・15のコンピテンシー」で構成されている(表7-2)。このうち,15のコンピテンシーに関してはG-Bandごとに具体的行動レベルが示されている。

　各海外子会社でのコンピテンシーの活用については,日常の行動に際してコンピテンシーを意識してもらい,その発揮度をモデルに照らしてチェックし,強化すべきコンピテンシーを明確化して開発を進めるという方法が取られている。また,海外子会社がコンピテンシーの各要素を人事評価項目に取り込むことも可としており,一部の海外子会社では既に評価制度との連動が始まっている。

(4) コア人材の育成方策

　東レ・グローバルコンピテンシーモデルの作成を機に,G-Bandへの当てはめ結果も本人に対して公開されることになった。G-Bandに関しては,当初は「G-Band定義」のみが公開されていたが,コアポジションにつく人材を育成するには自らのG-Bandレベルと求められるコンピテンシーを認識してもらうことが不可欠と判断したためである。これら一連の改革を通して,現地人が自らのキャリア機会を客観的に認識できるようになった。その結果,G-Bandの中で日本人が占めるポジションの数は,2003年は202であったが,2004年には190にまで減少するなど現地人の登用が進展した。

　また,さらに上位の経営幹部層への登用を予定している人材については原則「海外幹部研修」(Toray Group Senior Management Seminar : TGSMS)を受講させている。同研修は海外子会社の部長・次長層のうち,経営者としての役割が期待される優秀者を対象に実施しているもので,日本において「東レ式マネジメントの徹底的理解」「グローバルオペレーションへの理解」「経営管理能力の向上・強化」「経営幹部としてのリーダーシップ・問題解決能力などの向上」などをテーマに2週間にわたる研修がなされる。

　加えて,G-Bandの現任者およびG-Band以外で日本人駐在員の後任候補者

として名前の挙がっている者や将来有望な「ハイポテンシャル」については，「異動計画」(career plan)，「日本への研修派遣計画」(development plan)，「最終到達期待ポジション」(final expected position)，「国内・地域内・他国への異動可能性」(possibility of transfer) を内容とする個別育成計画が毎年作成されることになった。このうち，国境を越えた異動については，"FAP"（Toray Foreign Assignment Policy）と呼ばれる国際異動ルールが1998年に制定され，公平な処遇が担保されている。FAPでは「従業員資格」「海外勤務条件」「処遇に関する基本的考え方」をグループ共通化し，報酬については米国のコンサルティング会社であるORC社の「バランスシートアプローチ」("No Loss, No Gain"の原則）により母国勤務時と同等の購買力を補償するよう設計されている。

5. ソニー[5]

(1)「ソニー・グローバルリーダーシップ・コンピテンシー」の提示

ソニーでは，これまで盛田昭夫・元会長が掲げた「グローバル・ローカライゼーション」を旗印に，海外子会社の幹部人材の「現地化」に注力してきた。その結果，海外子会社のDirector以上のポストについては，その過半数（54.6％）を現地人が占めるようになっている。しかし，海外子会社の現地人が国や地域の枠を越えて異動することは未だ限られており，そこには「第2のグラス・シーリング」に対する不満から有能人材が流出してしまうかもしれないという危惧が存在する。また，グローバル競争の激化に伴い，有能人材を「適材適所」でグローバルに活用する必要性が顕在化してきた。こうした中，ソニーの国際人的資源管理は，「グローバル人材マネジメント」という新たなコンセプトのもと，グローバルに活躍できるリーダーの育成と，ビジネスニーズに応じた「人材活用のグローバル最適化」という新たな段階を迎えることになったのである。

「グローバル人材マネジメント」の具体策として，2000年に「ソニー・グ

図7-6　「ソニー・グローバルリーダーシップ・コンピテンシー」

Sony Spirit

夢（尽きることのない探究心で新しい驚きを作り出す）
創（豊かな創造力で，新しい驚きをつくり出す）
愉（人々の心と響き，愉しさを分かち合う）

Leadership

夢をビジョン化する｜人を活かし組織を動かす｜実行し成果を挙げる

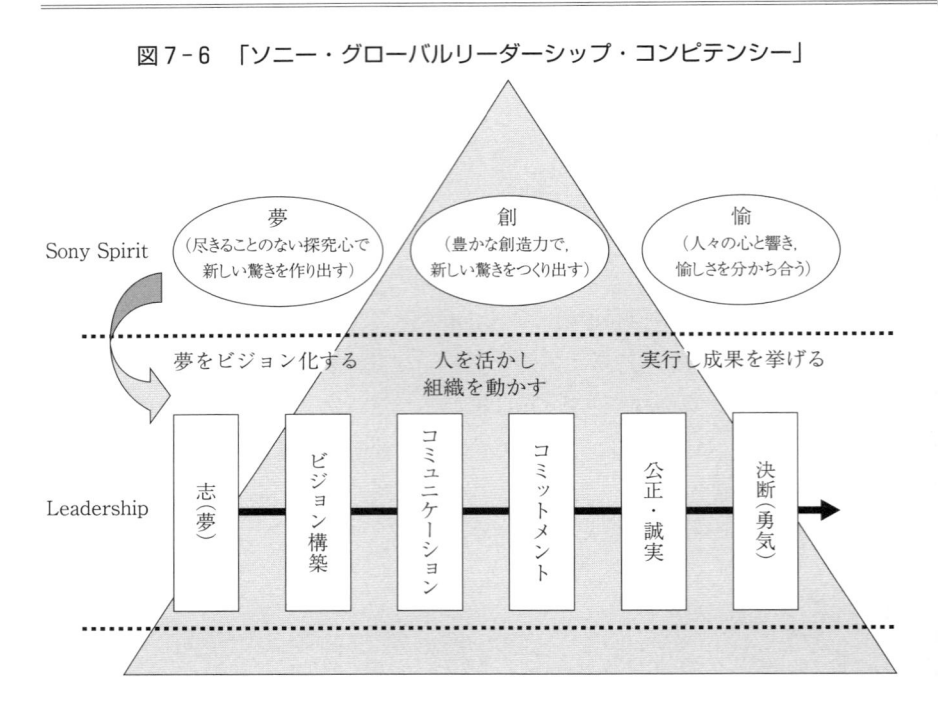

志（夢）｜ビジョン構築｜コミュニケーション｜コミットメント｜公正・誠実｜決断（勇気）

ローバルリーダーシップ・コンピテンシー」が提示された。ソニー・グローバルリーダーシップ・コンピテンシーの原型は，創業者の井深大氏がソニーの前身の東京通信工業の設立（1946年）に際して起草した「設立趣意書」にある。そこには，「真面目なる技術者の技能を最高度に発揮せしむべき自由闊達にして愉快なる理想工場の建設」や「日本再建・文化向上に対する技術面・生産面よりの活発なる活動」が会社の目的であると書き記されている。そして，「経営規模としては，むしろ小なるを望み，大経営企業の大経営なるがために進み得ざる分野に技術の進路と経営活動を期する」として「新規性・独創性・革新性」を重視することを経営方針に謳った。その後，「設立趣意書」に掲げられたベンチャー精神は，「ソニー・スピリット」として今日に至るまで受け継がれている。そして，「グローバル人材マネジメント」との連動を図るべく，「ソニー・スピリット」がブレイクダウンされ，「ソニー・グローバルリーダー

シップ・コンピテンシー」が誕生したのである。「ソニー・グローバルリーダーシップ・コンピテンシー」は，「夢をビジョン化する」「人を活かし組織を動かす」「実行し成果を挙げる」という3つのクラスターで構成され，リーダーに求められる6つの要件が提示されている（図7-6）。

(2) 「グローバル・キーポスト」と「サクセション・プラン」の連動

「ソニー・グローバルリーダーシップ・コンピテンシー」は，ソニーで求められる「リーダー像」を明示化したものとして広く社内にコミュニケートされるとともに，グローバルベースでハイポテンシャルな人材を発掘・育成するための指針となっている。

ハイポテンシャルを発掘するための仕組みとしては，ジョブサイズをベースに国内外の重要ポストである「グローバル・キーポスト」が設定されている。そして，各ポストの後継者候補を選出する「サクセション・プラン」がこれに連動する。

後継者候補へのノミネートは本人に明確に伝えていないが，研修などで経営トップと会う機会が増えるので自ずと分かるようになる。なお，「サクセション・プラン」でノミネートされる人材は毎年見直しされ，本社は各人の評価履歴などをデータベース化していく。後継者候補となった人材に対しては，グローバルリーダーシップ・コンピテンシーに照らしたアセスメントが行われるとともに，個別の育成計画（Off-JTおよびOJTの計画）が検討される（図7-7）。

Off-JTについては，コーポレート・ユニバーシティである「ソニー・ユニバーシティ」での社内プログラムや外部研修の受講が中心である。ソニー・ユニバーシティは，2000年に設立され，グループ経営を担うリーダーの育成をミッションとしている。ソニー・ユニバーシティの研修プログラムは，対象者の階層別に国内・海外で開講され，使用言語は英語である。主なものとしては，次世代経営者向けの長期型育成コースや，次々世代のハイポテンシャル人材の育成と「グローバルなネットワーク作り」を企図した"Global Leadership

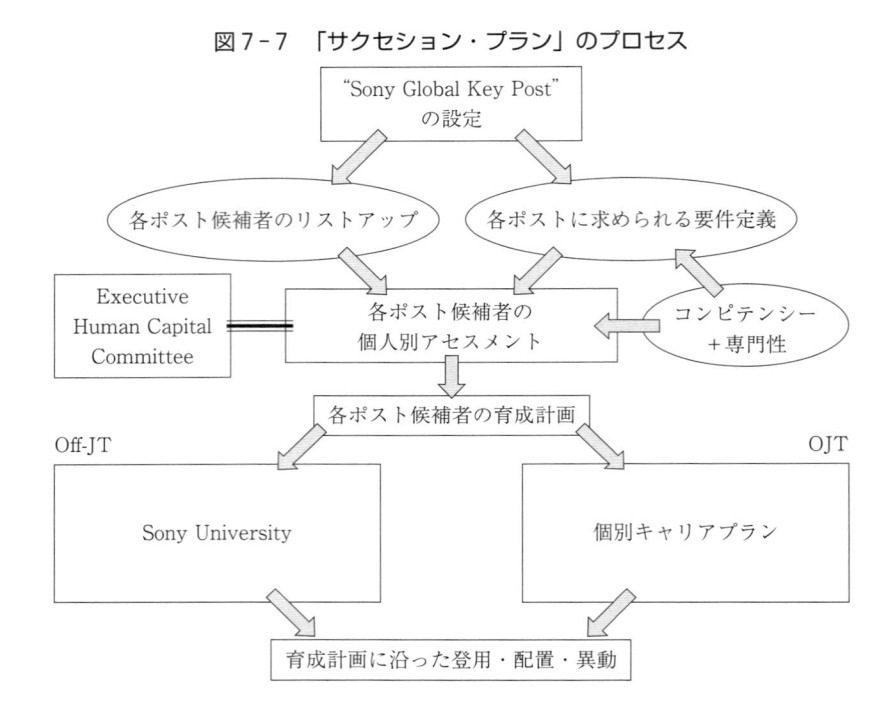

図7-7 「サクセション・プラン」のプロセス

```
"Sony Global Key Post" の設定
   ↓                    ↓
各ポスト候補者のリストアップ    各ポストに求められる要件定義
            ↓         ↑
Executive        各ポスト候補者の      コンピテンシー
Human Capital ═  個人別アセスメント ←  ＋専門性
Committee
                ↓
         各ポスト候補者の育成計画
   ↓                           ↓
Off-JT                         OJT
Sony University              個別キャリアプラン
   ↓                           ↓
      育成計画に沿った登用・配置・異動
```

Development Program"などがある。内容は，「ビジネス・シミュレーション」（戦略立案），「リーダーシップの養成」（リーダーシップの本質的理解），「ソニーユナイテッド」（ストリンガーCEOが掲げる"異なる事業体を併せ持つ経営"）という3本柱で構成されている。ソニー・ユニバーシティに対しては，経営トップ自らがコミットし，受講者との直接対話の機会も豊富である。そのことが，経営後継者候補のモチベーションの向上に寄与するとともに，ソニーのグローバルな戦略や目指すべき方向性の理解につながっている。さらに，世界中の有能人材との切磋琢磨を通して，国境を越えたヒューマンネットワークが構築されるという効果も大きい。

一方，OJTに関しては国・事業の枠を越えた人事異動やコーポレートプロジェクトへの参加を通して能力開発が図られる。特に，国際人事異動は，かつての日本起点の異動だけでなく，本社への逆出向や海外子会社間の異動など海

外子会社を起点とするケースも増え始めてきた。職務等級制度は，地域ごとに異なるが（地域内では統一），国際人事異動に支障が出ないよう相互に読み替えができる。2007年時点では海外子会社からの逆出向者が約130人に達している。また，欧州地域では域内異動が活発に行われ，有能人材の育成のみならず，ビジネスニーズに対応した人材の活用やキャリア機会の拡大といった側面でも効果を挙げている。さらに，最近ではシンガポールや台湾・香港から中国本土への出向のように，海外子会社間の異動も増えている。

(3) 人的資源管理部門のグローバル化

ソニーにおける人的資源管理部門の役割は「真のビジネスパートナーとして，グループレベル（グローバルな視野）で，人材の活用・育成など様々な施策を通して，あらゆるリソースを最大限活用し，ソニーの成長を支援すること」にある。こうした中，ソニーでは各地域および各事業の人的資源管理担当の責任者が集う「グローバル人事会議」を定期的に開催するとともに，各地域の人事担当者がメンバーとなる「クロス・リージョンチーム」による「グローバル・タスクフォース」（2007年度のテーマは「グローバルな人材活用」など）を設けている。こうした人的資源管理部門内のグローバルなヒューマンネットワークは，各国の人材需要や有能人材に関するフランクな情報交換を促進するなど有効に機能している。

6．キヤノン[6]

(1)「現地化」の推進

キヤノンの海外事業展開は1950年代に始まり，とりわけ円高が進行した80年代，90年代にそのピッチが早まった。2005年時点の地域別売上高を見ると，日本市場のシェアは23％で米州や欧州（ともに31％）よりも低くなっている。また，従業員は1996年に日本人の比率が過半数を割り込み，2004年時点では非日本人が57.4％を占めるに至っている。

従来、海外子会社では日本人駐在員を中心に経営が展開されてきたが、上記のようなグローバル化が加速度的に進展する中、事業展開の拡大に対して駐在員の供給が追いつかず、その物理的限界を迎えるようになった。こうした状況下、キヤノンでは、海外子会社において人材の「現地化」を図ることを方針として打ち出した。そのため、日本人の駐在員数を絞り込み、少数精鋭化を図るとともに、帰任者の仕事をできるだけローカル人材に引き継がせるよう徹底している。具体的には、英語圏への出向条件として「TOEIC 600点」を設定し、600点に達しない場合は、英語研修の受講を義務づけ、基準をクリアするまで派遣しないようにした。また、海外赴任内定者研修を充実させ、言葉だけでなく、文化や習慣、マネジメントに関する講座数を増やすなどして駐在員の能力アップに努めている。これらの施策を通して、キヤノンは現地人の育成・活用の機会が増大するとともに、現地人の権限やステイタスが向上し、より高度な協働体制の構築が進展すると期待している。

　日本人駐在員の比率は1989年時点で4.6％に達していたが、2005年には1.4％へと低下した。また、それに呼応して海外子会社トップの現地化が加速し、欧州では日本人社長比率が10％まで低下し、米州でも48％と過半数を切っている（表7-3）。

表7-3　日本人駐在員数と駐在員比率の推移

	アメリカ	ヨーロッパ	アジア・オセアニア	合計人数(人)	日本人駐在員比率(％)
1989年	440	276	100	816	4.6
1992年	453	279	221	953	3.4
1995年	388	251	308	947	2.7
1998年	363	270	347	980	2.3
2001年	309	199	380	888	2.0
2002年	279	183	475	937	1.8
2003年	270	171	535	976	1.9
2004年	252	170	545	967	1.5
2005年	241	154	557	952	1.4

(2) 「グローバル出向制度」("C-GAP") の導入

　事業展開がグローバル化する中，キヤノンでは，日本特有の「人基準」からグローバルスタンダードである「仕事基準」へと人的資源管理の仕組みを変革してきた。例えば，全世界統一の「役割等級制度」を設定するとともに，評価の面でもグローバル・エクセレント・カンパニーの従業員として期待される「行動」を定義し，顕在化された行動によって評価するというグループ共通のコンセプトを明示している（図7-8）。

　"C-GAP"（Canon Global Assignment Program）は，1997年に制定された世界共通の国際出向規定で，賃金の決定方法や社会保険・年金などベネフィットの取り扱いに関するガイドラインを定めたものである。その目的は，①グローバルな人材活用・適材適所の実現，②海外子会社の人事部門との協働体制の構築，③日本本社における仕事・職場の国際化にある。従来，キヤノンにおける国際人事異動は，日本本社から海外子会社へ日本人が出向するという一方通行であったが，上記のような目的を達成するには海外子会社から日本本社への逆出向や，海外子会社間の異動を可能にする制度的インフラが必要となってくる。C-GAP のコアとなっているのは，米国 ORC 社の「バランスシートアプローチ」で，これにより従来のような「個別の契約」ではなく，「共通のルール」に基づく公正かつ平等な条件による国際人事異動を実現できるようになった。また，海外子会社の従業員にとってはキャリア機会の拡大に資する制度である

図7-8　「行動評価」のコンセプト

```
┌─────────────────────────────────────────────┐
│              社会人としての行動               │
│   「社会人としてのマナー」「社会的責任」「誠実性」   │
│   ┌─────────────────────────────────────┐   │
│   │          組織人としての行動           │   │
│   │   「チームワーク」「リーダーシップ」「傾聴力」 │   │
│   │   「部門固有の組織人として求められる行動」   │   │
│   │   ┌─────────────────────────────┐   │   │
│   │   │     仕事をする個人としての行動     │   │   │
│   │   │ 「当事者意識」「進取の気性」「役割認識」│   │   │
│   │   │   「向上心」「論理性」「変革への対応」  │   │   │
│   │   └─────────────────────────────┘   │   │
│   └─────────────────────────────────────┘   │
└─────────────────────────────────────────────┘
```

ため，有能人材の採用・定着が図られることも期待されている。なお，C-GAPの下には各地域（米州・欧州・アジア・日本）の"IAP"（International Assignment Policy）があり，詳細が規定化されている。現在では，C-GAPに基づく派遣は，日本からの駐在員だけでなく，日本本社への逆出向や海外子会社間の異動でも見られるようになっている。

(3)「グローバル人材育成システム」の構築

「グローバル人材育成システム」構築の狙いは，①グローバル経営を担う次世代経営者を世界規模で育成すること，②比較的歴史が新しいアジアの生産拠点において，将来の人材現地化を実現するための基幹人材を確保することにある。

前者については，2001年より"CCEDP"（Canon Corporate Executive Development Program）と呼ばれる経営者研修をスタートさせた。その目的は，グローバルな視点でリーダーシップを発揮できる人材を能動的に育成するとともに，人材育成に関する共通の理念を構築し，各国の人材育成プログラムのベースとすることである。

CCEDPは，毎年1回開催され，日本・北米・欧州・アジアの各地域から合わせて15～20人が参加する。第1期（2001年）=18人，第2期（2002年）=15人，第3期（2003年）=15人，第4期（2005年）=20人が参加した。対象とする層は日本本社の事業部長・部長クラス，海外子会社の社長クラスで，各地域の責任者の推薦を受けて選抜される。プログラムの開発と講座の提供はスイスに本拠を置くビジネススクールのIMDが行い，全体で約5カ月間にわたるコースとなる。使用言語は全て英語で，①ウェブを活用した事前学習，②IMDでの集合研修（経営戦略や財務戦略など），③プロジェクト活動（ウェブを活用），④トップへの活動報告（提言）とリーダーシップディベロップメント（360度サーベイ＆フィードバック）から構成されている。プロジェクト活動では，各地域2人ずつからなるチームを編成し，キヤノンの事業計画に関連するテーマに対し「アクション・ラーニング」を通して回答を提示する。そして，テー

マに関連する部門のトップが「テーマスポンサー」としてチームの活動をサポートする。

　また，CCEDPに加え，海外子会社の中堅幹部クラスを対象とした「東京セミナー」というコースも実施している。このセミナーは既に25年以上の歴史を有し，受講者累計は約1,000人に達している。期間は10日間（年１回）で，プログラムは「キヤノンの経営戦略」「生産戦略」「販売戦略」「各事業本部の戦略」に関するレクチャーや現場見学のほか，事前設定した課題に対して「グループディスカッション」を行い，回答を提示する。

　一方，アジアにおける基幹人材育成に関しては，前述の「東京セミナー」や従来から実施しているタイ・マレーシアでの課長研修のほか，中国子会社の現地人幹部を対象に「中国管理者研修」を実施している。キヤノンでは，今後これら研修プログラムを充実させ，日本人駐在員に代替できるレベルの人材を育成し，アジアにおいても現地化を加速することを目指している。

　さらに，キヤノンでは2006年にグローバル研修所として"CGMI"（Canon Global Management Institute）を開設した。今後はCGMIを中核拠点として，グローバルな経営幹部の発掘・育成のプロセスを強化することが予定されている。

7．コマツ[7]

(1)「コマツウェイ」の策定

　コマツでは，全世界の従業員数が３万4,000人に達し，その５割強が非日本人となっている（2007年４月時点）。また，全社の売上の75％を占める建機事業を例にとると，海外売上高比率は約８割に達する。こうした状況下，コマツでは2005年の役員合宿での議論と海外の有識者で構成される"International Advisory Board"における助言を受け，日本人中心の教育から脱却し，海外子会社の現地人も含めた「グローバル人材」の育成に注力することになった。かつて，1960年代に米国の巨人キャタピラーが日本進出した際，コマツは「マ

ル A」と呼ばれる全社的な品質向上運動を展開し，徹底抗戦の姿勢でキャタピラーを迎え撃った。以来，コマツでは QC や TQM を自らの強みと認識するようになる。コマツの QC・TQM は，手法だけでなく，開発からサービスに至る一連の価値連鎖の中での「モノづくり」という概念に行き着く。これまで海外子会社では日本人駐在員を通して「強み」の伝承が図られてきたが，事業のグローバル展開が加速し，国内でも「2007年問題」に直面する中，「モノづくり」を手法だけでなく，その精神とともに体系的かつグローバルに伝承する必要性が出てきた。そこで，グローバルに共有化すべき価値観・行動規範や強みを「見える化」したものとして2006年7月に「コマツウェイ」が策定されたのである（表7-4）。そして，同年10月には「コマツウェイ推進室」が設置され，DVD やマンガなどのツールを準備して国内外の事業所に対する「布教活動」が始まった。「コマツウェイ」は全社編のほか，開発や生産・プロダクトサポートなど職種別編も作成されており，各職種の固有技術の継承を図っている。

(2)「グローバル・マネジメントセミナー」("GMS")の開催

　「コマツウェイ」の策定と呼応して，コマツでは「グローバル人材」の育成にも注力している。これまで，海外子会社の現地人の間では「日本人中心で意思決定が進められている」という意識が強かった。しかし，事業・人員ともに海外のウエイトが高まる中，いかにして非日本人を活性化するかが喫緊の課題となってきた。一方，本社サイドでは現職の海外子会社トップのコミットメントがないと「グローバル人材育成」は進まないと考えていた。そこで，2006年4月に海外子会社の現地人トップ12人を本社に集め，「トップ・マネジメントセミナー」を開催した。この会議では3日間にわたり今後の人材育成方針やコマツの「強み」に関する議論が行われた。従来のコマツでは世界各国の現地人幹部が一堂に会して経験交流を行う機会がなかったため，本セミナーの開催は「経営にインボルブされた」という意味で参加者を大いに刺激した。そして，「トップ・マネジメントセミナー」において，本社・現地人トップの双方から

表7-4 「コマツウェイ」（全社共通編）

1．品質と信頼性の追求
・ダントツを狙おう
・品質問題をお客様のせいにしている限り，技術の進歩はない
2．顧客重視
・コマツは，お客様のパートナーなのです
・お客様の問題解決を最優先しよう
・正しい納期意識を持って
3．源流管理
・ナゼナゼを5回繰り返そう
・次工程はお客様
4．現場主義
・現場・現実・現物をよく見よう
・見える化しよう
・データで語るように心がけよ
・汗の中から知恵が出る（99％の汗と1％の知恵が大事）
5．方針展開
・方針展開力は，コマツの強み
・現場は改善の宝庫（宝の山）
6．ビジネスパートナーとの連携
・「Win-Win」の関係（コマツだけの利益や，短期的な利益を求めない）
・代理店・協力企業との連携を重視
7．人材育成・活力
・人材育成は管理職の大事な仕事
・部下の手柄はすぐ誉めよう
・できない理由より可能にする方法を

　海外子会社の経営後継者を育成する場の必要性が提案されたことを受け，2006年10月に「グローバル・マネジメントセミナー」(Global Management Seminar：GMS) がスタートした。同セミナーは年2回開催しており，毎回13人前後の参加者を得ている。

　"GMS"は英語を共通語としているが，一部参加者には同時通訳サービスも施される。研修プログラムは，大学教授のコーディネートのもと，社長ならびに開発・生産・マーケティング担当の役員による経営方針・戦略の講義とディスカッションに加え，「コマツウェイ」に関するケーススタディセッションも用意され，その理解・浸透が図られている。また，コマツでは毎年10月の第3

土曜日を「技能の日」と定め，世界各地の予選を勝ち抜いてきた人材が集まり，機械加工・溶接・塗装などの技能を競い合う「オールコマツ技能競技大会」が開催されるが，10月のGMS参加者には「技能の日」に参加して，コマツの企業文化に触れてもらうようにしている。

　参加者の人選は，米州・欧州・中国に関しては地域統括会社が行い，アジア・オセアニアとアフリカは日本にある統括部門と話し合って決定している。参加者の中には日本人トップの後継者候補になっている現地人幹部も含まれている。

　研修は4日間だが，「本社の経営トップとの議論やケーススタディを通して，冊子の配布だけでは理解しえなかったコマツウェイの細部を体得することができた」「コマツのグローバル経営にインボルブされていることが実感できた」など参加者の満足度は高い。実際，「コマツウェイ」の伝道師として，行動変容が観察される現地人幹部も出てきたという。

(3)　「グローバル建機専科」（"GTI"）の開設

　「グローバル建機専科」（Global Training Institute：GTI）は，海外代理店と現地法人のプロダクトサポート部門の幹部候補を育成する研修で，プロダクトサポートツールの教育のほか，経営理念・経営戦略・品質保証活動・改善活動・マネジメントなど約100コースで構成されている。コマツは海外17カ所にトレーニングセンターを配しているが，その機能は製品教育が中心で，管理者教育は日本本社で日本人従業員を対象に行うことが通常であった。しかし，2003年頃から世界的に建機マーケットが回復基調に入り，ビジネスの拡大が焦眉の課題となる中，本社のグローバルな方針・戦略を理解して現地に展開していく経営人材層の育成が求められるようになってきたのである。

　"GTI"は，2004年にスタートして以来，毎年1回開催している。参加者は毎回13人前後で，海外のみならず日本本社からも1～2人参加している。受講対象は，業務経験6～7年の管理者候補で，平均年齢は30代半ばである。応募には英語力など10項目程度の要件が設定されており，受講者の選抜は各現地法

人が行う。期間は11週間で，日本・欧州・米国を回り受講する。プログラムは，日本では全社の方針や戦略，品質保証活動（工場での研修も含む），改善活動などが中心で，欧米ではその応用展開が企図されている。具体的には，市場を「マイニング」「コンストラクション」「ユーティリティ」の3つに分け，マーケット・商品開発・プロダクトサポート・品質保証活動の各側面について現場実習も交えて学習する。講師は本社の社長・本部長・部長・第一線の課長クラスなど95％が内部者で，プレゼンテーションスキルやマネジメント，QCの基本に関してのみ外部講師を活用している。使用言語は英語であるが，7〜8％のプログラムでは通訳をつけている。

研修のアウトプットは，自分の業務に関する改善提案の策定である。提案書の作成に際しては，テーマに応じて日本本社の部課長を一人ずつアドバイザーとしてアサインしている。受講者は日本にいる間はフェイス・トゥ・フェイスで，また欧米での研修中はメールでアドバイザーから指導を受ける。研修成果の発表会は，中間と卒業時の2回にわたって開催される。発表会ではプレゼンと質疑応答があり，充分な現状把握と分析に基づく提案になっているかどうかがチェックされる。日本人従業員は日常の業務を通してQC的な考え方を自然に体得しているが，現地人はそうした訓練を十分に受けてこなかったため，事実を充分に把握しないままに結論を導く傾向が見受けられる。そこで，GTIでは，データに基づく分析・提案となるよう徹底指導するとともに，「コマツウェイ」にある「ナゼ」を繰り返して問題を深掘りすることで，改善の基礎を学ばせることを目指している。

帰国後の成果としては，ある受講者から出された「アフターサービスにおける収益向上活動に関する提案」が実際に現地展開されるなどしている。

受講者および上司からの評価は非常に高い。例えば，上司側からは「今までになかったチャンス（現地人管理者を育成する機会がなかった）」「改善提案により自社の経営に直結するというメリット」「他社の有能人材との切磋琢磨が良い」といった声が寄せられている。一方，受講者側からは「同じ悩みを抱える他地域の人との人的ネットワークの拡大により解決策の共有化が図れる」

「PDCAサイクルに基づく継続的なカイゼン活動について習得できた」「コマツの方針・グローバル戦略についての理解を深めることができた」「管理者やリーダーに求められるツールと知識を与えてくれた」「会社に対する自分自身のコミットメントが強くなり，仕事の質が向上した」「世界中に強力なコマツチームを作り上げるために，GTIは必要かつ有用である」「帰国後，代理店の管理者向けに独自のミニGTIを2週間の日程でスタートさせた」など視野の拡大や情報共有化を評価する意見が多い。

8．GE[8]

(1) "GE Values"によるグローバル統合

GEは「インフラストラクチャー」「インダストリアル」「ヘルスケア」「コマーシャル・ファイナンス」「GE Money」「NBCユニバーサル」という6つの事業を100カ国以上で展開するコングロマリットである。従業員数は32.5万人に達しており，その約半数が米国外で勤務している。

こうした多様な事業，世界中に分散する従業員を統合するのが"GE Values"と呼ばれるグローバルな行動規範である（表7-5）。GE Valuesは，GEで働く全社員に求められている行動規範・価値観を示したもので，時代の変化とともに文言が少しずつ変化してきているが，修正作業は必ずトップ自らが関与して行うことになっている。

GEでは，世界中の従業員にGE Valuesの体現を求めており，採用の際もGE Valuesとの「適合性」が考慮される。従業員には「GE Valuesカード」が配布されるほか，研修や評価制度との連動などを通して，その浸透が図られている。

GEにおける人的資源管理部門の役割は，人事制度の企画・運営のみならず，GE Valuesを体現したリーダーの育成と企業文化の創造にあると考えられている。"Hire the best, Develop the best, Promote the best, Engage the best, Retain the best"が人材戦略の基本である。

表7-5 "GE Values"

アクション
・imagine（想像する）
……私たちは，お客さま・社員・地域のために想像力を働かせます。
・solve（解決する）
……私たちは，世の中の困難な問題の解決に役立てるよう取り組みます。
・build（築く）
……私たちは，成果を尊ぶ社風を通じ，市場を拓き，人を育て，株主価値を求めます。
・lead（リードする）
……私たちは，実力主義のもと，学習し，多様性を受容し，変化を追求します。
バリュー
・Passionate（情熱）　　　　　・Resourceful（工夫に富む）
・Teamwork（チームワーク）　 ・Open（開かれた）
・Curious（好奇心）　　　　　・Accountable（責任を持つ）
・Committed（コミットメント）・Energized（鼓舞する）

(2) 全世界共通の「職務等級制度」

エグゼンプトの職務等級制度は世界共通となっている。等級は大学新卒者の職務である「プロフェショナルバンド」(PB) からスタートし，「リードプロフェショナルバンド」(LP)，「シニアプロフェショナルバンド」(SP)，「エグゼクティブバンド」(EB)，「シニアエグゼクティブバンド」(SEB)，「オフィサー」(VP) の順で構成されている。このうち，EB・SEB・VPについては，本社が昇格を管理している。SEBへの昇格はCEOが承認し，EBについては各事業のグローバルCEOが決裁する。日本GEからは100人前後がEB，10人前後がSEB，5人前後がVPに各々格付けられている。

(3) グローバル統一の「評価制度」

GEにおける人事考課（単年度評価）は，「業績」と "GE Values" が評価要素となっている。

まず，業績評価は「目標管理制度」に従って運用される。目標は「GEのゴール→各事業のゴール→部門のゴール→チームのゴール→メンバー（個人）のゴール」へとブレイクダウンして設定されるが，「ストレッチ目標」を組み

図7-9 GEの「評価制度」

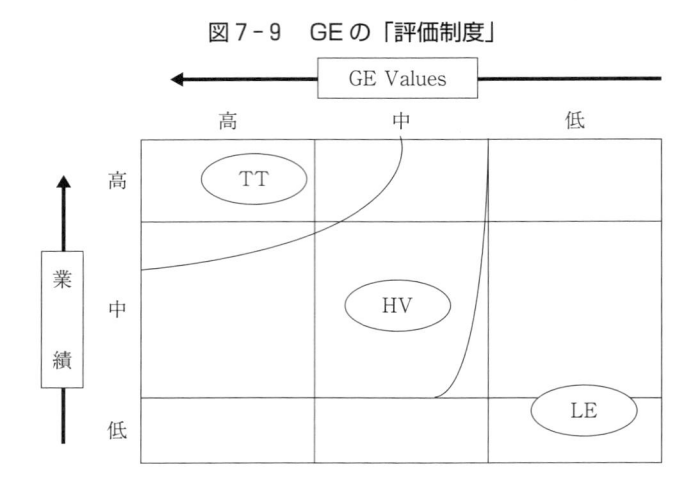

```
              ← ─────  GE Values  ───── →
                高       中       低
           ┌────────┬────────┬────────┐
        高 │  TT    │        │        │
           ├────────┼────────┼────────┤
   業  中  │        │  HV    │        │
   績      ├────────┼────────┼────────┤
        低 │        │        │  LE    │
           └────────┴────────┴────────┘
```

込むことが奨励されるため，「全チームのゴール合計」≧「部門ゴール」,「全メンバーのゴール合計」≧「チームゴール」となる。そして，個人目標の達成度に基づき，「高」（high：目標以上），「中」（medium：目標どおり），「低」（limited：未達）の3段階による絶対評価がなされる。

一方，"GE Values" については，「360度評価」などを用いてその体現度が評価される。360度評価では，上司の承認のもと本人が評価者を選定する（顧客を入れることも可能）。そして，その評価結果も踏まえ，上司が「高」「中」「低」の3段階で最終評価を行う。

これら「業績」と "GE Values" による評価の結果は，（図7-9）のような「9ブロック」で示され，最終評価は，"TT"（Top Talent），"HV"（Highly Valued），"LE"（Less Effective）の3段階に集約される。分布についてはTT=20～30％，HV=60～70％，LE=0～10％がガイドラインとなっている。そして，各人の評価結果は "EMS" と呼ばれる全世界統一のシステムに「社内履歴書」として記録・蓄積されていく。

(4)　「セッションC」による「ハイポテンシャル」の発掘と育成

　GEでは，毎年開催される「セッションC」の中で「ヒトと組織の棚卸し」を行い，重要ポジションの「サクセション・プラン」を検討するとともに，リーダーとしてのポテンシャルの高い人材を発掘する。「セッションC」のプロセスは，組織の下層部から上層部へと積み上がっていく方式で，各国の「部門・事業（会社）ごと」の評価から「国・地域単位」へ，さらにはグローバルな「GEグループ全体」の評価へとつながっていく。最終段階であるイメルトCEOと各ビジネスのトップが行う「セッションC」ではSEB以上，およびそのパイプラインとしてEBレベルの従業員までを対象とした議論が行われる。

　「セッションC」では，前述した「単年度評価」の結果に加え，各人の「昇進可能性」（promotability）を「高」（high），「中」（medium），「低」（limited）の3段階で評価する。

　「単年度評価」と「昇進可能性評価」の結果，"TT"で"high promotability"となった人材が典型的な「ハイポテンシャル」である。「ハイポテンシャル」に対しては，昇給率・ボーナス・ストックオプションなどの面で差異化された処遇を提示するだけでなく，個別の育成プログラムが立案される。その中には国や事業の枠を越えた異動や，ニューヨーク州クロトンビルの「ジョン・F・ウェルチ リーダーシップ・センター」で実施される「グローバル経営幹部育成プログラム」（後述）へのノミネートなどが含まれる。また，ロールモデルとなる人材をマンツーマンのコーチに任命し，悩み事やキャリアについて支援・相談を行うメンタリングプログラムも提供される。さらに，本社の経営幹部が海外子会社を訪問した際に開催される「ラウンドテーブル」（意見交換会）に参加させるなど，有能人材が組織の上位者の目に止まるような取り組みも行われている。

(5)　「グローバル経営幹部育成プログラム」

　前述の「ジョン・F・ウェルチ リーダーシップ・センター」で実施される「グローバル経営幹部育成プログラム」の中で代表的なコースは以下の3つで

ある。第1は、"MDC"（Manager Development Course）で、3週間連続のプログラムである（年7回開催）。対象はSPB〜EBクラスで、全世界から50〜60人が参加し、ビジネスシミュレーションや大学教授による講義が行われ、米国のMBAコースに匹敵する内容となっている。第2は、"BMC"（Business Management Course）で、EB〜SEBクラス約50人が参加し、「アクション・ラーニング」が中心である。具体的には3週間の研修期間中に提示された課題に対する調査・研究を行い、解決策をCEOに提示する。そして、第3は、"EDC"（Executive Development Course）で、SEB〜VPの中のうち、CEOのポテンシャルがあると認められた人材のみ受講できるコースである。前CEOのウェルチ氏や現CEOのイメルト氏も受講経験があり、日本からも過去に数人が参加している。EDCは30〜35人が参加し、3週間にわたり実施される。内容はBMC同様の「アクション・ラーニング」で、最終プレゼンにはCEOとその直属役員が出席し、そこに提出されたプランが実際に採用されるケースも多い。MDC・BMC・EDCは、実践的な学習を通して経営者に求められる知識やスキルを習得するだけでなく、世界各国の有能人材の相互啓発およびヒューマンネットワークの形成の場としても期待されている。これら研修を受講するには「セッションC」でノミネートされた上で、各事業部門での厳しい選考を経なければならない。

9. IBM[9]

(1) "Multinational Company" から "Globally Integrated Enterprise" へ

かつてIBMは、各国子会社が独自の人事制度や会計基準を有する"Multinational Company"であった。しかし、1990年代に入って業績が悪化し、事業構造の再編が進む中、1993年にCEOに就任したガースナー氏のリーダーシップのもと、"Global Company"への脱皮を目指した変革が志向されるようになる。また、ガースナー氏の後継となった現CEOのパルミザーノ氏（2002

年就任）は，"Globally Integrated Enterprise" というコンセプトのもと，経営の「グローバル最適化」に向けた構造改革をさらに加速させようとしている。こうした中，人的資源管理においても，世界中の有能人材を活用するとともに，グローバルな視野で思考・行動できるリーダーを確保すべく，多様な背景を有する人材を規範的・制度的にグローバルな枠組みに統合することが求められるようになってきたのである。

(2) 世界共通の人事制度

上で述べたような人的資源管理上の課題を解決するための制度的インフラとして，1997年にグローバルな職務等級制度（"Broad Banding"）が導入された。これは世界統一基準でジョブサイズの社内ベンチマーキングを行い，それをベースに全世界のIBMで働く約35万人の従業員を14段階からなる世界共通のグレードに格付けるものである。一般従業員は1～10，エグゼクティブにはD～Aのバンドが各々設けられている。

一方，"PBC"（Personal Business Commitment）と呼ばれる世界共通の評価制度もある。PBCでは，"Business Goal"（ビジネスへの貢献），"Development Goal"（自身の能力開発），"People Goal"（部下育成と組織力の向上：管理職のみ）の各要素について，上司と部下が話し合って目標を設定し，その達成度が評価される。

こうした世界共通の等級制度や評価制度により，国や事業の枠を越えて，グローバルな規模で人材の発掘・育成・活用を行うことが可能になった。また，IBMには"Global Opportunity Market"というイントラネットを使った「グローバル社内公募制度」があり，各国の従業員には「国境を越えたキャリア機会」が開かれている。さらに，世界中のIBMの従業員が自らのスキルやキャリアを登録した"CV（curriculum vitae）Wizard"と呼ばれる人材データもある。CV Wizardは，国境を越えたプロジェクトチームを編成する際，適任者をグローバルに検索するツールとして用いられるなどしている。すなわち，IBMの国際人的資源管理は，かつての現地化中心から，多様な人材をグロー

バルに活用する方向へと変貌を遂げつつあるのである。

(3) グローバルベースでのリーダーの育成

　市場や技術がめまぐるしく変化し，グローバル競争が激化する今日，①限られた人的資源の世界レベルでの有効活用の必要性，②企業変革や収益向上のための優秀な経営幹部の育成の必要性，③強力なリーダーおよびその予備軍を育成する必要性が高まっている。こうした状況下，IBMでは経営上の枢要なポストにつく能力を有すると判断される人材（ER：Executive Resources）をグローバルベースで早期に発掘・選抜・育成する"ER Management"という仕組みが設けられている。

　ER Management の対象となるのは，職務等級が10（一般従業員の最高グレード）で，18カ月以内にエグゼクティブ（Dグレード以上）に昇進可能と考えられる人材である。その選抜に当たっては，まず当該人材の上司がノミネートし，それを上司の上司が承認するというプロセスがとられる。

　ER Management において重要な役割を果たすのが10項目からなる「IBMリーダーシップ・コンピテンシー」（IBM Leadership Competencies）である（図7-10）。これは，パルミザーノCEO直属のSenior Vice Presidentを通して「IBMで成功しているエグゼクティブ」を世界中からピックアップし，彼（彼女）らに対するインタビューを実施して「リーダーとしての成功要因」「新たな時代において求められるリーダーの特性・資質」を抽出したものである。

　ER Management では，まずER本人がリーダーシップ・コンピテンシーのセルフ・アセスメントを行い，自身の「強みとなっているコンピテンシー」と「強化が必要なコンピテンシー」を明らかにし，上司がそれをレビュー・承認する。そして，これまでの業績やリーダーシップ・コンピテンシーに関する状況に基づき，各人の"ultimate potential"（最終到達可能職位）が検討された上で，個人別の人材開発プログラムが提示される。ここでは，「仕事を通して人を育てる」という基本方針のもと，Off-JT（集合研修）よりも，OJT（チャレンジングな仕事の付与）に重きを置いた計画が立案される。具体的には，上

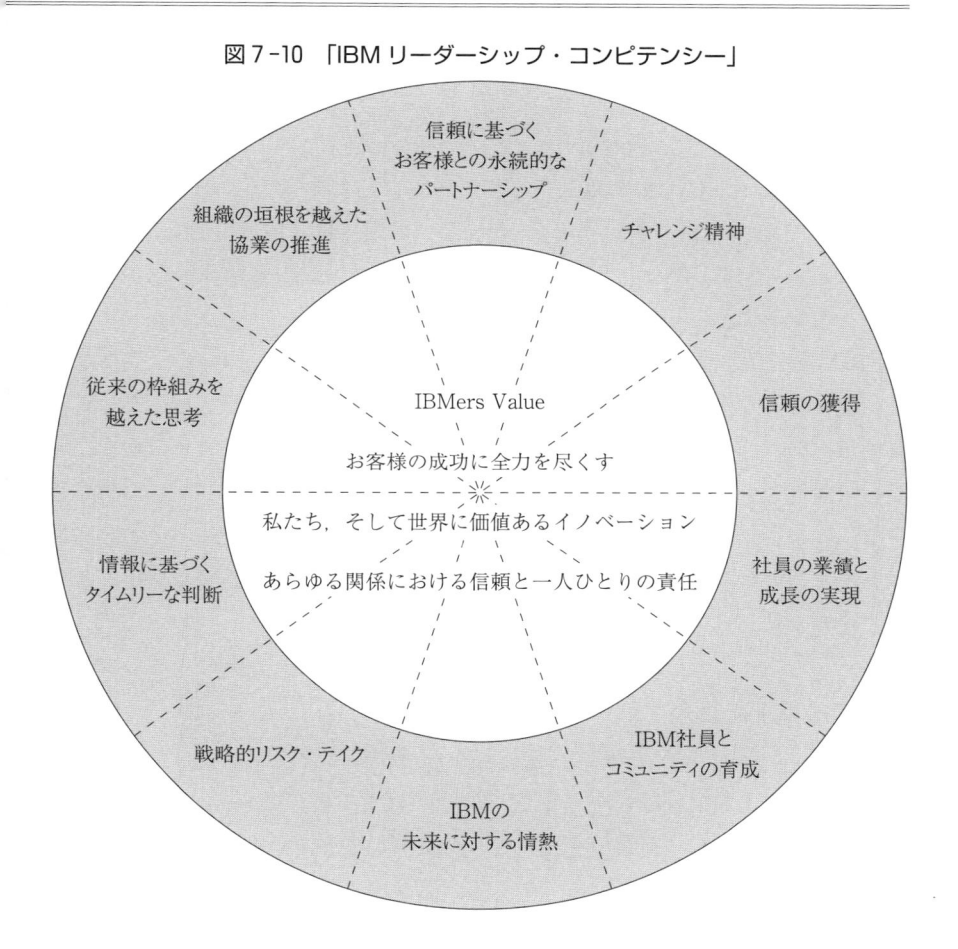

図7-10 「IBM リーダーシップ・コンピテンシー」

- 信頼に基づくお客様との永続的なパートナーシップ
- チャレンジ精神
- 信頼の獲得
- 社員の業績と成長の実現
- IBM社員とコミュニティの育成
- IBMの未来に対する情熱
- 戦略的リスク・テイク
- 情報に基づくタイムリーな判断
- 従来の枠組みを越えた思考
- 組織の垣根を越えた協業の推進

IBMers Value
お客様の成功に全力を尽くす
私たち，そして世界に価値あるイノベーション
あらゆる関係における信頼と一人ひとりの責任

司・本人・人的資源管理部門の話し合いのもと，エグゼクティブに求められるキャリアをリストアップした"General Manager Development Model"に照らして，今後経験すべき2つのアサイメントが決められる。とりわけ，職種や国境を越えた異動を通して，経営能力の向上，異文化理解力の向上と視野の拡大，さらにはグローバルなヒューマンネットワークの形成を図ることが重要視されている。また，ERは，メンタリングやコーチングを通して支援・助言を受けることができる。IBMでは「リーダーはリーダーを育てる責任を有する」

という考えが根づいているため，会社がメンターを割り当てるのでなく，当人同士の話し合いの中でメンターが決まる風土が浸透している。

ERに対する評価は，"potential"と"performance"によってなされる。このうち，potentialについては，リーダーシップ・コンピテンシーの発揮状況によって測定される。また，performanceに関しては，前述のPBCがツールとして用いられる。なお，ERについては，過去3回分の業績評価やコンピテンシー情報が本社に蓄積され，データベース化が図られている。

ER Managementのような人材プールに入っていることについて，従来は本人に通知されなかったが，最近では伝えるようにルールが変わった。そして，従業員への告知を通して「会社としての期待」とそれに付随する「キャリア機会の可能性」を明示したことが，有能人材のさらなるモチベーションの向上とリテンション策として奏効しているという。また，ER Managementでは毎年メンバーの入れ替えが行われ，人材の早期選抜の一方で競争的環境の維持に向けた注意が払われている。

(4) 組織風土の改善

IBMでは，「リーダーが風土を規定し，風土が成果を規定する」との考えのもと，組織風土の改善にも注力している。具体的には，"Global Pulse Survey"というグローバルな「従業員意識調査」が四半期に1回実施されている。この調査は，エグゼクティブも含めた全世界の従業員の中から毎回一定人数を無作為に抽出して行うもので，「現在の職務に満足しているか」「IBMは真に必要な変革に取り組んでいるか」など毎回同じ質問項目が提示される（回答は匿名）。調査結果は全従業員に公表されるとともに，国ごとや部門別の集計も行われる。そして，現状と望ましい状況との格差が大きい場合や，満足度が低い項目，さらには同業他社に対して劣位にあると思われる項目については，改善に向けたアクションがとられることになる。

10. Hewlett-Packard[10]

(1) 国際人的資源管理の基本方針

　Hewlett-Packard（HP）における人的資源管理の仕組みは，ほぼ100％「グローバル共通」となっている。その理由は2つある。第1は，ビジネスがグローバル化する中，人的資源管理の面でも組織構成でも「グローバル最適」の視点が求められるということである。第2の理由は，国ごとに制度やシステムが異なると，管理コストが上昇するという点である。製品やサービスの標準化が進むIT業界において，管理コストの低減は競争力に関わる重要命題となっている。制度は各国の共通性に着目して設計され，ホスト国の法律に準拠する範囲で運用しているので，結果として本社で決定された制度がローカライズされることや，運用が大きく調整されることは原則的にない。

　一方で，制度のグローバル化はHPが標榜する「多様性」（diversity）と「包括性」（inclusion）を象徴する事象であり，それは多様な一人ひとりの従業員が成功に貢献するよう励まされ，勇気づけられる環境を創造することを意味する。つまり，国籍や採用地・勤務地に関わりなく多様な人材をグローバルな枠組みに統合することで，モチベーションが高まり，最大限の能力発揮につながると考えられている。

(2) 「パフォーマンス・マネジメント」と「タレント・マネジメントシステム」

　HPの評価制度は「パフォーマンス・マネジメント」と呼ばれ，図7-11に示したサイクルで運用されている。第1段階は「ゴール設定と計画」で，HPの戦略・ビジネス目標および部門目標と連動した個人目標を設定する。その際，上司は部下のパフォーマンスに対する期待値を明確にする。また，目標の中身については"SMAART"（S=Specific, M=Measurable, A=Achievable, A=Aligned, R=Results-focused, T=Time-oriented）を心がけている。第2は「モニタリングとフィードバック」で，目標達成に向けて上司からフィード

図7-11 「パフォーマンス・マネジメント」のサイクル

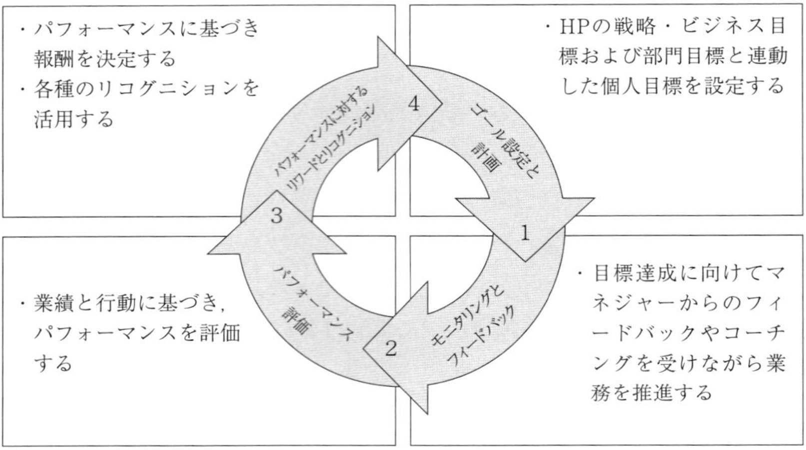

【1 ゴール設定と計画】
・HPの戦略・ビジネス目標および部門目標と連動した個人目標を設定する

【2 モニタリングとフィードバック】
・目標達成に向けてマネジャーからのフィードバックやコーチングを受けながら業務を推進する

【3 パフォーマンス評価】
・業績と行動に基づき，パフォーマンスを評価する

【4 パフォーマンスに対するリワードとリコグニション】
・パフォーマンスに基づき報酬を決定する
・各種のリコグニションを活用する

バックやコーチングを受けながら業務を推進するステージである。上司にはパフォーマンスにマイナスの影響を与える可能性のある障害や環境要因を特定し，対処することが求められている。第3段階は「パフォーマンス評価」である。評価要素は「業績」と「行動」の2つで，「業績」は個人目標の達成度で測定される。一方，「行動」は，目標を「どのように」達成したかに焦点を当てたもので，①結果にいたるまでの行動（Results & Performance Driven），②顧客ニーズの把握と期待への対応（Customer Centric），③知識の意思決定への反映（Business Acumen & Thought Leadership），④部下と自分自身の管理（Team Leadership & Personal Effectiveness）の4要素で定義されている。最終評価（Rating）は，3段階で，分布は年毎にビジネスの成果を見ながら決められていく。そして，第4段階は「パフォーマンスに対するリワードとリコグニション」で，パフォーマンスに基づき報酬を決定するとともに，表彰など金銭以外の各種リコグニションを活用する。

また，HPには「タレント・マネジメントシステム」と呼ばれる仕組みがある。これは，前述した「パフォーマンス評価」に加え「ポテンシャル」を考慮して「ハイポテンシャル」を発掘するシステムで，毎年の「タレントレ

ビュー」の中で検討がなされる。「タレントレビュー」は各階層別に実施され、人材開発戦略の運用や異動の計画などに反映される。

(3) グローバル統一の「職務等級制度」と「賃金制度」

HPにはグローバル統一の職務等級制度（ジョブレベル）があり、世界約17万人の従業員全員がこのフレームワークの中に位置づけられている。等級はジョブサイズに基づいて決定され、職務ごとに役割の詳細や必要な経験・資格・スキル・知識・能力が明らかにされている。

他方、賃金水準は、業界トップレベルの企業をベンチマークし、各国労働市場において競争力のあるレベルが支給される。基本給は「ペイバンド」（Pay Band）と前述の「最終評価」（Rating）で決定するのが全世界統一のルールである。「ペイバンド」はジョブレベルごとに設定され、各ペイバンド内の位置（1～5）とRatingの結果により昇給率が決まる仕組みとなっている。

(4) 「キャリア自律」と「グローバル社内公募制度」

HPには「人間は男女を問わず、良い仕事・創造的な仕事をやりたいと願っていて、それに相応しい環境に置かれれば、誰でもそうするものである」という創業者ビル・ヒューレットの言葉に象徴される経営理念（"HP Way"）がある。こうした中、HPの人的資源管理では「キャリア自律」（Career Self Reliance）という考え方が重視されている。「キャリア自律」とは、従業員が「自分自身のキャリア形成に責任を持つ」一方、企業側は「従業員が自分のキャリアに責任を持てる環境を提供する」というもので、従業員の「エンプロイアビリティ」（employability）と企業としての「エンプロイメンタビリティ」（employmentability）の双方の強化を企図している（図7-12）。

キャリア自律の考え方を象徴的に反映した施策として「グローバル社内公募制度」が挙げられる。HPでは、社外に募集をかける職務は、社内にもオープンにしなければならないというルールがある。グローバル社内公募制度では、公募情報が毎日更新され、全世界の従業員が公募職種をリアルタイムに閲覧し、

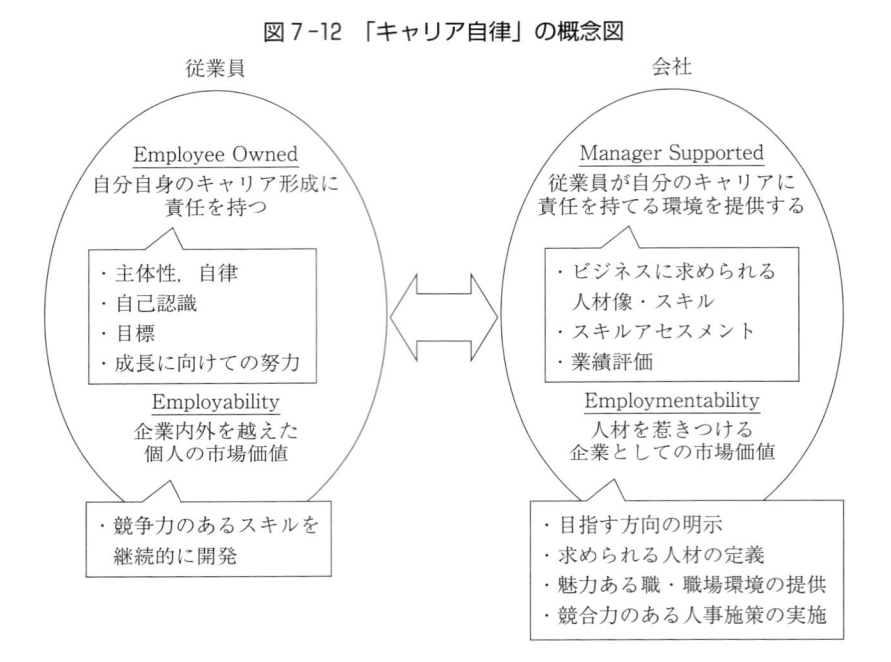

図7-12 「キャリア自律」の概念図

従業員

Employee Owned
自分自身のキャリア形成に
責任を持つ

・主体性, 自律
・自己認識
・目標
・成長に向けての努力

Employability
企業内外を越えた
個人の市場価値

・競争力のあるスキルを
  継続的に開発

会社

Manager Supported
従業員が自分のキャリアに
責任を持てる環境を提供する

・ビジネスに求められる
  人材像・スキル
・スキルアセスメント
・業績評価

Employmentability
人材を惹きつける
企業としての市場価値

・目指す方向の明示
・求められる人材の定義
・魅力ある職・職場環境の提供
・競合力のある人事施策の実施

社内のイントラネットを通して応募できるようになっている。これは, 国籍や採用地・勤務地の区別なく, 世界中の有能人材に対して広範なキャリア機会が開かれていることを制度的に保証する仕組みであると言える。

(5) グローバルな従業員満足度調査 "Voice of the Workforce"

"Voice of the Workforce"（VoW）は, グローバルな従業員満足度調査である。VoWは毎年1回, 全世界の従業員を対象にウェブ上にて実施される（質問票は20カ国語に翻訳）。質問項目は42項目（内容は数年間固定）で, 各々の質問に対して5段階評価で回答する。部下の回答数がある基準に達すると, 上司は自部門の結果を閲覧できる。そして, 30日以内に部下と結果をシェアして重要課題を抽出する。さらに, 次の30日間にアクションプランを作成し, その後30日以内で対策を実施する（「30-60-90日プロセス」と呼ばれる）。対策の効果は, 翌年のVoWで測定され, 改善・進捗状況がチェックされる。なお回答

は，階層ごとに集計され，組織内外との比較検討も可能となっている。

11. 3M[11]

(1) 人的資源管理のグローバル化

　3Mは「最も革新的な企業」「顧客に優先的に選択されるサプライヤー」を経営ビジョンに掲げ，「イノベーション」を育むための数多くの仕組みを有している（表7-6）。個人の創造性と活力に立脚した「企業家精神とイノベーション」こそが，3Mの企業文化の象徴であり，イノベーションは「お客様の満足を得る手段」「差異化の手段」「成長の手段」「従業員の満足を得る手段」「社会に貢献する手段」として，同社の競争優位を支える重要な要素となっている。

　他方，グローバル人的資源管理の面では，これまで海外系列会社の業績が堅調である限り，人事制度の設計・運用に関して米国の3M本社は極力介入せ

表7-6　「イノベーション」を育む仕組み

仕組み	内容
「15%ルール」	勤務時間の15%を興味をもっている自由な研究に使うことができる。
「ストレッチゴール」	各部門に対して売上の30%を過去4年間に発売された新商品・新サービスが占めるよう求める。
「デュアルラダー」	3Mの技術者は技術専門職と技術管理職のいずれかを選択できる制度で，技術専門職の最高の職位はコーポレート・サイエンティスト。
「ゴールデン・ステップ賞」	新製品・新事業を創造し成功を収めた従業員に贈呈される。
「技術共有賞」	3M社が海外系列企業の新製品開発チームを表彰する。
「カールトン・ソサエティ」	社内で独創的で傑出した業績を挙げた技術者のみ入会を許される。
「テクニカル・フォーラム」	3Mの技術者が加入し，各研究所から選出された代議員により自主的に運営される技術情報共有の場。

ず，各国系列会社に委ねるという「マルチナショナル」なスタイルが取られていた。しかし，売上の60％以上が米国外で発生し，グローバルな競争が激化する中，「国境を越えた協働」や「グローバル最適の人材活用」に向けてグローバルに統合された人的資源管理が求められるようになってきたのである。

(2) 「タレント・マネジメント」の推進

「多様な市場・お客様を対象に，多様なテクノロジーを活用し，多様な従業員を包含したグローバルな組織を使って多様な製品を提供して，グローバルにビジネスを展開する」という新たな経営課題に対処すべく考案された施策の1つが「タレント・マネジメント」である。「タレント・マネジメント」は，経営の中核を担うリーダーを早期に発掘・育成する仕組みである。

① 「ハイポテンシャル」の発掘

3Mでは，毎年1回実施される"Health of Organization"（HOO）と呼ばれる「人材の棚卸し」のプロセスを通して，「ハイポテンシャル」の発掘（および入れ替え）が行われる。HOOは世界中の3Mの管理職以上が対象で，各国の事業部単位でスタートし，国レベルから地域レベルへ，そして最終は本社レベルへと上がっていく。

3Mにおける評価制度は「成果」と「リーダーシップ」を考課要素としている。成果はMBO（目標管理制度）を通して，リーダーシップについては3Mのリーダーに求められる「3Mリーダーシップ・アトリビュート」（3M Leadership Attributes）に照らして測定されるが，3Mでは「リーダーシップ」に優れた人材が「ポテンシャル」の高い人材であると捉えている。従って，「ハイパフォーマー」と「ハイポテンシャル」は必ずしも同一ではない。

「3Mリーダーシップ・アトリビュート」は，マックナーニ前CEOが，直属の役員と合宿を重ね，「3Mを成功に導くリーダー」をテーマに1年以上議論して抽出したリーダーの要件である（表7-7）。

また，HOOでは，「ハイポテンシャル」の強みと弱みを議論し，各々の上

表7-7 「3Mリーダーシップ・アトリビュート」

※指針を明示せよ（Chart the Course）
・社内外の変化に対応した明確なビジョンを作成し，伝達する。ビジョンを行動計画に落とし込む。状況に変化があった場合，指針を変更する柔軟性を持つ。

※目標を高く設定せよ（Raise the Bar）
・到達可能な最高の目標をつねに見直し，より高い目標を設定する。競争の状況に応じて，リスクとビジネス・チャンスを明確にする。シックスシグマを活用する。

※周りを活性化せよ（Energize Others）
・全社と事業部門の戦略，目標，計画について個人と組織を鼓舞し，影響を与える。担当事業を正確に理解し，事業にワクワクするような勝者の風土を作る。従業員が最大限の努力を発揮し，自らリスクを取り，創造・貢献しながら学べるようにする。より高い達成意欲と成果を目指す動議づけとなるよう，成功を賞讃し，失敗を認める。

※創意工夫せよ（Resourcefully Innovate）
・全世界のビジネス・チャンスを認識し，実現する。組織が利益目標を達成できるよう，プロセスやツールを生み出し，持続する。顧客，製品，市場への斬新なアプローチを通じて売上の成長が加速する風土を作る。変化をビジネス・チャンスにできるよう，しっかりと変化をとらえる。

※3Mの経営理念を実践せよ（Live 3M Values）
・つねに正直に，倫理的に，誠実に行動する。すべてのステークホルダーから信頼と尊敬を獲得する。プロセスや行動の見直しに建設的に挑戦する。組織間の境界を越える行動を実践する。3Mの経営理念，人事基本原則，企業行動規範を遵守する。

※成果を上げよ（Drive Results）
・結果重視の思考を実践する。経営能力を身につけ，一貫してそれを発揮する。精度の高いフォーキャストを提供する。オープンな姿勢で課題と向き合い，未達成を正当化せず，説明責任をもつ。予測の難しいビジネス・チャンスの活用に熟達し，予測できない困難にも積極果敢に対応する。

司と人事部が受講すべきトレーニングやアサイメントのスケジュールについて検討する。なお，事業部長以上のポストについては，「サクセション・プラン」との連動が図られている。

② 「Dポテンシャル」と「Pポテンシャル」

HOOでノミネートされる「ハイポテンシャル」には「Dポテンシャル」と「Pポテンシャル」の2種類がある。前者は「役員以上」になれる資質を有する人材，後者は「事業部長候補」である。なお，「Dポテンシャル」の中でも「本社役員への昇進可能性」を有する場合は「グローバル人材」として各国の

社長,副社長が人事権を持ち育成の責任を負うことになる。「グローバル人材」に対しては,国・事業の枠を越えた異動(含む本社への逆出向)などタフで多様な経験を積ませる。とりわけ,重視しているのが第三国における経営経験で,規模の小さい会社であっても「社長」を経験させることに意義を見出している。そのため,3Mの海外系列会社のトップは「第三国籍人」(TCNs)が多い。例えば,アジアの場合,シンガポール3Mの社長は台湾人,インドネシア3Mは日本人が社長を務めている。また,「グローバル人材」は,3Mの「リーダーシップ・インスティテュート」で世界各国の"3Mer"(3M従業員)と2週間の研修(Accelerated Leadership Development Program:ALDP)を受講することになっている。"ALDP"は,最初の1週間はレクチャー,残りの1週間は「アクション・ラーニング」形式で,経営課題に対する解決策をトップマネジメントにプレゼンテーションするという厳しいコースである。

このように,ハイポテンシャルには「茨の道」とも言うべき高いハードルが課せられるので「メンター」がつけられる。ハイポテンシャル育成の基本指針は,厳しいアサイメントを課し,修羅場をくぐらせる一方,そのサポートをしっかりと行い,1回の失敗で烙印を押さないことである。エリートコースのような近道を歩むのでなく,色々な失敗や苦労を通してリーダーシップを磨いていく。その繰り返しの中で,ハイポテンシャルは自らの成長を実感することになり,それがリテンションへと結びつくことになる。

(3) 人的資源管理部門の「グローバル・ネットワーク」と「グローバル・オピニオンサーベイ」

3Mでは,各国の人事部長が一堂に会する「グローバル人事会議」が定期的に開催されている。ここでは,ワークショップや情報交換会とともに,機能別および地域別の会議も併せて開かれる。こうして形成される人的資源管理担当者間のグローバルな「ヒューマンネットワーク」は,国境を越えた人材の需給調整などの際に威力を発揮する。

また,全世界の3M従業員を対象に,世界統一の質問形式で実施される

「グローバル・オピニオンサーベイ」という従業員満足度調査がある。サーベイの結果は、部門レベルで集約され、不満足度の高い事項については「アクションプラン」を策定することになる。この他、管理職以上を対象にし、結果が直接CEOにフィードバックされる「リーダーシップサーベイ」、各国の社員のエンゲージメント度合いに焦点をあてた「エンゲージメントサーベイ」という調査もある。

12. Johnson & Johnson[12]

(1) 「我が信条」による統合

　Johnson & Johnson（J&J）の経営の特徴は、組織を製品別・市場別に分社化して「分権化」を推進する一方、コアバリューである「我が信条」（Our Credo：クレドー）を共有化することでグローバル企業としての「統合」を図ることにある。世界57カ国・約200社におよぶ現地法人は「ファミリー企業」（Family of Companies）と呼ばれ、「親会社─子会社」という概念は存在しない。

　「我が信条」は1943年に原型が作られ、そこには「顧客に対する責任」「従業員に対する責任」「地域社会に対する責任」「株主に対する責任」という4つの責任が掲げられている（表7-8）。「タイレノール事件」（1982年に発生した鎮痛剤への毒物混入事件）の際、J&Jが直ちに全品を市場から回収し、積極的な情報公開を行うことができたのは「我が信条」で「顧客に対する責任」を第1の責任として明示し、それが組織に浸透していたからだと言われる。こうしたJ&Jの対応は社会で高く評価され、「経営理念」の外部効果を象徴する事例としても世界的に知られている。

(2) 「我が信条」を浸透させる仕組み

　J&Jでは、「我が信条」を飾り物や建前に終わらせることなく、その価値観の共有化と実践を促進すべく、以下のような施策をグローバルに展開している。

表7-8 「我が信条」

我々の第1の責任は、我々の製品およびサービスを使用してくれる医師、看護師、患者、そして母親、父親をはじめとする、すべての顧客に対するものであると確信する。
顧客一人ひとりのニーズに応えるにあたり、我々の行うすべての活動は質的に高い水準のものでなければならない。
適正な価格を維持するため、我々は常に製品原価を引き下げる努力をしなければならない。
顧客からの注文には、迅速、かつ正確に応えなければならない。
我々の取引先には、適正な利益をあげる機会を提供しなければならない。

我々の第2の責任は全従業員 ——世界中で共に働く男性も女性も—— に対するものである。
従業員一人ひとりは個人として尊重され、その尊厳と価値が認められなければならない。
従業員は安心して仕事に従事できなければならない。
待遇は公正かつ適切でなければならず、
働く環境は清潔で、整理整頓され、かつ安全でなければならない。
従業員が家族に対する責任を十分果たすことができるよう、配慮しなければならない。
従業員の提案、苦情が自由にできる環境でなければならない。
能力ある人々には、雇用、能力開発および昇進の機会が平等に与えられなければならない。
我々は有能な管理者を任命しなければならない。
そして、その行動は公正、かつ道義にかなったものでなければならない。

我々の第3の責任は、我々が生活し、働いている地域社会、さらには全世界の共同社会に対するものである。
我々は良き市民として、有益な社会事業および福祉に貢献し、適切な租税を負担しなければならない。
我々は社会の発展、健康の増進、教育の改善に寄与する活動に参画しなければならない。
我々が使用する施設を常に良好な状態に保ち、環境と資源の保護に努めなければならない。

我々の第4の、そして最後の責任は、会社の株主に対するものである。
事業は健全な利益を生まなければならない。
我々は新しい考えを試みなければならない。
研究・開発は継続され、革新的な企画は開発され、失敗は償わなければならない。
新しい設備を購入し、新しい施設を整備し、新しい製品を市場に導入しなければならない。
逆境の時に備えて蓄積を行わなければならない。
これらすべての原則が実行されてはじめて、株主は正当な報酬を享受することができるものと確信する。

① 「グローバル・クレドー・サーベイ」と「クレドー・チャレンジミーティング」

「グローバル・クレドー・サーベイ」は全世界のJ&Jグループで毎年実施されている「我が信条」に関する従業員の意識調査である。その目的は「我が信条」に基づく経営が実践されているか否かを確認するとともに，従業員の意識とその傾向を調査してマネジメントへフィードバックし，課題の発見と改善計画の作成・実行を行うことにある。クレドー・サーベイでは「我が信条」「リーダーシップ」「革新への取り組み」「顧客と品質」「担当業務」などに関連して約80問がウェブ上で設定されており，従業員は無記名で回答する。

回答は，匿名性を確保すべく15人以上を最小単位としてグループ別に集計し，30日以内に結果がフィードバックされ，60日以内に主要課題が明らかになる。その後，90日以内に課題解決に向けたアクションプランが会社別および事業・部門別に策定される。そして，アクションプランの成果が次回のクレドー・サーベイで評価・検証される仕組みになっている（図7-13）。

一方，「クレドー・チャレンジミーティング」の目的は，「我が信条」の内容を改めて吟味して，その共有化を促進するとともに，「我が信条」をどのよう

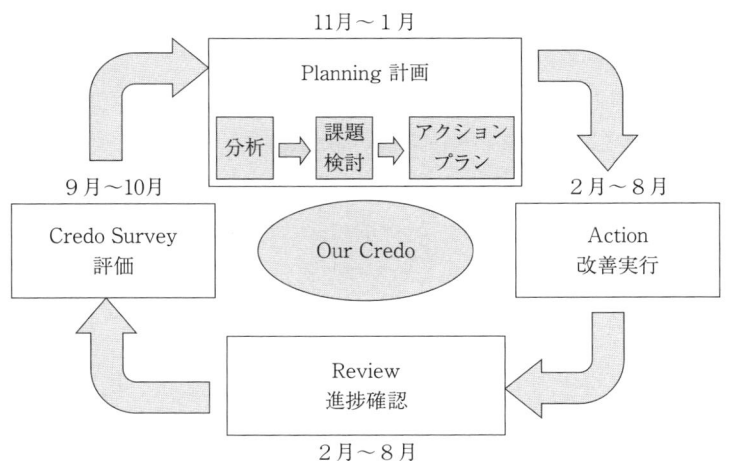

図7-13 「グローバル・クレドー・サーベイ」のプロセス

に実践すればビジネスを活性化できるかについて検討することにある。実施方法は，全世界のファミリー企業の社長と本社の役員が一堂に会して行う場合や，各ファミリー企業内においてグループディスカッション形式で開催するケースなどがある。

② "Policy on Business Conduct" の制定

また，J＆Jでは，「我が信条」を補完する業務上の行動規範として "Policy on Business Conduct" を定めている。これは，公正で倫理にかなったビジネスを実践するために，遵守すべき業務上の指針を定めたもので，全世界の従業員に配布されている。具体的には，「資金・資産運用ならびに完全かつ正確な帳簿および記録」「会社の利益に反する行為」「企業秘密の尊重」「法規制の遵守」「管理者および従業員の責任」に関するグローバル共通の方針が明記されている。

上司は部下にPolicy on Business Conductを遵守させる責任を持つとともに，誓約書を毎年提出しなければならない。当然のことながら，違反者には厳しい処分が下される。

(3) "Global Leadership Profile" と「タレント・マネジメント」

"Global Leadership Profile"（GLP）は，J＆J独自の「リーダーシップモデル」である。"GLP" が策定された背景には，グローバルな視点で事業をリードできる人材を早期に育成・確保する必要性が高まってきたという事情がある。

GLPは，経営トップへのインタビューを通して，世界中の従業員に期待される行動特性を抽出したもので，具体的には「我が信条」で示された価値観を中核に，「顧客へのフォーカス」「人材の育成」「革新的なソリューション」という3つの大項目と9の小項目で構成されている（図7-14）。

GLPは，次代のリーダーとなる人材を早期に発掘・育成する「タレント・マネジメント」の重要指標となる。「タレント・マネジメント」では，「業績」（performance）および「昇進可能性」（potential）をもとに，将来のリーダー

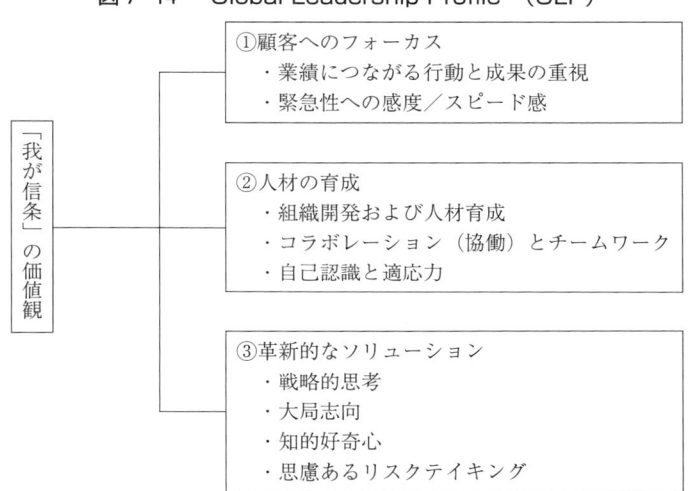

図7-14 "Global Leadership Profile"(GLP)

「我が信条」の価値観
- ①顧客へのフォーカス
  - ・業績につながる行動と成果の重視
  - ・緊急性への感度／スピード感
- ②人材の育成
  - ・組織開発および人材育成
  - ・コラボレーション（協働）とチームワーク
  - ・自己認識と適応力
- ③革新的なソリューション
  - ・戦略的思考
  - ・大局志向
  - ・知的好奇心
  - ・思慮あるリスクテイキング

候補をノミネートし，研修機会の付与はもちろん，国や事業の枠を越えた異動を行い，チャレンジングな経験を積ませることにより人材の育成を図っている。

13. むすび

　本章では，筆者が実施したヒアリング調査に基づき，日本および米国に本社を置く多国籍企業の事例研究を行った。11社の事例は，いずれも「本社・本国人中心主義」からの脱却を図り，「現地化」を越えた国際人的資源管理を実践するものであった。そして，本事例研究から「グローバル人資源管理」に関する次のような潮流を見出すことができよう。

　まず，国際人的資源管理の「規範的統合」の面では，経営理念を「コンピテンシーモデル」や「リーダーシップモデル」にブレイクダウンしてグローバルな行動規範を明示するとともに，教育や評価制度，国際人事異動といった「人的資源管理施策」との連動，さらには「グローバルな従業員意識調査」を通してその浸透を企図する企業が多く見られた。これらの取り組みは，多様な文化

的背景を有する人々の間に「信頼関係」や「協力精神」を醸成するには，経営理念を「飾り物」で終わらせることなく，「グローバル接着剤」へと昇華させる仕掛けが必要であることを示唆するものであると言える。

一方，「制度的統合」については，少なくとも一定ランク以上のポジションに対しては，「グレード制度」や「評価制度」をグローバルに統一することに加え，「サクセション・プラン」「タレント・マネジメント」など，有能人材をグローバルに発掘・育成・活用する仕組みを持つケースが珍しくなかった。そして，人材の発掘に際しては「業績」面だけでなく，先の「コンピテンシーモデル」や「リーダーシップモデル」に則した「ポテンシャル」にも注目していること，育成施策に関しては「アクション・ラーニング」や「国際人事異動」を重視していることなどが各社の共通項として挙げられよう。

1 　各事例の記載内容は，ヒアリング時点の状況に基づいている。
2 　本事例は，筆者のトヨタ自動車に対するヒアリング調査に基づいている（2003年7月18日，2004年2月25日，2008年2月18日）。
3 　本事例は，筆者の松下電器産業に対するヒアリング調査に基づいている（2004年2月26日，2004年10月1日，2006年11月13日）。
4 　本事例は，筆者の東レに対するヒアリング調査に基づいている（2002年3月23日，2004年11月12日）。
5 　本事例は，筆者のソニーに対するヒアリング調査に基づいている（2000年8月25日，2007年8月7日）。
6 　本事例は，筆者のキヤノンに対するヒアリング調査に基づいている（2002年8月6日，2006年3月10日，2006年10月5日）。
7 　本事例は，筆者のコマツに対するヒアリング調査に基づいている（2007年3月20日）。
8 　本事例は，筆者の日本ゼネラル・エレクトリックに対するヒアリング調査に基づいている（1999年11月5日，2002年10月18日，2006年10月23日）。
9 　本事例は，筆者のIBM米国本社（2001年1月19日）および日本アイ・ビー・エム（2003年9月5日，2005年2月16日，2008年3月17日）に対するヒアリング調査に基づいている。
10　本事例は，筆者の日本ヒューレット・パッカードに対するヒアリング調査に基づいている（2004年12月21日，2005年2月16日，2006年10月6日）。
11　本事例は，筆者の米国の3M本社（2001年1月22日）および住友スリーエム（2006年9月7日）に対するヒアリング調査に基づいている。
12　本事例は，筆者のJohnson & Johnson米国本社（2001年1月18日）およびジョンソン・エンド・ジョンソン（2001年11月15日，2003年10月24日，2006年10月5日）に対するヒアリング調査に基づいている。

第8章
「グローバル人的資源管理」に向けて

1. はじめに

本章では，これまでの議論から日本企業の国際経営戦略の特質を整理するとともに，国際人的資源管理面の状況と比較する。次に，日本企業に対して「グローバル人的資源管理」に向けた3つの提言を行う。そして，本書の研究成果と残された研究課題を提示する。

2.「現地適応―グローバル統合」から見た日本企業の「国際経営戦略」

「I-Rグリッド」（Prahalad & Doz, 1987）を用いて，本書で論じた様々な国際経営戦略のタイプを分析すると，（図8-1）のように示すことができよう。

Bartlett & Ghoshal（1989, 1995a）の所説において日本企業が典型とされた「グローバル型」や，Doz, Santos & Williamson（2001）が論じた「グローバル・プロジェクション戦略」は，「低・現地適応，高・グローバル統合」の戦略であると言える。

日本企業は，長期間にわたって輸出を海外戦略の中心に据えていた。それは，

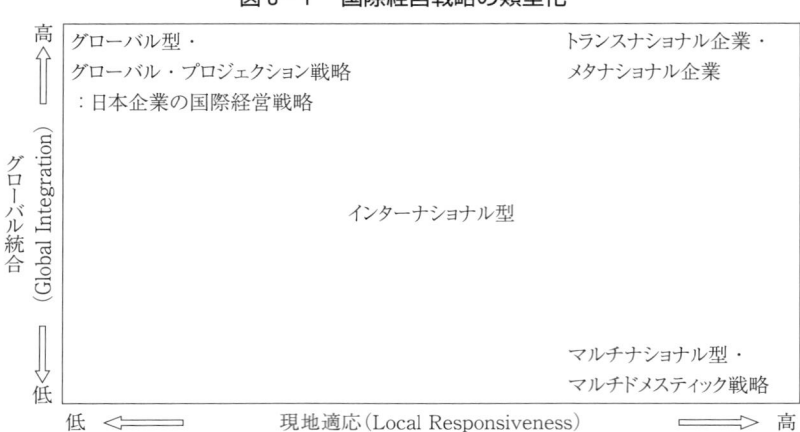

図8-1　国際経営戦略の類型化

```
高
↑                グローバル型・                    トランスナショナル企業・
│                グローバル・プロジェクション戦略    メタナショナル企業
グ               ：日本企業の国際経営戦略
ロ
ー
バ                        インターナショナル型
ル
統
合
(Global Integration)
│
↓                                                マルチナショナル型・
低                                                マルチドメスティック戦略
     低 ←――――    現地適応(Local Responsiveness)    ――――→ 高
```

雇用の維持・拡大が前提となる「終身雇用慣行」や日本の文化・言語的特性など内部環境の所産と考えられる。そして，この戦略は，貿易自由化の進展や交通・通信手段の発達，さらには技術革新や製品ライフサイクルの短縮化に伴う「規模の経済性」の要請といった1960年代・1970年代の外部環境に適合するものであった（Bartlett & Yoshihara, 1988）。

従って，輸出中心戦略で成功を収めた日本企業にとって，1980年代以降の貿易摩擦や円高など環境変化に伴う現地生産は「いやいやながら」（Porter, 1986）で，「仕方なし」（吉原1989, 1999）の行動であった。そして，戦略を各国市場に適応させるのは「全くの不本意」（Bartlett & Ghoshal, 1989）であり，「集権化」による子会社管理という基本路線を堅持し続けた。つまり，これまで日本企業は本社による集権的コントロールのもと，「現地適応」を犠牲にグローバルな規模の経済性を追求し，海外事業の「統合」を進めてきたと言える。

3．「現地適応―グローバル統合」から見た日本企業の「国際人的資源管理」

次に，同じく「現地適応―グローバル統合」の視点から日本企業の国際人的

資源管理について考えよう。本書でレビューした先行研究や第6章で見たアンケート調査結果などを総括すると，多くの日本企業の国際人的資源管理は，欧米企業のそれと比較した場合，「低・現地適応，低・グローバル統合」に留まっている[1]。まず，「現地適応」面では，海外子会社トップの「現地化」が遅れ，それが現地のホワイトカラー人材の「採用・定着」やモチベーションにマイナスの影響を与えていると考えられる。こうした状況は，海外子会社の「現地適応」力とイノベーションに対する意欲や能力を低下させるであろう。一方，「グローバル統合」に関しては，現地人を包含した「社会化」が不十分で，そのことが「日本人─現地人」間の相互不信の温床になっていると思われる。また，日本企業の多くは国際人的資源管理において，現地人をグローバルな枠組みに統合する制度を持ち合わせていない。評価や育成のシステムは本国人（日本人）と現地人の間で分断されており，本国人のキャリア機会がグローバルに広がっているのに対し，現地人は本社の人的資源管理部門の管轄外にある「ローカル・プレーヤー」としての地位に留め置かれている[2]。つまり，先に示した「高・グローバル統合」の国際経営戦略は，本国人と現地人が「規範的・制度的」に分裂する中，本社の「分身」である日本人駐在員のみを統合することでその実現が図られてきたものと考えられる（古沢，2004a，2004c）。

このような「低・現地適応，低・グローバル統合」の国際人的資源管理は，「国境を越えた協働」に必要な協力精神の涵養を阻害するとともに，「人材活用のグローバル最適化」や世界中の有能人材の「採用・定着」を困難なものとし，「世界的学習能力」構築の妨げとなるであろう。従って，今後日本企業が「トランスナショナル企業」「メタナショナル企業」に求められる組織能力を構築するには，国際人的資源管理において「現地適応」「グローバル統合」の両側面を強化する必要があると言える。それは，多国籍企業の本質的優位性である「世界中の有能人材の利用可能性」（Vernon，1971；石田，1999）に立ち戻ることの重要性を示唆するものである。

4．日本企業への提言

最後に，本書で展開してきた議論の締めくくりとして，日本企業に求められる変革を提示する。

(1) 職務を基軸にした「現地適応―グローバル統合」の両立

今日の多国籍企業に求められる国際人的資源管理は，単に現地人を海外子会社のトップに据えればよいというものではない。「現地適応」力を維持・強化しつつ，「世界的学習能力」の構築に向け，世界中に分散する多様な人的資源を「規範的・制度的」に「統合」していくことこそが重要である。

そして，その際に問題になるのが「現地適応―グローバル統合」のバランス軸をどこに求めるかという点である。「現地適応―グローバル統合」のバランス軸に関して，例えば山下（1991，1993）は理念や制度など「人的資源管理施策のレベル」で捉える考え方を示している。しかし，仮に全ての海外子会社の全従業員に対し一律的な人的資源管理制度を導入した場合，各国・各地域の労働市場の特性やジョブサイズの差異に対する配慮を欠くことになる。また，各々の海外子会社で統合のレベルを変えるケース（例えばＡ子会社は制度まで親会社と統一，Ｂ子会社は理念のみ共有など）では，子会社ごとに統合のレベルが異なるとともに，統合レベルの選択基準に関わる問題も発生しよう。

これに対し，第7章で取り上げたトヨタ自動車や松下電器産業などの企業では，「現地適応―グローバル統合」のバランス軸を「職務の大きさ」とそれに対応した「人材のレベル」で捉えているところに特徴がある。つまり，海外子会社の全従業員に対し，一律的な人的資源管理を行うのでなく，現地化を推進し現地労働市場で競争力を有する制度や施策を提示する一方，「グローバルな重要性が大きい職務」（ジョブサイズが大きい職務）につく現地人に対してはグローバルな統合を強めるということである。今後日本企業にはこうした国際人的資源管理を通して，ローカルとグローバルに対する「2つの忠誠心」（Black et al., 1999）を有した経営人材の育成・確保を図ることが求められる

のではないだろうか。

(2) 「規範的統合」と「制度的統合」の連動

　本書で提示した「グローバル人的資源管理」における「規範的統合」と「制度的統合」は，相互に連動して取り組むことが肝要であると考える。すなわち，「規範的統合」なき「制度的統合」は機会主義の温床となり，「国境を越えた協働」の基盤となる協力精神を損ねる恐れがある。他方，「制度的統合」を欠く「規範的統合」への取り組みは「本国志向」（エスノセントリック）のイメージを植えつけ，有能人材の敬遠・離反を招くこととなろう。

　本国人と現地人が「規範的・制度的」に分裂し，「本国人中心」の経営を続ける企業において，有能な現地人を定着させることは至難の業である。今後日本企業には，多様な人々の間に，グローバルな経営理念を媒介とした「信頼関係」を育むとともに，「第2のグラス・シーリング」を取り除くことで「グローバル最適」の人材活用と有能人材の活性化を図ることが求められよう。その意味で，「国境を越えた社会化」による「規範的統合」と「グローバルに統合された人事制度」を通じた「制度的統合」は，車の両輪ともいうべき関係でなければならないのである（古沢，2005a）。

(3) 「身分的人事制度」からの脱却

　第5章で論じたように，Kopp（1999）やKeeley（2001）は，日本企業の国際人的資源管理における「本国人」と「現地人」の「分裂」の中に，日本国内における「正社員」と「非正社員」の相違に似た身分格差を見出している。それは，日本企業では「本国人＝コア労働力」，「現地人＝ペリフェラル労働力」という厳然たる格差が存在することを訴えたものであった。筆者はこれらの見解に反対はしないが，むしろそれは日本国内の「親会社―子会社」間の格差に近いものと考える。事実，永野（1989）などの研究において，日本では親会社の従業員が子会社に転籍・出向することは頻繁にあるが，逆方向の異動や子会社間の異動は非常に少ないことが示されている。

日本企業の人的資源管理の強みの1つとして「平等主義」(石田, 1994) が挙げられる。それは,「ホワイトカラー人材—ブルーカラー人材」などの差異を問わず,「有能な人材」の英知を結集する「衆知を集めた経営」(加護野・関西生産性本部, 1984) となって具現化されるものである。しかし, これは, 単体レベルの企業を前提とした議論で, グループ経営には必ずしも妥当しない。すなわち,「本社に入社した従業員」は, その生涯におけるキャリア機会が国内外のグループ企業にまで広がっているのに対し,「子会社プロパー」のそれは自らが入社した当該子会社内にしか存在しないケースが大半である。すなわち, グループ経営の文脈で捉えた場合, 日本企業では「入社時」(新卒者の場合は18歳や22歳時点) にポテンシャルが見定められ, キャリア機会の幅が決まってしまうということである (Evans, Pucik & Barsoux, 2002)。

　繰り返しになるが, 日本企業の本来的な強みは, ホワイトカラーとブルーカラーのキャリアパスが分離した欧米企業や近年の中国の企業で観察される「限定的能力主義」(宮本, 2002) とは一線を画した「平等主義に基づく能力主義」にあったはずである。今こそ,「入口」(本社—子会社) や「属性」(日本人—非日本人) による区別なく, 世界中の有能人材に広範なキャリア機会が開かれた「グローバル・グループ経営」を展開すべき時期に来ているのではないだろうか。

5．総括と残された研究課題—むすびにかえて—

　本書では, 文献研究, 多国籍企業に対するアンケート調査とヒアリング調査に基づき, 今日の多国籍企業に求められる「国際人的資源管理」のあり方について議論してきた。

　第1章では, これからの多国籍企業の競争優位の源泉が,「世界的学習能力」の強化による「グローバル・イノベーション」の創造・移転・活用にあることを提起した。第2章では,「本社—海外子会社」間の調整メカニズムについて考察し, 各ユニット間の関係性の複雑化が予想される中,「社会化」による調

整が重要視されるべきことを述べた。また，第3章は「現地化問題」を取り上げ，「トランスナショナル企業」「メタナショナル企業」が要請する組織能力を発揮するには，「現地化」が目指すべき最終到達点ではなく，世界中の有能人材の「規範的・制度的統合」こそが必要であることを訴えた。続く第4章および第5章においては，国際人的資源管理における「規範的統合」「制度的統合」を促進するための具体的方策について検討した。次に，第6章では，第5章までの議論を受けて「グローバル人的資源管理モデル」のフレームワークを提示し，日本および欧米の多国籍企業に対するアンケート調査を実施した。そして，「規範的統合」「制度的統合」に向けた施策とその成果における日本企業の劣位を指摘するとともに，統計分析を通して「グローバル人的資源管理モデル」の妥当性を示した。さらに，第7章では，日本および米国の多国籍企業11社の事例研究を行い，「グローバル人的資源管理」に関する個別企業の取り組みを明らかにした。そして，この第8章では，本書の締めくくりとして，日本企業に対する3つの提言を行った。

しかし，本研究には残された課題もある。第1は，国際人的資源管理における「規範的統合」の「コスト」に関わる問題である。本書では「社会化」のプロセスは本質的に時間的・金銭的コストを要するものであることを述べたが，それ以上の踏み込んだ議論はできなかった。第2は，「制度的統合」に関する「よりミクロなレベル」の議論である。日本では最近「成果主義人事」の見直しも議論されているが，例えば「報酬制度」について，本書はその詳細を提示できなかった。そして，第3の課題は，「よりダイナミックな国際経営戦略」への対応である。われわれは多国籍企業を「本社―子会社」間および各国子会社間の関係性の側面から捉えてきたが，現実の企業経営においては「戦略的提携」など出資関係を介さないネットワークが重要性を帯びてきている（徳田2000）[3]。こうした多国籍企業のダイナミックな戦略展開に対応した人的資源管理のあり方も議論されてしかるべきであろう。筆者の今後の研究課題としたい。

1　欧米多国籍企業の国際人的資源管理については，藤野（1995），日本在外企業協会

(1998, 1999), 白木 (2000, 2006), 高野 (2000) なども参照されたい。
2 これに関連して, 白木 (2006) は, 日本企業では「多国籍内部労働市場」が十分に機能していない点を論じている。
3 Doz, Santos & Williamson (2001) の「メタナショナル企業」モデルにおいても, 他社との提携を通して, 世界中に分散する知的資源へのアクセスを図ることの重要性が論じられている。

参考文献一覧

[海外参考文献]

Adler, N. J. (1991) *International Dimensions of Organizational Behavior*, PWS-KENT. 江夏健一・桑名義晴監訳(1992)『異文化組織のマネジメント』マグロウヒル出版。

Adler, N. J. & F. Ghadar (1990) "International Strategy from the Perspective of People and Culture : The North American Context," in A. M. Rugman (ed.) *Research in Global Business Management*, Vol. 1., JAI Press.

Allen, T. J. (1977) *Managing the Flow of Technology*, MIT Press.

Anderson, B. (1983) *Imagined Communities : Reflections on the Origin and Spread of Nationalism*, Verso Editions. 白石隆・白石さや訳 (1987)『想像の共同体—ナショナリズムの起源と流行—』リブロポート。

Baliga, B. R. & A. M. Jaeger (1984) "Multinational Corporations : Control Systems and Delegation Issues," *Journal of International Business Studies*, Vol. 15(2).

Barham, K. & D. Oates (1991) *The International Manager*, The Economist Books.

Barnard, C. I. (1938) *The Functions of the Executive*, Harvard University Press. 田杉競監訳 (1956)『経営者の役割』ダイヤモンド社。

Barney, J. B. (1991) "Firm Resources and Sustained Competitive Advantage," *Journal of Management*, Vol. 17(1).

Barney, J. B. (2001) *Gaining and Sustaining Competitive Advantage* (2nd ed.), Prentice Hall.

Bartlett, C. A. & S. Ghoshal (1989) *Managing Across Borders : The Transnational Solution*, Harvard Business School Press.

Bartlett, C. A. & S. Ghoshal (1990a) "Matrix Management : Not a Structure, a Frame of Mind," *Harvard Business Review*, Vol. 68(4).

Bartlett, C. A. & S. Ghoshal (1990b) "Managing Innovation in the Transnational Corporation," in C. A. Bartlett, Y. L. Doz & G. Hedlund (eds.) *Managing the Global Firm*, Routledge.

Bartlett, C. A. & S. Ghoshal (1994) "Changing the Role of Top Management : Beyond Strategy to Purpose," *Harvard Business Review*, Vol. 72(6).

Bartlett, C. A. & S. Ghoshal (1995a) *Transnational Management : Text, Cases, and Readings in Cross-Border Management*, Times Mirror Higher Education Group.

Bartlett, C. A. & S. Ghoshal (1995b) "Changing the Role of Top Management : Beyond

Systems to People," *Harvard Business Review*, Vol. 73(3).
Bartlett, C. A. & S. Ghoshal (1997) *The Individualized Corporation*, Harper Collins Publishers. グロービス・マネジメント・インスティテュート訳 (1999)『個を活かす企業』ダイヤモンド社。
Bartlett, C. A. & H. Yoshihara (1988) "New Challenges for Japanese Multinationals : Is Organization Adaptation Their Achilles Heel?" *Human Resource Management*, Vol. 27(1).
Birkinshaw, J. M. & J. N. Fry (2003) "Subsidiary Initiatives to Develop New Markets," in A. K. Gupta & D. E. Westney (eds.) *Smart Globalization : Designing Global Strategies, Creating Global Networks*, Jossey-Bass. 諸上茂登監訳 (2005)「新市場開発のための子会社のイニシアティブ」『スマートグローバリゼーション』同文舘出版。
Black, J. S., H. B. Gregersen, M. E. Mendenhall & L. K. Stroh (1999) *Globalizing People through International Assignments*, Addison-Wesley Longman. 白木三秀・永井裕久・梅澤隆監訳 (2001)『海外派遣とグローバルビジネス―異文化マネジメント戦略―』白桃書房。
Brandt, W. K. & J. M. Hulbert (1976) "Patterns of Communications in the Multinational Corporation : An Empirical Study," *Journal of International Business Studies*, Vol. 7(1).
Chakravarthy, B. S. & P. Lorange (1989) "Strategic Adaptation in Multi Business Firms," *Discussion Paper* (119), Strategic Management Research Center, University of Minnesota.
Chakravarthy, B. S. & H. V. Perlmutter (1985) "Strategic Planning for a Global Business," *Columbia Journal of World Business*, Vol. 20(2).
Child, J. (1972) "Organization Structure and Strategies of Control : A Replication of the Aston Study," *Administrative Science Quarterly*, Vol. 17(2).
Child, J. (1973) "Strategies of Control and Organizational Behavior," *Administrative Science Quarterly*, Vol. 18(1).
Clee, G. H. & A. di Scipio (1959) "Creating a World Enterprise," *Harvard Business Review*, Vol. 37(6).
Clee, G. H. & W. M. Sachtjen (1964) "Organizing a Worldwide Business," *Harvard Business Review*, Vol. 42(6).
Cohen, D. & L. Prusak (2001) *In Good Company*, Harvard Business School Press. 沢崎冬日訳 (2003)『人と人の「つながり」に投資する企業』ダイヤモンド社。
Collins, J. C. & J. I. Porras (1994) *Built to Last*, Curtis Brown. 山岡洋一訳『ビジョナ

リー・カンパニー――時代を超える生存の原則―』日経 BP 出版センター。
Copeland, L. & L. Griggs (1985) *Going International : How to Make Friends and Deal Effectively in the Global Marketplace*, Random House.
Das, G. (1993) "Local Memoirs of a Global Manager," *Harvard Business Review*, Vol. 71 (2). 宮下清訳 (1993)「地域特性を活かした P&G のグローバル戦略」『ダイヤモンド・ハーバード・ビジネス』(7 月号)。
Davis, S. M. & P. R. Lawrence (1977) *Matrix*, Addison-Wesley. 津田達男・梅津祐良訳 (1980)『マトリックス経営―柔構造組織の設計と運用―』ダイヤモンド社。
Deal, T. E. & A. A. Kennedy (1982) *Corporate Cultures*, Addison-Wesley Longman. 城山三郎訳 (1983)『シンボリック・マネジャー』新潮社。
Derr, C. B. & G. R. Oddou (1991) "Are US Multinationals Adequately Preparing Future American Leaders for Global Competition?" *International Journal of Human Resource Management*, Vol. 2 (2).
Derr, C. B. & G. R. Oddou (1993) "Internationalizing Managers : Speeding up the Process," *European Management Journal*, Vol. 11 (4).
Dore, R. (1973) *British Factory-Japanese Factory : The Origins of National Diversity in Industrial Relations*, University of California Press. 山之内靖・永易浩一訳 (1993)『イギリスの工場・日本の工場―労使関係の比較社会学―(上・下)』筑摩書房。
Doz, Y. L. (1980) "Strategic Management in Multinational Companies," *Sloan Management Review*, Vol. 21 (2).
Doz, Y. L. & C. K. Prahalad (1984) "Patterns of Strategic Control within Multinational Corporations," *Journal of International Business Studies*, Vol. 15 (2).
Doz, Y. L. & C. K. Prahalad (1986) "Controlled Variety : A Challenge for Human Resource Management in the MNC," *Human Resource Management*, Vol. 25 (1).
Doz, Y. L., J. Santos & P. Williamson (2001) *From Global to Metanational : How Companies Win in the Knowledge Economy*, Harvard Business School Press.
Edström, A. & J. R. Galbraith (1977) "Transfer of Managers as a Coordination and Control Strategy in Multinational Organizations," *Administrative Science Quarterly*, Vol. 22 (2).
Edwards, T. (1998) "Multinationals, Labour Management and the Process of Reverse Diffusion : A Case Study," *International Journal of Human Resource Management*, Vol. 9 (4).
Egelhoff, W. G. (1984) "Patterns of Control in U. S., UK, and European Multinational Corporations," *Journal of International Business Studies*, Vol. 15 (2).

Egelhoff, W. G. (1988) *Organizing the Multinational Enterprise*, Ballinger.

Egelhoff, W. G. (1993) "Information-processing Theory and the Multinational Corporation," in S. Ghoshal & D. E. Westney (eds.) *Organization Theory and the Multinational Corporation*, ST. Martin's Press. 江夏健一監訳 (1998)「情報処理理論と多国籍企業」『組織理論と多国籍企業』文眞堂。

Evans, P. A. L. (1992) "Management Development as Glue Technology," *Human Resource Planning*, Vol. 15(1).

Evans, P. A. L. & Y. L. Doz (1992) "Dualities : A Paradigm for Human Resource and Organizational Development in Complex Multinationals," in V. Pucik, N. M. Tichy & C. K. Barnett (eds.) *Globalizing Management : Creating and Leading the Competitive Organization*, John Wiley & Sons.

Evans, P. A. L. & P. Lorange (1989) "The Two Logics Behind Human Resource Management," in P. A. L. Evans, Y. L. Doz & A. Laurent (eds.) *Human Resource Management in International Firms : Change, Globalization, Innovation*, Macmillan.

Evans, P. A. L., V. Pucik & J. L. Barsoux (2002) *The Global Challenge : International Human Resource Management*, McGraw-Hill/Irwin.

Fayerweather, J. (1969) *International Business Management : A Conceptual Framework*, McGraw-Hill. 戸田忠一訳 (1975)『国際経営論』ダイヤモンド社。

Fernandez, J. P. & M. Barr (1993) *The Diversity Advantage : How American Business can Out-perform Japanese and European Companies in the Global Marketplace*, Lexington Books.

Franko, L. G. (1973) "Who Manages Multinational Enterprises?" *Columbia Journal of World Business*, Vol. 8(2).

Franko, L. G. (1974) "The Move Toward a Multidivisional Structure in European Organizations," *Administrative Science Quarterly*, Vol. 19(4).

Franko, L. G. (1976) *The European Multinationals : A Renewed Challenge to American and British Big Business*, Harper & Row.

Frost, T. S., J. M. Birkinshaw & P. C. Ensign (2002) "Centers of Excellence in Multinational Corporations," *Strategic Management Journal*, Vol. 23(11).

Galbraith, J. R. (1973) *Designing Complex Organizations*, Addison-Wesley. 梅津祐良訳(1980)『横断組織の設計―マトリックス組織の調整機能と効果的運用―』ダイヤモンド社。

Galbraith, J. R. & R. K. Kazanjian (1986) "Organizing to Implement Strategies of Diversity and Globalization : The Role of Matrix Designs," *Human Resource Management*, Vol. 25(1).

Galbraith, J. R. & A. Edström (1976) "International Transfer of Managers : Some Important Policy Considerations," *Columbia Journal of World Business*, Vol. 11 (2).

Garnier, G., T. N. Osborn, F. Galicia & R. Lecon (1979) "Autonomy of the Mexican Affiliates of U.S. Multinational Corporations," *Columbia Journal of World Business*, Vol. 14 (1).

Gates, S. R. & W. G. Egelhoff (1986) "Centralization in Headquarters-Subsidiary Relationships," *Journal of International Business Studies*, Vol. 17 (2).

Ghoshal, S. & C. A. Bartlett (1988) "Creation, Adoption, and Diffusion of Innovation by Subsidiaries of Multinational Corporations," *Journal of International Business Studies*, Vol. 19 (3).

Ghoshal, S. & N. Nohria (1989) "Internal Differentiation within Multinational Corporations," *Strategic Management Journal*, Vol. 10 (4).

Govindarajan, V. & A. K. Gupta (2003) "Building an Effective Global Business Team," in A. K. Gupta & D. E. Westney (eds.) *Smart Globalization : Designing Global Strategies, Creating Global Networks*, Jossey-Bass. 諸上茂登監訳 (2005)「効果的なグローバル・ビジネス・チームの構築」『スマートグローバリゼーション』同文舘出版。

Gregerson, H. B., A. J. Morrison & J. S. Black (1998) "Developing Leaders for the Global Frontier," *Sloan Management Review*, Vol. 40 (1).

Gupta, A. K. & V. Govindarajan (1991) "Knowledge Flows and the Structure of Control within Multinational Corporations," *Academy of Management Review*, Vol. 16 (4).

Gupta, A. K. & V. Govindarajan (1994) "Organizing for Knowledge Flows within MNCs," *International Business Reviews*, Vol. 3 (4).

Gupta, A. K. & V. Govindarajan (2002) "Cultivating a Global Mindset," *Academy of Management Executive*, Vol. 16 (1).

Haire, M., E. E. Ghiselli & L. W. Porter (1966) *Managerial Thinking : An International Study*, John Wiley & Sons. 金山宣夫訳 (1969)『管理者の意識―その国際比較―』サイマル出版会。

Hall, E. T. (1976) *Beyond Culture*, Anchor Press/Doubleday. 岩田慶治・谷泰訳 (1993)『文化を超えて』ティビーエス・ブリタニカ。

Hamel, G. & C. K. Prahalad (1988) "Creating Global Strategic Capability," in N. Hood & J. E. Vahlne (eds.) *Strategies in Global Competition*, Croom Helm.

Handy, C. (1992) "Balancing Corporate Power : A New Federalist Paper," *Harvard Business Review*, Vol. 70 (6). 小牟田泰彦訳 (1993)「企業経営の"連邦主義"原

理」『ダイヤモンド・ハーバード・ビジネス』（5月号）。
Handy, C. (1994) *The Empty Raincoat*, Hutchinson. 小林薫訳（1995）『パラドックスの時代―大転換期の意識革命―』ジャパンタイムズ。
Harvey, M. G. & M. R. Buckley (1997) "Managing Inpatriates : Building a Global Core Competency," *Journal of World Business*, Vol. 32(1).
Harvey, M. G., C. Speier & M. M. Novicevic (1999) "The Role of Inpatriates in a Globalization Strategy and Challenges Associated with the Inpatriation Process," *Human Resource Planning*, Vol. 21(1).
Harzing, A. W. (1999a) "MNE Staffing Policies for the Managing Director Position in Foreign Subsidiaries : The Results of an Innovative Research Method," in C. Brewster & H. Harris (eds.) *International HRM : Contemporary Issues in Europe*, Routledge.
Harzing, A. W. (1999b) *Managing the Multinationals : An International Study of Control Mechanisms*, Edward Elgar.
Harzing, A. W. (2001) "Who's in Charge : An Empirical Study of Executive Staffing Practices in Foreign Subsidiaries," *Human Resource Management*, Vol. 40(2).
Harzing, A. W. (2004) "Composing an International Staff," in A. W. Harzing & J. V. Ruysseveldt (eds.) *International Human Resource Management* (2nd ed.), SAGE Publications.
Hedlund, G. (1986) "The Hypermodern MNC ― A Heterarchy?" *Human Resource Management*, Vol. 25(1).
Hedlund, G. (1993) "Assumptions of Hierarchy and Heterarchy, with Applications to the Management of the Multinational Corporation," in S. Ghoshal & D. E. Westney (eds.) *Organization Theory and the Multinational Corporation*, ST. Martin's Press. 江夏健一監訳(1998)「ヒエラルキーの諸仮定とヘテラルキー――多国籍企業マネジメントへのその応用―」『組織理論と多国籍企業』文眞堂。
Hedlund, G. & D. Rolander (1990) "Action in Heterarchies ― New Approaches to Managing the MNC," in C. A. Bartlett, Y. L. Doz & G. Hedlund (eds.) *Managing the Global Firm*, Routledge.
Heenan, D. A. & H. V. Perlmutter (1979) *Multinational Organization Development*, Addison-Wesley. 江夏健一監訳（1982）『多国籍企業―国際化のための組織開発―』文眞堂。
Heenan, D. A. & C. Reynolds (1975) "RPO's : A Step Toward Global Human Resources Management," *California Management Review*, Vol. 18(1).
Hendry, C. (1994) *Human Resource Strategies for International Growth*, Routledge.

桑名義晴・佐藤憲正監訳(1996)『国際ビジネスと HRS』黎明出版。

Hofstede, G. H. (1980) *Culture's Consequences : International Differences in Work-related Values,* SAGE Publications. 萬成博・安藤文四郎監訳(1984)『経営文化の国際比較―多国籍企業の中の国民性―』産業能率大学出版部。

Hofstede, G. H. (1991) *Cultures and Organizations : Software of the Mind,* McGraw-Hill International. 岩井紀子・岩井八郎訳(1995)『多文化世界―違いを学び共存の道を探る―』有斐閣。

Jaeger, A. M. (1983) "The Transfer of Organizational Culture Overseas : An Approach to Control in the Multinational Corporation," *Journal of International Business Studies,* Vol. 14(2).

Johnston, J. (1991) "An Empirical Study of the Repatriation of Managers in UK Multinationals," *Human Resource Management Journal,* Vol. 1(4).

Kamoche, K. (1996) "The Integration-Differentiation Puzzle : Resource-Capability Perspective in International Human Resource Management," *International Journal of Human Resource Management,* Vol. 7(1).

Kanter, R. M. (1983) *The Change Masters,* Simon and Schuster. 長谷川慶太郎監訳(1984)『ザ・チェンジ・マスターズ』二見書房。

Kasperson, J. X. & R. E. Kasperson (1993) "Corporate Culture and Technology Transfer," in H. S. Brown, P. Derr, O. Renn & A. L. White with J. X. Kasperson, R. E. Kasperson, *Corporate Environmentalism in a Global Economy : Societal Values in International Technology Transfer,* Quorum Books.

Katz, R. & T. J. Allen (1982) "Investigating the Not Invented Here (NIH) Syndrome : A Look at the Performance, Tenure, and Communication Patterns of 50 R&D Project Groups," *R&D Management,* Vol. 12(1).

Kedia, B. L. & A. Mukherji (1999) "Global Managers : Developing a Mindset for Global Competitiveness," *Journal of World Business,* Vol. 34(3).

Keeley, T. D. (2001) *International Human Resource Management in Japanese Firms,* Palgrave Macmillan.

Kefalas, A. G. (1998) "Think Globally, Act Locally," *Thunderbird International Business Review,* Vol. 40(6).

Kobrin, S. J. (1988) "Expatriate Reduction and Strategic Control in American Multinational Corporations," *Human Resource Management,* Vol. 27(1).

Kogut, B. (1990) "International Sequential Advantages and Network Flexibility," in C. A. Bartlett, Y. L. Doz & G. Hedlund (eds.) *Managing the Global Firm,* Routledge.

Kogut, B. & U. Zander (1993) "Knowledge of the Firm and the Evolutionary Theory of the Multinational Corporation," *Journal of International Business Studies*, Vol. 24(4).

Kolde, E. J. (1974) *The Multinational Company : Behavioral and Managerial Analyses*, D. C. Heath and Company. 天野明弘監修・中川功訳 (1976)『多国籍企業―その行動と経営管理―』東洋経済新報社.

Kono, T. & S. R. Clegg (1998) *Transformations of Corporate Culture : Experiences of Japanese Enterprises*, Walter de Gruyter. 吉村典久・北居明・出口将人・松岡久美訳 (1999)『経営戦略と企業文化―企業文化の活性化―』白桃書房.

Kopp, R. (1994) "International Human Resource Policies and Practices in Japanese, European, and United States Multinationals," *Human Resource Management*, Vol. 33(4).

Kopp, R. (1999) "The Rice-Paper Ceiling in Japanese Companies : Why It Exists and Persists," in S. L. Beechler & A. Bird (eds.) *Japanese Multinationals Abroad : Individual and Organizational Learning*, Oxford University Press.

Laurent, A. (1983) "The Cultural Diversity of Western Conceptions of Management," *International Studies of Management and Organization*, Vol. 13(1・2).

Laurent, A. (1986) "The Cross-Cultural Puzzle of International Human Resource Management," *Human Resource Management*, Vol. 25(1).

Law, K. S., C. S. Wong & K. D. Wang (2004) "An Empirical Test of the Model on Managing the Localization of Human Resources in the People's Republic of China," *International Journal of Human Resource Management*, Vol. 15(4・5).

Lawrence, P. R. & J. W. Lorsch (1967) *Organization and Environment : Managing Differentiation and Integration*, Harvard University Press.

Levitt, T. (1983) "The Globalization of Markets," *Harvard Business Review*, Vol. 61(3).

Maljers, F. A. (1992) "Inside Unilever : The Evolving Transnational Company," *Harvard Business Review*, Vol. 70(5). 伊藤泰敬訳 (1993)「"柔らかい組織"を持つ超国籍企業, ユニリーバ」『ダイヤモンド・ハーバード・ビジネス』(1月号).

Martinez, J. I. & J. C. Jarillo (1989) "The Evolution of Research on Coordination Mechanisms in Multinational Corporations," *Journal of International Business Studies*, Vol. 20(3).

Martinez, J. I. & J. C. Jarillo (1991) "Coordination Demands of International Strategies," *Journal of International Business Studies*, Vol. 22(3).

McEvily, B. & A. Zaheer (1999) "Bridging Ties : A Source of Firm Heterogeneity in

Competitive Capabilities," *Strategic Management Journal*, Vol. 20(12).
Mendenhall, M. E. & G. R. Oddou (1985) "The Dimensions of Expatriate Acculturation : A Review," *Academy of Management Review*, Vol. 10(1).
Mendenhall, M. E., E. Dunbar & G. R. Oddou (1987) "Expatriate Selection, Training and Career-Pathing : A Review and Critique," *Human Resource Management*, Vol. 26(3).
Mintzberg, H. (1979) *The Structuring of Organizations : A Synthesis of the Research*, Prentice-Hall.
Mintzberg, H. (1983) *Structure in Fives : Designing Effective Organizations*, Prentice-Hall.
Moore, K. & J. M. Birkinshaw (1998) "Managing Knowledge in Global Service Firms : Centers of Excellence," *Academy of Management Executive*, Vol. 12(4).
Morgan, P. V. (1986) "International HRM : Fact or Fiction?" *Personnel Administrator*, Vol. 31(9).
Moran, R. T., P. R. Harris & W. G. Stripp (1993) *Developing the Global Organization*, Gulf Publishing Company.
Moran, R. T. & J. R. Riesenberger (1994) *The Global Challenge*, McGraw-Hill International.
Nahapiet, J. & S. Ghoshal (1998) "Social Capital, Intellectual Capital, and the Organizational Advantage," *Academy of Management Review*, Vol. 23(2).
Negandhi, A. R. (1979) *Quest for Survival and Growth : A Comparative Study of American, European, and Japanese Multinationals*, Praeger Publishers.
Negandhi, A. R. (ed.) (1980) *Functioning of the Multinational Corporation : A Global Comparative Study*, Pergamon Press.
Negandhi, A. R. & M. Welge (1984) *Beyond Theory Z : Global Rationalization Strategies of American, German, and Japanese Multinational Companies*, JAI Press.
Nohria, N. & S. Ghoshal (1997) *The Differentiated Network : Organizing Multinational Corporations for Value Creation*, Jossey-Bass.
Nonaka, I. & H. Takeuchi (1995) *The Knowledge-Creating Company : How Japanese Companies Create the Dynamics of Innovation*, Oxford University Press. 梅本勝博訳 (1996)『知識創造企業』東洋経済新報社.
Ouchi, W. G. (1977) "The Relationship between Organizational Structure and Organizational Control," *Administrative Science Quarterly*, Vol. 22(1).
Ouchi, W. G. (1979) "A Conceptual Framework for the Design of Organizational Control Mechanisms," *Management Science*, Vol. 25(9).

Ouchi, W. G. (1980) "Markets, Bureaucracies, and Clans," *Administrative Science Quarterly*, Vol. 25(1).

Ouchi, W. G. (1981) *Theory Z: How American Business can Meet the Japanese Challenge*, Addison-Wesley.

Ouchi, W. G. & J. B. Johnson (1978) "Types of Organizational Control and Their Relationship to Emotional Well Being," *Administrative Science Quarterly*, Vol. 23(2).

Perlmutter, H. V. (1969) "The Tortuous Evolution of the Multinational Corporation," *Columbia Journal of World Business*, Vol. 4(1).

Peters, T. J. & R. H. Waterman (1982) *In Search of Excellence*, Harper & Row. 大前研一訳 (1983)『エクセレント・カンパニー』講談社。

Phatak, A. V. (1997) *International Management: Concepts & Cases*, South-Western College Publishing.

Porter, M. E. (ed.) (1986) *Competition in Global Industries*, Harvard Business School Press.

Potter, C. C. (1989) "Effective Localization of the Workforce : Transferring Technology in Developing Countries," *Journal of European Industrial Training*, Vol. 13(6).

Prahalad, C. K. & Y. L. Doz (1987) *The Multinational Mission : Balancing Local Demands and Global Vision*, The Free Press.

Pucik, V. (1997) "Human Resources in the Future : An Obstacle or a Champion of Globalization?" *Human Resource Management*, Vol. 36(1).

Pugh, D. S., D. J. Hickson, C. R. Hinings & C. Turner (1968) "Dimensions of Organization Structure," *Administrative Science Quarterly*, Vol. 13(1).

Pugh, D. S., D. J. Hickson, C. R. Hinings & C. Turner (1969) "The Context of Organization Structures," *Administrative Science Quarterly*, Vol.14(1).

Rhinesmith, S. H. (1996) *A Manager's Guide to Globalization*, McGraw-Hill. 藤田薫・池田絵実訳『マネジャーのための新グローバリゼーション・ガイド』春秋社。

Rosenzweig, P. M. (1994) "Management Practices in U.S. Affiliates of Foreign-owned Firms : Are 'They' Just Like 'Us' ?" *The International Executive*, Vol. 36(4).

Schein, E. H. (1980) *Organizational Psychology* (3rd ed.), Prentice-Hall.

Schein, E. H. (1985) *Organizational Culture and Leadership*, Jossey-Bass. 清水紀彦・浜田幸雄訳 (1989)『組織文化とリーダーシップ―リーダーは文化をどう変革するか―』ダイヤモンド社。

Schein, E. H. (1999) *The Corporate Culture Survival Guide*, Jossey-Bass. 金井壽宏監

訳 (2004) 『企業文化―生き残りの指針―』白桃書房。

Schuler, R. S., P. J. Dowling & H. De Cieri (1993) "An Integrative Framework of Strategic International Human Resource Management," *International Journal of Human Resource Management*, Vol. 4(4).

Scullion, H. & D. G. Collings (eds.) (2006) *Global Staffing*, Routledge.

Selmer, J. (2004) "Expatriates' Hesitation and the Localization of Western Business Operations in China," *International Journal of Human Resource Management*, Vol. 15(6).

Shaffer, M. A. & D. A. Harrison (1998) "Expatrates' Psychological Withdrawal from International Assignments : Work, Nonwork, and Family Influences," *Personnel Psychology*, Vol. 51.

Skenes, C. & B. H. Kleiner (2003) "The HAY System of Compensation," *Management Research News*, Vol. 26(2-4).

Sohn, J. H. D. (1994) "Social Knowledge as a Control System : A Proposition and Evidence from the Japanese FDI Behavior," *Journal of International Business Studies*, Vol. 25(2).

Solomon, C. M. (1994) "Success Abroad Depends on More than Job Skills," *Personnel Journal*, Vol. 73(4).

Sparrow, P., C. Brewster & H. Harris (2004) *Globalizing Human Resource Management*, Routledge.

Stata, R. (1989) "Organizational Learning : The Key to Management Innovation," *Sloan Management Review*, Vol. 30(3).

Stopford, J. M. & L. T. Wells (1972) *Managing the Multinational Enterprise*, Basic Books.

Stroh, L. K. & P. M. Caligiuri (1998) "Increasing Global Competitiveness through Effective People Management," *Journal of World Business*, Vol. 33(1).

Szulanski, G. (1996) "Exploring Internal Stickiness : Impediments to the Tranfer of Best Practice within the Firm," *Strategic Management Journal*, Vol. 17 (Winter Special Issue).

Szulanski, G. (2003) *Sticky Knowledge*, SAGE Publications.

Taylor. S., S. Beechler & N. Napier (1996) "Toward an Integrative Model of Strategic International Human Resource Management," *Academy of Management Review*, Vol. 21(4).

Thompson, J. D. (1967) *Organizations in Action : Social Science Bases of Administrative Theory*, McGraw-Hill.

Trompenaars, F. & C. Hampden-Turner (1998) *Riding the Waves of Culture : Understanding Diversity in Global Business* (2nd ed.), McGraw-Hill.

Tsai, W. & S. Ghoshal (1998) "Social Capital and Value Creation : The Role of Intrafirm Networks," *Academy of Management Journal*, Vol. 41(4).

Tung, R. L. (1981) "Selection and Training of Personnel for Overseas Assignments," *Columbia Journal of World Business*, Vol. 16(1).

Tung, R. L. (1982) "Selection and Training Procedures of U.S., European, and Japanese Multinationals," *California Management Review*, Vol. 25(1).

Tung, R. L. (1984) "Strategic Management of Human Resources in the Multinational Enterprise," *Human Resource Management*, Vol. 23(2).

Turcq, D. (1985) *L'animal Stratégigue : L'ambiquité du pouvoir chez les Cadres Japonais*, Editions de l'Ecole des Hautes Etudes. 葉山滉訳（1986）『曖昧の構造──国際進出と日本のホワイトカラー──』毎日新聞社.

Tylor, E. B. (1873) *Primitive Culture* (2nd ed.), Murray. 比屋根安定訳（1962）『原始文化』誠信書房.

Ulrich, D. (1997) *Human Resource Champions*, Harvard Business School Press. 梅津祐良訳（1997）『MBA の人材戦略』日本能率協会マネジメントセンター.

Van Maanen, J. (1978) "People Processing : Strategies of Organizational Socialization," *Organizational Dynamics*, Vol. 7(1).

Van Maanen, J. & A. Laurent (1993) "The Flow of Culture : Some Notes on Globalization and the Multinational Corporation," in S. Ghoshal & D. E. Westney (eds.) *Organization Theory and the Multinational Corporation*, ST. Martin's Press. 江夏健一監訳（1998）「文化のフロー──グローバリゼーションと多国籍企業に関する若干の覚書──」『組織理論と多国籍企業』文眞堂.

Van Maanen, J. & E. H. Schein (1979) "Toward a Theory of Organizational Socialization," in B. M. Staw (ed.) *Research in Organizational Behavior*, Vol. 1. JAI Press.

Vernon, R. (1966) "International Investment and International Trade in the Product Cycle," *Quarterly Journal of Economics*, Vol. 80(2).

Vernon, R. (1971) *Sovereignty at Bay : The Multinational Spread of U. S. Enterprises*, Basic Books. 霍見芳浩訳（1973）『多国籍企業の新展開──追いつめられる国家主権──』ダイヤモンド社.

White, R. E. & T. A. Poynter (1990) "Organizing for World-wide Advantage," in C. A. Bartlett, Y. L. Doz & G. Hedlund (eds.) *Managing the Global Firm*, Routledge.

White, M. & M. Trevor (1985) *Under Japanese Management*, Heinemann Educational Books. 猪原英雄訳（1986）『ジャパニーズ・カンパニー』光文社。
Wong, C. & K. S. Law (1999) "Managing Localization of Human Resources in the PRC：A Practical Model," *Journal of World Business*, Vol. 34(1).
Yang, J. Z. (1998) "Key Success Factors of Multinational Firms in China," *Thunderbird International Business Review*, Vol. 40(6).
Yoshihara, H. (2007) "Belated Changes in International Management of Japanese Multinationals," 『南山大学経営研究センターワーキングペーパー』(No. 604).
Yoshino, M. Y. (1976) *Japan's Multinational Enterprises*, Harvard University Press.

[邦文参考文献]

浅川和宏（2002）「グローバルR&D戦略とナレッジ・マネジメント」『組織科学』（第36巻第1号）。
浅川和宏（2006）「メタナショナル経営論からみた日本企業の課題―グローバルR&Dマネジメントを中心に―」『RIETIディスカッション・ペーパー』（06-J-030）。
尼子哲男（1992）『日本人マネジャー』創元社。
有村貞則（2007）『ダイバーシティ・マネジメントの研究―在米日系企業と在日米国企業の実態調査を通して―』文眞堂。
石田英夫（1989）「マネジメントの現地化問題」『日本労働協会雑誌』（No. 357）。
石田英夫編著（1994）『国際人事』中央経済社。
石田英夫（1998）「日本企業の国際経営者―キャリア・モチベーション・成功要件―」『慶應経営論集』（第16巻第1号）。
石田英夫（1999）『国際経営とホワイトカラー』中央経済社。
石田英夫（2002）「国際化・グローバル化と人材」石田英夫・梅澤隆・永野仁・蔡芒錫・石川淳『MBA人材マネジメント』中央経済社。
磯辺剛彦・デイビッド・モントゴメリー（1999）「海外子会社の現地化と統合」『日外協マンスリー』（4月号）。
伊丹敬之（1984）『新・経営戦略の論理』日本経済新聞社。
伊丹敬之（1991）『グローカル・マネジメント―地球時代の日本企業―』日本放送出版協会。
伊丹敬之（2004）『経営と国境』白桃書房。
岩田智（2007）『グローバル・イノベーションのマネジメント―日本企業の海外研究開発活動を中心として―』中央経済社。

岩出博（2002）『戦略的人的資源管理論の実相―アメリカ SHRM 論研究ノート―』泉文堂.
梅澤正（2002）『組織文化 経営文化 企業文化』同文舘出版.
江夏健一（1992）「日本企業のためのグローバル経営論―『適サイ・ザイ適ショ』のすすめ―」『組織科学』（第25巻第4号）.
王曙光（2002）『海爾集団（ハイアール）』東洋経済新報社.
太田正孝（1995）「グローバル・コミュニケーション・ネットワークと異文化マネジメント」江夏健一編著『国際戦略提携』晃洋書房.
加護野忠男（1982）「組織文化の測定」『国民経済雑誌』（第146巻第2号）.
加護野忠男（1988）『組織認識論―企業における創造と革新の研究―』千倉書房.
加護野忠男（1996）「経営戦略と組織」石井淳蔵・奥村昭博・加護野忠男・野中郁次郎『経営戦略論（新版）』有斐閣.
加護野忠男・関西生産性本部編（1984）『ミドルが書いた日本の経営』日本経済新聞社.
加護野忠男・野中郁次郎・榊原清則・奥村昭博（1983）『日米企業の経営比較―戦略的環境適応の理論―』日本経済新聞社.
加納明弘（1980）「盛田昭夫のソニー ―盛田昭夫 vs. H. シャイン―」『プレジデント』（9月号）.
亀田尚己（1999）「多国籍企業の現地経営管理者―その役割と国籍に関する一考察―」『同志社商学』（第51巻第1号）.
関西生産性本部編（2001）『米国エクセレントカンパニーの人事戦略』.
韓芳（2002）「海爾のビジネス・モデル」『星陵台論集』（第35巻第3号）.
韓芳（2003）「TCL のビジネス・モデル」『星陵台論集』（第36巻第2号）.
小池和男・猪木武徳編（1987）『人材形成の国際比較―東南アジアと日本―』東洋経済新報社.
神戸大学大学院経営学研究室編（1999）『経営学大辞典（第2版）』中央経済社.
國領二郎・野中郁次郎・片岡雅憲（2003）『ネットワーク社会の知識経営』NTT 出版.
小林規威（1980）『日本の多国籍企業』中央経済社.
産労総合研究所（1998）『賃金実務』（12月1日号）.
島田晴雄（1988）『ヒューマンウェアの経済学―アメリカのなかの日本企業―』岩波書店.
白木三秀（1995）『日本企業の国際人的資源管理』日本労働研究機構.
白木三秀（2000）「アジアにおける欧米グローバル企業の人的資源管理」『人材教育』（11月号）.

白木三秀（2001）「隗より始めよ―アジアにおける日米欧グローバル企業の人的資源管理から考える―」『JIL @ Work』（Vol. 5）。

白木三秀（2002）「"二国籍企業"からの飛躍は成るか」『月刊グローバル経営』（7・8月号）。

白木三秀（2006）『国際人的資源管理の比較分析―「多国籍内部労働市場」の視点から―』有斐閣。

田尾雅夫（1999）『組織の心理学（新版）』有斐閣。

高野研一（2000）『グループ経営時代の人材マネジメント』東洋経済新報社。

田中利佳（2005）『日系多国籍企業における企業内教育訓練―海外派遣者事前研修の研究―』創成社。

谷口真美（2005）『ダイバシティ・マネジメント―多様性をいかす組織―』白桃書房。

辻正次・西脇隆（1996）『ネットワーク未来』日本評論社。

角田隆太郎（1991）「多国籍企業の環境認識と環境適応―プロクター・アンド・ギャンブル社の日本市場適応戦略（上）―」『広島経済大学経済研究論集』（第14巻第2号）。

徳田昭雄（2000）『グローバル企業の戦略的提携』ミネルヴァ書房。

中井壽（2002）「日系企業の『経営の現地化』を促すための提言―アセアンの日系企業と英・蘭企業ユニリーバ社の調査結果を踏まえて―」『中京経営研究』（第12巻第1号）。

永野仁（1989）『企業グループ内人材移動の研究』多賀出版。

永野仁（1992）「操業年数と人材の現地化―アジア進出日系企業の数量分析―」『政経論叢』（第60巻第5・6号）。

日本在外企業協会編（1998）『欧米多国籍企業の組織・人材戦略』。

日本在外企業協会編（1999）『アジアにおける欧米多国籍企業の人材戦略』。

日本在外企業協会編（2000）『ASEANにおける日系現地法人の経営と人材管理―日本本社との関係も含めて―』。

日本に根付くグローバル企業研究会編（2005）『ケーススタディ 住友スリーエム―イノベーションを生む技術経営―』日経BP社。

日本労働研究機構編（2000）『第1回日系グローバル企業の環境適合型HRMシステム調査』。

根本孝（1988）『外資系企業の人的資源管理』創成社。

根本孝（1995）「グローバル企業文化とコア・カルチャーの形成」『経営論集』（第43巻第1号）。

根本孝（1997）「グローバル企業文化戦略」諸上茂登・根本孝編著『グローバル経営の調整メカニズム』文眞堂。

根本孝（1999a）「グローバル企業文化の構築—日本企業の二つのアプローチ—」『広報研究』（第3号）。
根本孝（1999b）「グローバル人材活用の新展開」『経営論集』（第46巻第3・4号）。
根本孝・ティレフォーシュ吉本容子（1994）『国際経営と企業文化』学文社。
根本孝・諸上茂登編著（1994）『国際経営の進化』学文社。
野中郁次郎（1992）「グローバル組織経営と知識創造」『組織科学』（第25巻第4号）。
野村総合研究所編（1999）『日米独企業のアジア事業展開に関する調査』。
花田光世（1988）「グローバル戦略を支える人事システムの展開法(上)」『ダイヤモンド・ハーバード・ビジネス』（7月号）。
林吉郎（1988）「異文化インターフェイス管理」吉原英樹・林吉郎・安室憲一『日本企業のグローバル経営』東洋経済新報社。
林吉郎（1994）『異文化インターフェイス経営』日本経済新聞社。
林吉郎・福島由美（2003）『異端パワー』日本経済新聞社。
林周二（1984）『経営と文化』中央公論社。
一橋大学イノベーション研究センター編（2001）『イノベーション・マネジメント入門』日本経済新聞社。
藤井耐・松崎和久（2004）『日本企業のグループ経営と学習』同文舘出版。
藤沢武史（2000）『多国籍企業の市場参入行動』文眞堂。
藤野哲也（1995）『比較経営論—ソトに出た日本型経営と欧米多国籍企業—』千倉書房。
藤本隆宏（2003）『能力構築競争』中央公論新社。
古沢昌之（1993）「アメリカの中の日本企業—経営現地化への道—」『KPC News』（第253号）。
古沢昌之（2001）「中国における『能力主義・成果主義』人事の進展」『関西学院商学研究』（第48号）。
古沢昌之（2003a）「中国の人材をいかに活用するか」日中経済協会編『対中ビジネスの経営戦略』蒼蒼社。
古沢昌之（2003b）「在中国日系企業における人的資源管理の変革」『大阪商業大学論集』（第127号）。
古沢昌之（2003c）「起業活動と新興企業の経営」湖中齊・前田啓一編『産業集積の再生と中小企業』世界思想社。
古沢昌之（2004a）「日本企業の国際人的資源管理の課題—『統合—現地適応』の議論にもとづいて—」『大阪商業大学論集』（第131号）。
古沢昌之（2004b）「多国籍企業における『社会化』に関する考察—『統合—現地適応』の両立に向けて—」『大阪商業大学論集』（第133号）。

古沢昌之（2004c）「国際人的資源管理の『グローバル統合』に関する考察―日本企業の課題―」『経営学論集』（第44巻第3号）。

古沢昌之（2005a）「日本企業における国際人的資源管理の変革―『統合―現地適応』の両立に向けて―」『国際ビジネス研究学会年報』（第11号）。

古沢昌之（2005b）「日本企業の国際人的資源管理における『第二のグラス・シーリング』―『世界的学習能力』構築に向けての課題―」『大阪商業大学論集』（第137号）。

古沢昌之（2006）「日本企業における『現地化問題』の再考―『メタナショナル企業』モデルの視点から―」『大阪商業大学論集』（第139号）。

古沢昌之（2007）「多国籍企業における『調整メカニズム』に関する一考察」『大阪商業大学論集』（第145号）。

前田昇（1999）『自律結合国際戦略』同友館。

松山一紀（2005）『経営戦略と人的資源管理』白桃書房。

宮沢健一（1988）『業際化と情報化―産業社会へのインパクト―』有斐閣。

宮本謙介（2002）『アジア開発最前線の労働市場』北海道大学図書刊行会。

茂垣広志（1994a）「グローバル戦略と調整メカニズム」『横浜経営研究』（第14巻第4号）。

茂垣広志（1994b）「多国籍企業の調整メカニズムと経営伝統に関するノート」『横浜経営研究』（第15巻第1号）。

茂垣広志（1994c）「国際人的資源管理の基本的視座と本社志向的エクスパトリエイト」『横浜経営研究』（第15巻第2号）。

茂垣広志（1994d）「経営理念と執行過程」竹田志郎編著『国際経営論』中央経済社。

茂垣広志（2001）『グローバル戦略経営』学文社。

茂垣広志（2002）「多国籍企業組織における分化と統合」『経営論集』（第49巻第3・4号）。

茂垣広志・池田芳彦（1998）『国際経営論』学文社。

諸上茂登・根本孝編著（1997）『グローバル経営の調整メカニズム』文眞堂。

安室憲一（1982）『国際経営行動論』森山書店。

安室憲一（1988）「マネジメント・コントロール」吉原英樹・林吉郎・安室憲一『日本企業のグローバル経営』東洋経済新報社。

安室憲一（1992）『グローバル経営論』千倉書房。

安室憲一編（1994）『多国籍企業文化』文眞堂。

安室憲一（2003）『中国企業の競争力』日本経済新聞社。

安室憲一・関西生産性本部編著（1997）『現場イズムの海外経営』白桃書房。

山口隆英（2006）『多国籍企業の組織能力―日本のマザー工場システム―』白桃書房。

山下達哉（1991）「日本企業のグローバル人事システムの将来像―理念・ビジョン追求型経営のために―」『戦略経営研究』（第16巻第2号）。
山下達哉・高井透（1993）『現代グローバル経営要論』同友館。
吉原英樹（1988）「グローバル経営をめざして」吉原英樹・林吉郎・安室憲一『日本企業のグローバル経営』東洋経済新報社。
吉原英樹（1989）『現地人社長と内なる国際化』東洋経済新報社。
吉原英樹編著（1994a）『外資系企業』同文舘出版。
吉原英樹（1994b）「海外子会社の現地人社長」『経済経営研究』（第43号）。
吉原英樹（1996）『未熟な国際経営』白桃書房。
吉原英樹（1999）「変わる戦略，変わらぬマネジメント―戦後の国際経営の軌跡―」『慶應経営論集』（第17巻第1号）。
吉原英樹（2001）『国際経営（新版）』有斐閣。
吉原英樹・欧陽桃花（2006）『中国企業の市場主義管理―ハイアール―』白桃書房。
吉原英樹・星野裕志（2003）「総合商社―日本人が日本語で経営―」『国民経済雑誌』（第187巻第3号）。
労働政策研究・研修機構編（2004）『第3回日系グローバル企業の人材マネジメント調査』。

索　引

あ　行

I－Rグリッド ………………15, 16, 253
IMD ………………………………140, 224
IBM …………………98, 136, 141, 152, 234
アウトプットコントロール ……39, 40, 43, 44, 45, 46, 47
アクション・ラーニング……139, 140, 224, 234, 246, 252
アクティブ子会社………………53, 56, 59
頭の中の場…………………………………95
アドホック ………………………150, 168, 176
アナログ知覚・デジタル知覚……………80
暗黙知………………3, 7, 61, 78, 85, 101, 148, 206
暗黙知の共同化 ………………………116
暗黙のマネジメント ……………………98
EPGモデル ……………………124, 151
糸の切れた凧 ……………………………112
イノベーション・センター………………31
異文化シナジー………99, 100, 107, 113, 148
異文化マネジメント ………………48, 133
インターナショナル型…………22, 23, 24, 254
インタンジブル …………………………156
インパトリエーション …………………113
インフォーマル組織………………………39
インフォーマルでサトルなメカニズム
……………………………………42, 43, 59
内なる国際化 ………………………81, 85
エクセレント・カンパニー………………41
エグゼンプト ……………………………231
エスノセントリック ………61, 115, 119, 147, 163, 175
HR成果………157, 158, 159, 160, 172, 176, 180, 181, 182, 183, 184, 185, 186, 187, 189, 190, 194, 195, 196, 197, 198, 199, 202, 203
エッフェル塔型文化………………………98
NIH(Not Invented Here)症候群
…………………………………33, 58, 148
エンプロイアビリティ …………………241
エンプロイメンタビリティ…………88, 241
ORC社 ……………………140, 217, 223
O(有機的)型・M(機械論的)型 …………80

か　行

階層 ………………17, 18, 20, 43, 87, 95, 156
階層的 ……………………………………51, 52
影の経営……………………………………91
家族型文化…………………………………98
活用能力……………………………………28
間接的コントロール………………………78
感知能力 ………………………………27, 86
管理的調整戦略……………………………34
官僚化 ………………………39, 45, 46, 59
官僚的・公式的コントロール………43, 44, 45, 46, 47
官僚的コントロール ……18, 41, 42, 43, 45, 46
機会主義 ……………………94, 96, 257
起業家主義の罠 ……………………29, 33

279

企業文化と国民文化の相克………5, 93, 96, 97, 100, 119
企業文化の逆機能 …………………109
企業文化の分裂 ……………………114
企業文化のマネジメント……………93, 100
儀式やセレモニーによるコントロール
　………………………………39, 40, 46
帰任 ……………62, 63, 68, 70, 71, 89, 222
機能的参加……………………………78
規模の経済性…………………14, 15, 16, 22, 28, 32, 134, 254
逆出向 ……………81, 105, 113, 122, 143, 208, 211, 220, 223, 224, 246
キヤノン ………………139, 140, 153, 221
キャリアパス…42, 63, 64, 71, 137, 140, 151, 152, 171, 178, 179, 193, 194, 258
グラス・シーリング …………65, 75, 89, 90, 175, 209
クラン ……………………………41, 52
グリッド構造（グローバル・マトリクス組織）………12, 13, 37
グリーンエリア ……………………80, 81
グループ・ダイナミクス型 …………113
グレード制度……6, 136, 137, 145, 149, 150, 151, 171, 179, 183, 193, 194, 252
グローバル・イノベーション
　…………2, 4, 6, 28, 30, 31, 32, 33, 35, 93, 95, 116, 119, 149, 150, 155, 156, 160, 174, 175, 188, 189, 190, 201, 258
グローバル・イノベーション成果
　…………6, 158, 159, 160, 161, 174, 176, 184, 185, 186, 187, 188, 189, 190, 197, 198, 199, 200, 201, 202, 203

グローバル・イノベーター …………54, 56
グローバル型…22, 23, 24, 25, 29, 31, 32, 253
グローバル企業 ……………………195
グローバル企業文化……157, 158, 172, 173, 181, 182, 183, 184, 185, 196, 197, 198, 199
グローバル・グループ学習 ……………149
グローバル・グループ経営 ……………258
グローバル社内公募制度 ……141, 235, 241
グローバル人事データベース
　…………137, 141, 171, 178, 179, 193, 194
グローバル人的資源管理…2, 3, 7, 155, 203, 205, 253, 257, 259
グローバル人的資源管理モデル
　………………………3, 6, 155, 158, 177, 185, 190, 202, 203, 259
グローバル接着剤 …………94, 95, 107, 252
グローバル・ネットワークへの貢献者
　……………………………………86, 88
グローバル・プレーヤー
　……………………………………145, 149
グローバル・プロジェクション戦略
　…………………25, 26, 31, 32, 253, 254
グローバル・マインドセット …………5, 109, 110, 111, 112, 113, 119, 121, 122, 140, 147, 148, 149, 150, 151, 157, 158, 173, 182
グローバル・リーダー ……………112, 122
グローバル連結経営 …………205, 209, 212
経営後継者 ………………139, 140, 141, 149, 151, 220, 227
経営理念………87, 95, 97, 99, 100, 101, 102, 103, 104, 105, 106, 107, 108, 114, 115, 116, 117, 118, 119, 120, 129, 132, 140, 155, 158, 162, 163, 165, 166, 167, 168, 169, 170, 175,

　　　　176, 177, 178, 191, 192, 195, 202, 206, 210,
　　　　211, 212, 228, 241, 245, 247, 251, 252, 257
建設的中立性 ……………………………101
現地活用型イノベーション………………30
現地化の遅れ…5, 7, 72, 75, 77, 81, 82, 83, 84
現地化のプロセス…………67, 68, 70, 71, 88
現地化のメリット…………………………62
現地人（HCNs）………2, 62, 63, 64, 76, 124,
　　　　125, 161, 162, 163, 164, 175,
　　　　188, 190, 200, 202, 203, 257
現地適応―グローバル統合 …1, 2, 4, 9, 13,
　　　　21, 23, 32, 37, 57, 117, 253, 254, 256
限定的能力主義 …………………………258
現場イズム……………………………………3
権力格差……………………………………98
権力分散型連合体 ……………………22, 50
コア文化 …………………5, 99, 100, 101,
　　　　102, 105, 107, 109, 112, 113, 115, 116, 117,
　　　　118, 119, 120, 132, 157, 167, 168, 176, 183
コア労働力 ………………………145, 257
高コンテクスト文化 ………77, 78, 80, 116,
　　　　117, 119, 166, 206
公式化 …5, 23, 38, 45, 46, 48, 49, 50, 51, 52,
　　　　55, 57, 78, 85, 117, 157, 164, 166, 175
公式組織……………………………………94
工場は「明」，オフィスは「暗」……………3
構造的・公式的メカニズム …42, 43, 46, 59
行動コントロール…………39, 40, 45, 46, 59
子会社コンテクスト ………………51, 52
子会社の戦略タイプ………………………53
子会社プロパー …………………………258
国際経営組織の発展モデル……11, 12, 34, 157
国際人事異動…………39, 43, 103, 105, 112,

　　　　113, 116, 118, 119, 120, 121, 122, 140, 142,
　　　　143, 145, 148, 152, 153, 159, 169, 170, 171,
　　　　180, 181, 183, 208, 220, 221, 223, 251, 252
国際人的資源管理の進化モデル ………130
心の中のマトリクス ……………………121
個人主義／集団主義……………………98
コーチング ………………………69, 71, 237, 240
国境を越えた移転・活用………33, 56, 156,
　　　　157, 158, 174, 176
国境を越えたキャリア機会………149, 150,
　　　　183, 235
国境を越えた協働……2, 5, 6, 33, 56, 58, 87,
　　　　88, 89, 93, 99, 109, 117, 119, 123, 136,
　　　　149, 157, 159, 181, 184, 196, 244, 255, 257
国境を越えた社会化
　　　　…………5, 6, 87, 93, 96, 103, 105, 114,
　　　　119, 157, 158, 159, 163, 168, 180, 257
国境を越えたプロジェクト・
　　タスクフォース …118, 169, 191, 192, 195
個別最適経営 ……………………………26, 58
コーポレート・ユニバーシティ …139, 219
コマツ ……………………………………106, 225
コミュニケーションネットワーク…39, 105
コンピテンシーモデル…104, 137, 139, 170,
　　　　171, 178, 179, 182, 193, 194, 215, 251, 252
コンプレックス・グローバル戦略 …13, 15

　　　　　　　　さ　行

The Immigrant Expatriates（TIEs）
　　　　………………………………………90
サクセション・プラン…137, 139, 149, 151,
　　　　171, 178, 179, 182, 193, 211,
　　　　214, 219, 220, 233, 245, 252

GE ·······················103, 122, 138, 204, 230
J（日本）型・F（外国）型の職務観と
　組織編成モデル································79
資源ベース理論·······················91, 134
システムによるコントロール ············166
実行者 ······································54, 56
社会化とネットワークによる
　コントロール ····················43, 44, 46, 47
従業員意識調査························238, 251
従業員満足度調査······················242, 247
集権化··5
集権化されたハブ····························23
重合アプローチ·······················99, 100, 101
集団的無知 ·····························109, 113
集中型イノベーション ····················29, 30
衆知を集めた経営···························258
主観的カルチャー···························107
受動的子会社························53, 54, 59
情緒的コミットメント·······················82
情報的経営資源 ·········61, 91, 116, 148, 156
ジョブサイズ ·················136, 208, 214,
　　　　　　　　　　　　219, 235, 241, 256
Johnson & Johnson ·················104, 106,
　　　　　　　　　　　　　107, 140, 247
自律的子会社································53
Think local, Act global ·····················27
人材インベントリー··········137, 139, 171,
　　　　　　　　　　　　　　178, 179, 193
人材活用のグローバル最適化
　··············87, 150, 151, 210, 217, 255
人材の二重構造 ···························152
人材の発掘・育成・活用アプローチ
　·························179, 181, 182, 186, 187,
　　　　　　　　189, 194, 196, 197, 200, 201
人材プール ·····················137, 139, 144,
　　　　　　　　　　　　　171, 178, 179, 193
人事サイクルアプローチ············177, 180,
　　　　　181, 186, 187, 189, 192, 195, 196, 200, 201
人的・集権的コントロール ···43, 44, 45, 46
シンプル・グローバル戦略 ············14, 15
シンボリック・マネジャー··················94
信頼関係 ·····················85, 87, 93, 103,
　　　　114, 115, 118, 119, 148, 157, 158, 160, 163,
　　　　165, 166, 172, 173, 175, 176, 181, 182, 183,
　　　　184, 185, 195, 196, 197, 198, 199, 252, 257
信頼に基づく企業文化························94
心理的契約··································163
水平的組織······························20, 21
3 M ··················30, 105, 139, 142, 152, 243
性急すぎる現地化···························121
制度共通化アプローチ ···194, 197, 200, 201
制度共通化・機会均等アプローチ
　··············180, 182, 183, 186, 187, 189, 194
制度的分裂··································145
セオリー Z ································113
世界結合型イノベーション ············30, 31
世界中の有能人材の利用可能性
　·····································149, 150, 157, 255
世界主義的企業文化 ···············100, 101
世界的学習能力 ·············2, 4, 24, 33, 56,
　　　　57, 58, 93, 148, 149, 156, 184, 255, 256, 258
接触の場······································95
Z タイプ····························41, 114, 122
全社的な忠誠心····························109
センター・オブ・エクセレンス···········32
戦略―構造パラダイム·····················37

戦略的国際人的資源管理 ……134, 136, 152
戦略リーダー………………………………32
想像の共同体………………………………95
組織開発 ……………………………105, 133
組織志向型労使関係 ………………………3
組織伝統 ……5, 38, 46, 47, 48, 49, 50, 57, 58
ソーシャル・キャピタル ……85, 87, 91, 96
ソーシャル・ナレッジ……………………95
ソニー ………………………106, 121, 153, 217

た 行

第三国籍人(TCNs)………2, 63, 64, 76, 105,
　　　　　　126, 144, 161, 163, 203, 246
第三文化体 ………………………………120
第2のグラス・シーリング………………6,
　　145, 146, 147, 148, 150, 151, 173, 217, 257
ダイバーシティ・マネジメント …168, 204
タイレノール事件 …………………106, 247
多国籍内部労働市場 ……………………260
多文化的多国籍企業組織 ………………113
多様性へのエクスポージャー …………112
多様な国民文化の尊重 ……………117, 168
タレント・マネジメント
　　………137, 139, 140, 149, 151, 171, 178,
　　　179, 182, 193, 239, 240, 244, 250, 252
短期志向／長期志向………………………98
男性化／女性化……………………………98
知識経済化 …………………………24, 25, 118
知識フロー …………………………54, 60, 148
知的熟練 ……………………………………3
駐在員の失敗 ………………63, 69, 70, 89
忠誠心 ……………62, 65, 147, 162, 163, 175
調整型連合体………………………………23

直接的コントロール ……………………67, 78
強すぎる文化 ………………100, 108, 109
低コンテクスト文化………………77, 78, 80
TCL …………………………………146, 152
デュアルキャリア………………63, 105, 122
統合的 …………………………………52, 56
統合ネットワーク…………………24, 32, 34
統合プレーヤー……………………54, 55, 56
同質化効果…………………………………98
東レ ……………………………………140, 213
トヨタ自動車 ………101, 104, 105, 205, 256
トランスナショナル・イノベーション…30
トランスナショナル企業…………………1, 4,
　　5, 21, 22, 23, 24, 28, 31, 32, 33, 34, 51, 56,
　　57, 60, 61, 85, 86, 87, 88, 93, 109, 119, 136,
　　149, 156, 157, 174, 184, 187, 254, 255, 259

な 行

ナレッジ・ブローカー …………………118
二元的圧力 …………………………………1, 9
二国籍企業 ………………………………152
二重人事システム ………………………152
日常の理論…………………………………98
日本化 ………………………………………7
日本CHO協会 ……………………6, 155, 156
日本人駐在員の供給不足 ………………205
ネットワーク型 ……………………145, 153
ネットワークの経済性 …………28, 32, 110
ネットワーク・リーダー ………………113
根回し………………………………………47
粘着的………………………………………91
ノウフー …………………………………152

は 行

ハイアール ……………………………146, 152
排他的な社会的連鎖……………………………82
配置と調整……………………………14, 15, 38, 130
ハイポテンシャル…134, 139, 140, 141, 149,
　　　　　151, 217, 219, 233, 240, 244, 245, 246
発生源の多極化 ……………………31, 33, 56,
　　　　　　　　　　　　158, 174, 176, 186
発生プロセスの多元化 ……32, 33, 56, 148,
　　　　　　　　　　　　158, 174, 176, 186
発展段階論的アプローチ ……………………124
バラバラ経営 ……………………………………148
バランスシートアプローチ ……140, 141,
　　　　　　　　　　　　　　　217, 223
範囲の経済性……………………………………28
ビジョナリー・カンパニー ………………118
ヒトによるコントロール …………166, 193
ヒューマンアプローチ ……177, 180, 181,
　　　　　　　　　　　　186, 187, 189, 192
ヒューマン・イベントアプローチ
　　　　　　　　……………192, 194, 195, 200, 201
ヒューマンウェア …………………………………3
Hewlett-Packard…………104, 138, 141, 239
ビューロクラティック・ダイナミクス型
　　　　　　　　………………………………113
平等主義 ………………………………………258
平等主義に基づく能力主義 ………………258
フィリップス ……………………………………140
不確実性回避……………………………65, 66, 98
2つのグラス・シーリング …163, 175, 209
2つの忠誠心 ……………………………………256
不文律の期待 ……………………………………163
文化的コントロール …………41, 42, 45, 46
文化的重層化 ……………………………………120
文化的多様性…………………96, 107, 113, 134,
　　　　　　　　155, 167, 168, 176, 202
文化的同質性……………………………………82
分化と統合 …………………………15, 34, 134
分散型イノベーション …………29, 30, 109
分散化と統一化の衝突…………………………10
ヘイコンサルティンググループ ………214
ヘイシステム ……………………………136, 152
ヘテラルキー …………………1, 17, 18, 19, 35
ペリフェラル文化 ……………………………99,
　　　　　100, 107, 109, 117, 118, 119, 120, 168, 176
ペリフェラル労働力 …………………145, 257
保育器型文化……………………………………98
ホイール型 ……………………………145, 149
本国人（PCNs）……………2, 62, 63, 64, 66, 75, 76,
　　　　　　　　　　　105, 125, 161, 162, 175,
　　　　　　　　　　　188, 200, 202, 203, 257

ま 行

マザー―ドーター構造……………42, 50, 58
マス・カスタマイゼーション …………134
松下電器産業…………69, 102, 105, 209, 256
マトリクス・マインドセット …………121
マルチドメスティック戦略…14, 15, 25, 26,
　　　　　　　　　　　32, 62, 131, 254
マルチナショナル型 ……………22, 23, 24,
　　　　　　　　　　　25, 29, 32, 254
マルチフォーカル …………1, 15, 16, 17, 34
身分的人事制度 ……………………………257
メタナショナル企業…………1, 4, 5, 24, 25,
　　　　　　　26, 27, 28, 31, 32, 33, 35, 51, 56, 57, 61,

85, 86, 87, 88, 93, 109, 118, 119, 136, 149,
　　　156, 157, 174, 184, 187, 254, 255, 259, 260
メンター……………………………55, 70, 71, 246
メンタリング ………………………69, 71, 233, 237

や 行

唯一最善の方法 ………………113, 118, 133
誘導ミサイル型文化……………………………98
ユニリーバ ………………………30, 69, 140, 152
弱すぎる文化 ……………………100, 108, 109

ら 行

rice-paper ceiling ……………………………90
リーダーシップモデル………104, 139, 170,
　　　171, 178, 179, 182, 193, 194, 250, 251, 252
リテンション …………68, 71, 210, 238, 246
流動化能力………………………………………27

稟議………………………………………………47
類型論的アプローチ ………………………124
連結ピン ……………………………………109
連想集団 ………………………………146, 152
連続的優位 ………………………………38, 58
連邦市民意識 ………………………………112
連邦的………………………………………………52
ローカル・イノベーター ………………55, 56
ローカル帝国……………………………33, 148
ローカルのインサイダー……85, 86, 88, 147
ローカル・プレーヤー ………145, 149, 255

わ 行

「われわれとあの人たち」
　　　というメンタリティ……………………83
ワンウェイ・モデル…………………31, 115

▰ 著者略歴

古沢　昌之（ふるさわ　まさゆき）

1964年	大阪府生まれ
1986年	関西学院大学経済学部卒業。財団法人関西生産性本部入局。主として国際経営，人事・雇用関連事業を担当
1998年	財団法人関西生産性本部業務部課長・財団法人社会経済生産性本部認定経営コンサルタント
2002年	関西学院大学大学院商学研究科博士課程後期課程単位取得満期退学 大阪商業大学総合経営学部専任講師
2004年	大阪商業大学総合経営学部助教授
2008年	大阪商業大学総合経営学部教授
2009年	博士（経営学：兵庫県立大学）
2012年	英国レディング大学ヘンリー・ビジネススクール客員研究員
2014年	英国レディング大学ヘンリー・ビジネススクール　ジョン・H・ダニング国際経営研究所研究員（associate member）（現職）
2015年	株式会社ダイヘン社外監査役
2017年	近畿大学経営学部教授
2019年	一般財団法人アジア太平洋研究所上席研究員（現職）
2024年	関西学院大学商学部教授（現職）

専　攻　国際人的資源管理論，国際経営論

主要著書　『現場イズムの海外経営』（共著）白桃書房，1997年
　　　　　『中国の労使関係と現地経営』（共著）白桃書房，1999年
　　　　　『対中ビジネスの経営戦略』（共著）蒼蒼社，2003年
　　　　　『新グローバル経営論』（共著）白桃書房，2007年
　　　　　『ケースブック ビジネスモデル・シンキング』（共著）文眞堂，2007年
　　　　　『転換期を迎える東アジアの企業経営』（共著）御茶の水書房，2011年
　　　　　『多国籍企業と新興国市場』（共著）文眞堂，2012年
　　　　　『「日系人」活用戦略論』（単著）白桃書房，2013年
　　　　　Global Talent Management（共著）Springer，2014年
　　　　　『新興国における人事労務管理と現地経営』（共編著）白桃書房，2015年
　　　　　『国際ビジネスの新機軸』（共著）同文舘，2015年
　　　　　International Human Resource Management（共著）Routledge，2016年
　　　　　『安室憲一の国際ビジネス入門』（共編著）白桃書房，2019年
　　　　　『「現地採用日本人」の研究』（単著）文眞堂，2020年
　　　　　『関西復権の道』（共著）中央経済社，2020年
　　　　　『未来の多国籍企業』（共著）文眞堂，2020年
　　　　　『外国人留学生の「就職・就労」と「採用・活用」』白桃書房，2022年　など

受　　賞　日本公認会計士協会「第37回学術賞― MCS 賞」（2009年）
　　　　　多国籍企業学会「第1回学会賞」（2010年）
　　　　　ABSRC Venice 2013 "Best Paper Award"（2013年）
　　　　　異文化経営学会「2014年度学会賞（著書の部）」（2014年）
　　　　　多国籍企業学会「第6回学会賞（入江猪太郎賞）」（2015年）
　　　　　異文化経営学会「2017年度学会賞（論文の部）」（2017年）
　　　　　多国籍企業学会「第11回学会賞（入江猪太郎賞）」（2020年）
　　　　　国際ビジネス研究学会「2020年度学会賞（単行本の部）」（2020年）

所属学会　多国籍企業学会（代表理事・会長）
　　　　　国際ビジネス研究学会（理事）
　　　　　異文化経営学会（理事・関西部会長兼国際人的資源管理（IHRM）部会長）
　　　　　Academy of International Business　など

グローバル人的資源管理論
―「規範的統合」と「制度的統合」による人材マネジメント―

■発行日──	2008年8月26日　初版発行
	2024年4月26日　7刷発行

〈検印省略〉

■著　者──古沢　昌之(ふるさわ　まさゆき)
■発行者──大矢栄一郎
■発行所──株式会社　白桃書房(はくとうしょぼう)
　　　　〒101-0021　東京都千代田区外神田5-1-15
　　　　☎03-3836-4781　📠03-3836-9370　振替00100-4-20192
　　　　https://www.hakutou.co.jp/

■印刷・製本── 松澤印刷

© Masayuki Furusawa 2008　Printed in Japan　ISBN 978-4-561-26487-3　C3034

本書のコピー，スキャン，デジタル化等の無断複製は著作権法上での例外を除き禁じられています。本書を代行業者等の第三者に依頼してスキャンやデジタル化することは，たとえ個人や家庭内の利用であっても著作権法上認められておりません。

[JCOPY]〈出版者著作権管理機構　委託出版物〉
本書の無断複写は著作権法上での例外を除き禁じられています。複写される場合は，そのつど事前に，出版者著作権管理機構（電話03-5244-5088，FAX 03-5244-5089，e-mail：info@jcopy.or.jp）の許諾を得てください。

落丁本・乱丁本はおとりかえいたします。

好評書

「日系人」活用戦略論
ブラジル事業展開における「バウンダリー・スパナー」としての可能性

古沢昌之著

「日系人」は，日本企業のグローバルな競争優位に資する貴重な人的資源となりうる。本書は，ブラジル事業展開における「日系人」の活用について，理論的・実証的に探究した秀逸の労作である。

ISBN978-4-561-26623-5 C3034　　本体価格 3500 円

東京　白桃書房　神田

表示価格には別途消費税がかかります。